云教学理论与实践研究

商　桑　靳　新　主编

北京理工大学出版社
BEIJING INSTITUTE OF TECHNOLOGY PRESS

内 容 简 介

本书论述了云教学的定位，包括云教学的概念和和特征，云教学与教学现代化的关系，定义了智能课堂四要素，提出了教学现代化的概念，论述了教学现代化发展的几个阶段，提出了"未来每一位教师都将是大数据分析型教师"的观点，给出了做大数据分析型教师的原则和方法，还包括了一系列依托蓝墨云班课后台大数据实证的高质量教学研究成果。

本书可供教育工作者及从事教育研究的相关人员阅读和参考。

图书在版编目（CIP）数据

云教学理论与实践研究 / 商桑，靳新主编. —北京：北京理工大学出版社，2017.7
ISBN 978-7-5682-4277-6

Ⅰ. ①云…　Ⅱ. ①商… ②靳…　Ⅲ. ①计算机辅助教学–研究　Ⅳ. ①G434

中国版本图书馆 CIP 数据核字（2017）第 138153 号

出版发行 / 北京理工大学出版社有限责任公司
社　　址 / 北京市海淀区中关村南大街 5 号
邮　　编 / 100081
电　　话 /（010）68914775（总编室）
（010）82562903（教材售后服务热线）
（010）68948351（其他图书服务热线）
网　　址 / http://www.bitpress.com.cn
经　　销 / 全国各地新华书店
印　　刷 / 三河市华骏印务包装有限公司
开　　本 / 787 毫米×1092 毫米　1/16
印　　张 / 17
字　　数 / 400 千字
版　　次 / 2017 年 7 月第 1 版　2017 年 7 月第 1 次印刷
定　　价 / 80.00 元

责任编辑 / 周　磊
文案编辑 / 周　磊
责任校对 / 周瑞红
责任印制 / 李志强

图书出现印装质量问题，请拨打售后服务热线，本社负责调换

编 委 会

序　言

通常认为，大数据、云计算、移动互联网等新一代信息手段正渗透到我们生活、工作和学习的各个方面，技术正迅速地改变了我们的思维方式和行为方式。然而，在教育领域，与其说是技术改变我们，不如说是我们呼唤技术！在教育教学实践中遇到诸多难题多方摸索而不得其解时，有一群勇于变革善于变革的人，正在搜寻、发现、选择、运用移动互联网、云计算、大数据、人工智能等技术与教育教学的有机融合，于是——改变，从这里开始了！

这一改变，具有诸多时代特征，顺应主流价值取向——

我们的起点在改变。在全新技术面前，学校和老师们，无论是名门望族的“大家闺秀”，还是藏在深闺人未识的“小家碧玉”，名校、名师和大家都处在同一个起跑线上，新技术过滤了“出身”差异。在这里，我们是平等的！

我们的环境在改变。在互联网环境里，学校和老师们，无论是繁华的现代化“大码头”，还是偏远的待发展“小地方”，海量资源都呈现在没有“距离”的世界里，互联网摒弃了区域的差异。在这里，资源是开放的！

我们的角色在改变。因为在大数据面前，学校和老师们，都是互联网海洋里的一个“节点”、一个“终端”，我们的每一个“动作”都被实时、准确地记录，我们贡献数据、影响数据，大家是数据的使用者，也是数据的生产者；我们是课程资源的使用者，也是课程资源的建设者。在这里，我们是民主的！

更重要的是，我们的课堂在改变！因为在云教学平台，传统课堂中存在的单调讲解、单向交流、单一评价等诸多不足，正在被新的形态所改变。学校、教师和学生在课程建设中的主体地位日益突出，各类要素间的交流与交融日益活跃：师生之间、生生之间、人机之间，线上线下、课内课外、校内校外，你推送、我答疑、他投票，我阅读、你讨论、他点评，个性与共性、历史与现实、身边与天边……在“云”端，时间在穿越、空间在延伸、观点在碰撞，心灵在沟通，“我为人人”，“人人为我”。在这里，我们是自由的！

民主、开放、平等、自由，正是我们孜孜追求的教育生态！正是我们共同的价值取向！蓝墨云班课正是这样一个平台，它一问世，就被一大批老师所喜爱和运用，他们孜孜不倦地努力探索创新、改变现状、服务教学、升华自己。在这样良好的教育生态中，教师群体中蕴藏的巨大潜力与活力、无穷智慧与力量正在迸发！同时，这一平台也在学校的多项管理工作中“野蛮生长”，日渐显示出其强大的生命力。有人说，“教师是发现云班课的第一双眼睛”，我想，这正是“群众是真正的英雄”这一朴素观点的又一生动注脚。

雨果说过：“已经创造出来的东西比起有待创造的东西来说，是微不足道的”。蓝墨云班课伴随着云教学大数据时代的到来，不仅使得课堂教学模式发生根本变革，教学管理、教学监督与评价模式的变革也必将会随之而来，运用好云教学大数据已经成为必然的选择。我们看到，与教育教学相关的大数据已日益成为学校教学科研评价管理重要的、战略的资源，决策将日益基于数据和分析而做出，而并非基于经验和直觉。大数据的实时性、原生态、全覆盖、立体化等特征，将会有效改变目前管理中存在的分散封闭、交叉重复等碎片化现象，促进人才培养能力的全面提升。

革命性的技术就像撬动地球的杠杆，总能创造令人意想不到的奇迹。一般而言，事物的改变有渐变和突变两种形式。事物的发展在通常状态下，是一个渐变的过程，而当颠覆性的影响因素闯入时，事物的发展可以不经过过渡阶段从一种质态到另一质态产生飞跃，形成突变。云教学大数据作为一项具有革命意义的颠覆性技术，为我们目前尚处于平庸状态的学校和老师寻求质变、实现跨越式发展提供了可能，相信“一招鲜”或“几招鲜”会使我们在未来发展中可以后来居上、弯道超车，由“跟跑者”迅速向“并行者”、“领跑者”转变。

当然，云教学大数据虽然已经被广泛关注、渐成潮流、必将势不可挡，但就目前的发展状态而言，还处于探索与提升阶段。我们看到，一大批有责任感、对教育事业有真爱的人们，正致力于云教学理论与实践的探索与推广，他们有思路、有志向、有韧劲，使这个极具时代性的平台正焕发出勃勃生机。目前，我们的探索是初步的、甚至是稚嫩的，遇到的都是一个又一个新问题，而这些新问题，以往从来没有遇到过，在书本和别人经验中也找不到现成的答案。比如，与传统的数据分析相比，大数据常常挖掘数据间的“相关性”；还有，大数据中海量增加的数据会让分析结果更加精确。但往往一个问题解决了，立刻又会有新的更加复杂的问题来到我们面前，需要我们做出新的选择和探索。既然是探索，自然就不可能把什么都预先弄得清清楚楚，有百分百的把握才起步。从这个意义上来说，我们正在开创一项伟大的工程，我们需要做的，就是坚守教育理想、坚持教育实践、顺应教育规律、秉持教育本质、整合教育技术，迈开步子，大胆探索，从成功和失败的实践中总结经验和教训，逐步摸索出一条自己的正确路子来。教育教学面对的是许多未知数和变数，路该怎么走，争论和抉择将会伴我们同行。这种在对云教学大数据探索和学习中前进的历程，就是理论与实践不断丰富和发展的进程，一路上留下的将是我们蹒跚、但坚定的脚印……

时代见证，改变，正在从这里开始！

陈旭东

前　言

随着移动互联网、云计算、大数据、人工智能与教学的深度融合，中国课堂教学开始步入云教学时代，院校课堂教学模式正在发生根本变革。这场变革是不以人的意志为转移的、根本的、彻底的。2015 年 7 月，北京蓝墨大数据技术研究院院长商桑教授明显预感到中国课堂教学的发展趋势，在国内首次提出了“云教学”，并于 2017 年 1 月对云教学的概念进行了定义。

为了指导中国未来课堂教学实践，北京蓝墨大数据技术研究院于 2017 年 2 月 28 日至 4 月 15 日组织了中国首次“云教学理论与实践论文征集”活动。短短一个半月时间，共收到 236 所院校提交的 472 篇论文。此次活动，评出一等奖 10 篇、二等奖 31 篇、三等奖 63 篇、优秀奖 51 篇。本书收录了一等奖、二等奖论文的全文，收录了三等奖和优秀奖的标题、作者、摘要、关键词，并把所有获奖论文全文以富媒体立体交互的数字方式正式出版。

本书论述了云教学的定位，包括云教学的概念和和特征，云教学与教学现代化的关系，定义了智能课堂四要素，提出了教学现代化的概念，论述了教学现代化发展的几个阶段，提出了“未来每一位教师都将是大数据分析型教师”的观点，给出了做大数据分析型教师的原则和方法，以及一系列依托蓝墨云班课后台大数据实证的高质量教学研究成果。

北京蓝墨大数据技术研究院从2016年6月开始策划在全国选择有代表性的院校成立各类独一无二的移动云教学大数据研究中心，迄今已经成立各类中心 99 个。此次论文征集活动，绝大多数中心院校均积极组织和发动，本书的出版得到了中心院校领导的大力支持，在此一并表示感谢。

由于时间仓促，本书编写过程中的疏漏和不足在所难免，欢迎批评指正。

编　者

前言

目录

一等奖

二等奖

三 等 奖

优秀奖

云教学定位研究

商　桑　北京蓝墨大数据技术研究院

摘　要：中国的课堂教学已经进入到云教学时代，部分院校已经步入到教学现代化的初级阶段。本文提出了云教学的概念，介绍了云教学的提出及发展，首次界定了云教学的定义，概括了云教学的特征，定义了教学现代化的概念，阐述了教学现代化的定义，说明了教学现代化的三个阶段及其特征，论述了云教学观念对院校教学现代化建设进程的关键作用。

关键词：云教学；智能课堂四要素；教学现代化

多年来，互联网、移动互联网、云计算、大数据、人工智能、认知计算、区块链等一系列高科技技术的相继诞生，让人应接不暇。随着移动互联网、云计算、大数据、人工智能与教育教学的深度融合，中国的课堂教学模式正在发生根本变革，随着而来的将是教学管理、教学监督与教学评价模式的根本变革。这场变革是划时代的、不以人的意志为转移的、根本的、彻底的。云教学正是在这样的背景下诞生，并随着移动互联网的普及以及云教学的现代化特征而迅速应用普及开来。中国课堂教学模式已经步入到了云教学时代，传统教学模式将会逐步被替代。

1　云教学的概念

1.1　云教学的定义

所谓云教学是基于云计算技术所开展的教学活动，该活动结果将由活动过程的行为大数据全面呈现并基于该大数据实施客观的科学管理。云教学活动内容包括教学工具、教学内容、教学管理、教学监督与评价几方面的全面云技术化和大数据化。教学活动行为包括教师的教学行为和学生的学习行为。教学活动过程包括课前预习、课中授课和课后复习的教学全过程的组织与实施。

云教学将给中国的课堂教学、课堂教学管理及监督与评价模式带来根本变革，在中国的课堂教学领域将会掀起一场新的革命。

1.2　云教学的特征

第一，技术特征。云教学的技术特征主要包括移动互联、云计算、大数据、人工智能四大特征。

首先，关于云计算技术。人们喜欢把自己手机里的通讯录或家里珍贵的照片上传到云端备份一下，这种在本地可以访问外地服务器里的资源，实现互联互通、资源共享的技术采用的就是云计算技术。由于上传到云端的服务器不知道在哪里，网络工程师不查找也不知道在哪里，于是工程师们在画网络图的时候习惯于用一朵云来代替这种实现。云计算技术的出现给互联网带来了突飞猛进的发展，也解决了很多问题。与教育有关的主要解决了三大问题：有效消除了院校平台孤岛的现象；让计算机大存储成为可能；网络的数据流对带宽需求越来越小。为此，基于局域网的智慧校园建设已经落后；能够用视频呈现场景的都没有必要用虚拟现实技术平台来模拟。当下，只有深谙云计算技术才可以让院校的智慧校园建设不走或者少走弯路。

其次，关于大数据。大数据是一个专用词，于 1982 年在美国首次被提出，1984 年写入《第三次浪潮》一书，直到 2009 年才被人类所应用。通过互联网的终端设备实时采集人的行为数据，日积月累达到一定规模后形成的数据被称为大数据。这里所说的一定规模是指从该规模数据中可以挖掘出有规律和有价值的理论或观点反过来指导实践。所以大数据不在大而在有价值。

现在出现了伪大数据的现象。伪大数据就是通过人工统计的方式形成的大规模数据也被称为大数据，这是错误的。通过人工统计的数据有两种方式：一种是传统的人工填表统计；另一种是办公自动化人机对话统计。人工统计的数据规模再大也只能叫大规模数据而不是大数据。大规模数据为主观统计，有不真实性和统计结果的可更改性，而大数据则是通过科技手段对行为过程数据的实时客观采集，从而具有客观、真实、不可更改的特点。

第二，过程特征。云教学的过程特征主要包括教学过程充分互动、教学内容智能化跟踪、教学过程评价主导三个方面。云教学的课前、课中、课后，师生之间都将依托云教学平台实现充分互动；具有智能跟踪原理的云课程让教师能够实时跟踪到学生课前、课中和课后的学习程度和效果；云教学对学习行为数据的实时客观采集，将一改“一考定一课”“一考定终身”的传统模式，过程评价将更为重要，有的课程可能会取消期中考试和期末考试，改为以过程考核和平时成绩为主。

第三，形式特征。云教学的形式特征主要以线上线下相结合为主要形式，可以实现人人皆学、时时能学、处处可学的学习型社会。这一特征对社会培训很重要，可以让过去的局部或者部分培训转化为全员培训，全日制教育也可以从过去的同一个场所面授的形式转化为不同场所网络直播面授的形式。

第四，功能特征。云教学的功能特征主要包括移动互联、云计算、大数据、人工智能，以及简单便捷易于操作、成为教师的助手而不是负担、降低教师的劳动强度而不是增加、提高师生幸福指数等几个方面的教学现代化特征，让课堂教学真正实现现代化。

2　云教学的提出及发展

2.1　云教学的提出

笔者于 1998 年接触互联网和虚拟现实技术，于 1999—2001 年间连续撰写了数十篇有关基于互联网实现远程虚拟教学和虚拟实验教学的论文，其中有四篇论文连续在《中国远程教育》上发表，分别是《构建远程虚拟专家教室的构想》《构建远程虚拟实验室的构想》《编写远程虚拟教材的方法》《评估远程虚拟教学的方法》，其中有这样一段话：“未来，无论多么偏远地区的孩子们，坐在自己家乡的教室里面，会听到北京、上海知名专家的讲课。”这相当于是 17 年前笔者对未来教学的一个预测，现在看来都基本实现了，尽管有些方面的技术实现离当年的预测还有距离，但科技界和教育界都在积极努力普及并逐步完善着。

通过多年来一直不断的观察、学习和研究，笔者于 2015 年 7 月首次提出了“云教学”的观点，并预言中国已经步入到了云教学时代。为了让“云教学”的提法能够被社会认可并广为流传，笔者于 2015 年年底依托微信建立了“云教学书记院校长论坛”“云教学处长主任论坛”两个微信群，共有 750 余人。从此，“云教学”的提法便广为流传并被社会各界认可。

2.2 云教学的发展

（1）中国第一代云教学平台。

中国第一个具有初步云教学特征的云计算教学平台“世界大学城”诞生于 2009 年。2010 年正式走进湖南省部分职业院校课堂。该平台完全基于云计算技术开发，是中国第一个具有初步云教学特征的平台，该平台的上线标志着中国的课堂教学开始步入到了基于云计算技术平台的新阶段，大大促进了中国教育信息化的发展。

第一代云教学平台，主要基于互联网，应用于 PC 端，以课堂教学工具和信息化教学资源的设计与应用为主要特征，处于现代教育技术的教学信息化阶段，不具备大数据应用特征。

（2）中国第二代云教学平台。

2014 年 11 月 20 日，基于移动互联网客户端的可以实施课堂有效互动的中国第一个云教学平台——蓝墨云班课正式上线，该平台的上线标志着中国的课堂教学模式步入到了成熟的云教学阶段。这是中国云教学的第二代发展阶段。蓝墨云班课引领和带动了教育行业和 IT 行业的同步进步和发展，在蓝墨云班课诞生 15 个月以后，陆续有其他类似功能的平台上线。尽管如此，目前，蓝墨云班课依然拥有绝对的技术引领优势和最大的用户群体。

第二代云教学平台的主要特征有两个：移动互联、大数据应用。蓝墨云班课的上线，填补了中国的空白，促使中国的现代教育技术从教学信息化跨越到了教学智能化乃至初级教学现代化的新阶段，大大加快了中国全面实现教学现代化的步伐，为推进中国课堂教学改革做出了卓越的贡献。

（3）中国第三代云教学平台。

第三代云教学平台将在移动互联和大数据应用为主要特征的基础上，进一步融入人工智能技术。目前蓝墨云班课已经具备了初步人工智能功能，也是中国目前唯一一个具有初步人工智能技术的课堂云教学平台。据悉，蓝墨云班课相关的技术人员正在紧锣密鼓地开发更先进和成熟的人工智能技术。可以预见，再过一两年的时间，中国的第三代云教学平台将会趋于成熟，并也将以蓝墨云班课为先驱和引领，进一步带动整个行业技术的发展。

3 云教学与教学现代化

3.1 什么是教学现代化

教学现代化就是用现代化教学观念指导下的现代化教学实践，包括教学工具、教学内容、教学行为、教学管理、教学监督、教学评价等全面智能化及现代化。

3.2 教学现代化的三个阶段

教学现代化分为三个阶段：初级阶段、中级阶段和高级阶段。高级阶段后还会有更高级阶段。随着技术的发展，教学现代化高级阶段建设将永无止境。

（1）初级阶段，教学工具、教学内容、教学管理的全面云技术化、大数据化及初步人工智能化。教学工具、教学内容、教学管理、教学设备的智能化构成了智能课堂四要素。四要素中，因设备的智能化属于硬件建设，其程度与资金多少密切相关，但无论其智能化高与低，呈现的目的和结果都大体相似。所以四要素中关键是教学工具、教学内容、教学管理三要素的智能化实现。比如，现在很多教师和院校同时使用了蓝墨云班课、云课程、云教学大数据管理平台，这三者的结合已经让课堂教学步入到了教学现代化的初级阶段。中国当下普及的云教学模式，就是教学现代化的初级阶段。

初级阶段的主要特征包括：行为自动跟踪，结果自动生成，管理与评价自动化、无纸化，具备初步预警功能。

（2）中级阶段，教学工具、教学内容、教学管理的全面云技术化、大数据化及中等人工智能化。比如蓝墨云班课，是中国目前唯一融入初步人工智能技术的云教学工具，2017 年 8 月即将升级的蓝墨云班课将融入更深度的人工智能技术，增加深度预警功能。随着人工智能与云教学工具、教学内容及云教学大数据管理平台的逐步深度融合，中国的教学现代化将逐步跨入到中级阶段。

中级阶段的主要特征包括：行为自动跟踪，结果自动生成，管理与评价自动化、无纸化，具备完善的预警功能，具备初步的预测功能。

（3）高级阶段，教学工具、教学内容、教学管理的全面云技术化、大数据化和人工智能化。步入教学现代化的高级阶段，预计还需要三到五年的时间。高级阶段的升级将随着人工智能技术的升级而不断升级。可见，教学现代化的发展将永无止境。

高级阶段的主要特征包括：行为自动跟踪，结果自动生成，管理与评价自动化、无纸化，具备完善的预警功能，具备完善的预测功能，教学准备各环节具备完善的编辑器，教学各环节工作完全实现自动化甚至智能化。

4 云教学观念对院校教学现代化建设进程的影响

中国目前已经步入到了云教学时代，部分院校已经实现了初步教学现代化。随着云教学以及教学现代化观念的不断传播和普及，未来各院校的教学现代化建设进程将与院校所在区域无关，与院校发展基础无关，与院校实力无关，只与院校的观念有关。为此，会出现以下四种现象：

（1）过去实力强、地位高的院校会出现两种现象：如果观念与时俱进，教学现代化的进程会更快；反之，如果观念不能与时俱进，则可能因为拥有良好基因的优越感，固执持有已有观念而造成夜郎自大、故步自封，严重影响自身教学现代化的进程，由领先逐步变不领先甚至落后。

（2）过去实力不强、地位不高的院校也会出现两个现象：如果观念与时俱进，有强烈的发展危机意识，则会出现教学现代化的进程赶超部分曾经实力强而观念不能与时俱进院校的现象；反之，如果观念不与时俱进，则教学现代化建设进程会更加滞后，与实力强观念新的院校的差距越来越大。

做一个新时代大数据分析型教师

商　桑　北京蓝墨大数据技术研究院

摘　要：蓝墨云班课是目前中国唯一一个可以提供课堂教学行为全数据并能够形成课堂教学大数据的云教学平台。随着该平台应用的普及，中国的教师都将成为大数据分析型教师。本文说明了什么是大数据分析型教师，什么样的数据才是课堂教学大数据，论述了做大数据分析型教师的意义，给出了做大数据分析型教师的原则和方法。

关键词：云教学；课堂教学大数据；大数据分析型教师

大数据时代，让各行各业的实证研究成为可能，教学领域也不例外。随着基于蓝墨云班课的云教学模式在中国课堂教学中的应用与普及，每个教师都将可以是自己课堂教学大数据的生产者，院校和教师理所当然地成为该课堂教学大数据的拥有者。谁的数据谁拥有，谁的数据谁研究的时代已经来临。每个教师都将成为大数据分析型的教师。

1　大数据分析型教师的概念

所谓大数据分析型教师，是指能够基于课堂云教学大数据做实证教学研究的教师。大数据分析型教师不是做大数据分析，而是以课堂教学大数据为实证做教学研究。教学管理人员可以基于院校的课堂教学大数据做教学管理研究。

2　什么样的数据为课堂教学大数据

大数据是一个专用词，使用计算机技术实时采集人的过程行为数据，日积月累达到一定规模后形成的数据被称为大数据。这里说的一定规模是指依托该规模的数据可以挖掘出有规律、有价值的理论或者观点反过来指导实践。所以，大数据不在大，而在有价值。那些通过人工统计的方式（包括计算机统计）所获得的数据，规模再大也只能称为大规模数据而不是大数据。大规模数据为人工主观统计，有不真实性和可更改性；而大数据是过程行为数据的客观采集，具有真实有效、不可更改的特点。通过蓝墨云班课采集的师生课堂教学行为数据就可构成课堂教学大数据。

3　做大数据分析型教师的意义

3.1　教研先进性

蓝墨云班课于 2014 年 11 月 20 日上线，是中国第一款课堂互动手机 APP 软件，带动了整个相关 IT 行业的发展。该平台上线 15 个月后，也就是 2016 年 2 月之后，其他类似的平台相继诞生。技术的创新与引领让蓝墨云班课成为中国目前唯一一个能够提供完整课堂教学大数据的云教学平台，也是目前唯一一个已经拥有初步人工智能功能的云教学平台。因为蓝墨云班课在全国的技术引领性，同时又具有明显的现代化教学特征，所以基于蓝墨云班课做大数据实证教学研究，势必会提高教师的现代化教学水平，充分体现教研的先进性。

3.2 教研全员性

基于蓝墨云班课的课堂产生的教学大数据，让每个教师成为自己课堂教学大数据的拥有者，从而让全员教师依托课堂教学大数据开展实证教学研究成为可能。

3.3 教研真实性

因为课堂教学大数据的真实性而让教研成果变得真实有效；因为每个教师教学过程数据的不确定性和差异性让每个教师都会有不同的分析和研究成果；因为每个教师基于云班课的后台数据的唯一性让不同的教师的研究结果也就独一无二，不可复制。

4 做大数据分析型教师的原则

4.1 化繁为简

使用蓝墨云班课的教师，后台生成的初始数据是杂乱无章的，即使构成大数据的规模，该大数据亦为不可用的大数据，必须将其挖掘成可视模型后，方可成为可用的大数据。当教师的魅力值达到 200 以上的时候，蓝墨云班课后台会自动把教师班课里生成的无序数据挖掘成有序数据，生成可视模型。登录蓝墨云班课 WEB 端网址 mosoteach.cn,点击“导出/报告”，蓝墨云班课的后台便出现了两个模块：“班课汇总/明细数据”和“班课教学报告”，如图 1 所示。

图 1 “班课汇总/明细数据”和“班课教学报告”

图 1 中的“班课教学报告”就是为教师挖掘好的可视的数据模型。魅力值 200 以上的教师根据这些模型，仔细观察和分析，就可以做基于课堂云教学大数据实证的教学研究了。比如：查看活动报告、学情报告，分别如图 2、图 3 所示。

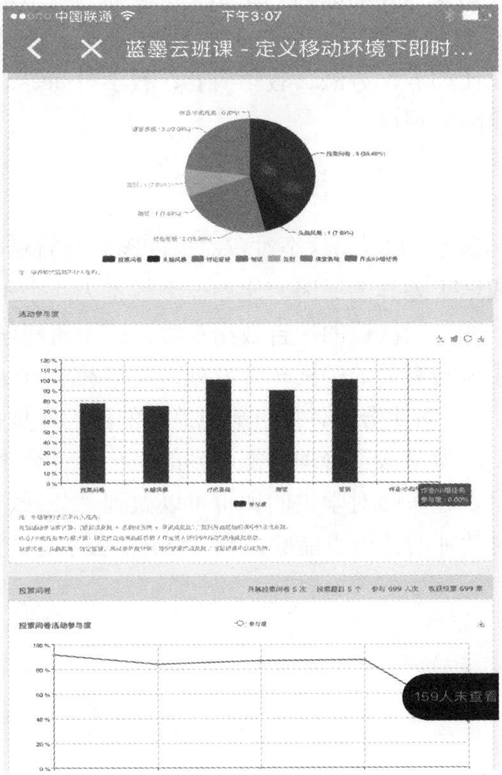

图 2　活动报告

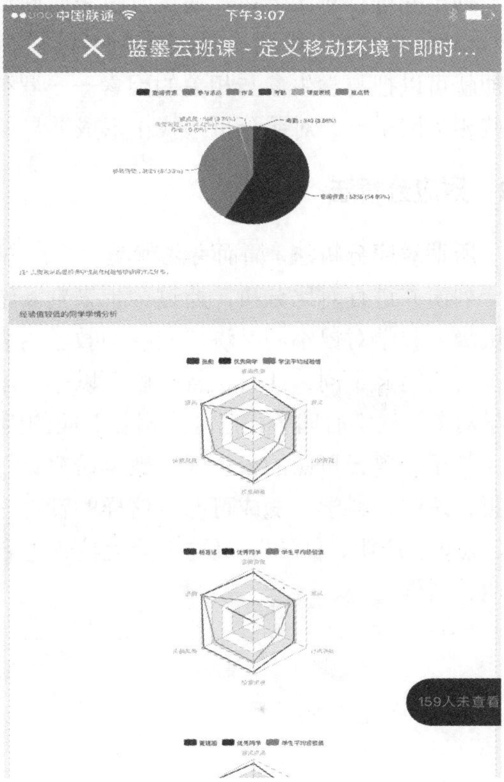

图 3　学情报告

4.2　个性、共性相结合

个性是指一个学生、一个班级；共性是指一个班的学生和院系所有的班级。

4.3　横向、纵向相结合

一个学生或者一个班级与一个班的学生或者一个院系班级的横向对比；一个学生或者一个班级一个学期纵向的比较。

4.4　指导实践为根本

每一次的研究均来自课堂教学大数据实证，让每一次的研究都能够指导课堂教学有一个新的提升，这样就可以走出过去为了学术研究而研究的怪圈，让教学研究真正走上从实践上升到理论，再用理论指导实践的科学轨道上来。

5　做大数据分析型教师的教研方法

大数据分析共有六大分析方法，其中最适合教师做教研的分析方法有两个。

5.1 相关分析法

所谓相关分析法，简而言之就是一个过程结果发生后，与这个过程相关的因素都有哪些，一一列出并进行对比分析，通过分析来判断造成结果差异的原因。比如一个教师为一个班级（教学对象相同）上了两次课，通过两次课的后台数据观察，学生的参与度明显不同，此时该教师就可以把与学生参与相关的因素一一罗列，比如教学方法、教学内容、教学时间等，对这些相关因子一一对照分析，找出形成差异的原因和规律。

5.2 对应分析法

所谓对应分析法，简而言之就是一个过程结果发生后，与这个过程对应的因素都有哪些，一一列出并进行对比分析，通过分析来判断造成结果差异的原因。比如一个教室为两个不同的班级（教学对象不同）讲授同样的教学内容，通过两次课的后台数据观察，两个班级学生的参与度明显不同，此时该教师就可以把与学生参与有关的因素一一罗列，比如教学方法、教学对象、教学时间等，把这些相互对应的因子一一对比分析，找出形成差异的原因和规律。

基于蓝墨云班课的云教学大数据研究让过去的课堂教学管理不能做到的“公开、公平、公正、透明、科学”变成可能。这样的管理既可以让教师对学生的评价可以做到“公开、公平、公正、透明、科学”，又可以让院校管理者对教师的评价也能够做到“公开、公平、公正、透明、科学”。

一 等 奖

经验值与期末成绩的规律性分析

——基于财务管理云课堂实证研究

王积田　宫婷婷　魏　芳　东北农业大学

摘　要：成绩是考核学生学习质量的重要指标。研究平时成绩、期末成绩和总成绩的逻辑关系和规律性对把握学生学习动态、确定不同层次状态的学习人群具有很强的指导作用。本文利用云班课的数据采用回归分析的方法，研究了三个层次人群的学习规律，得出了 70 分以下同学更需要借助云教学平台进行过程学习和 90 分以上同学应该改进活动内容和手段的结论。

1　引言

一直以来，受传统教学模式的影响，相当一部分在校大学生依靠在期末考试前突击复习以通过考试，他们的考试成绩可能很高，而且很会考试，但主动思考问题的能力和创新能力却没有得到应有的、全面的提高，造就了一批高分低能的学生。这种学习方式培养出来的人才无法适应社会需求。特别是近年来移动终端技术的飞速发展，各种移动电子设备层出不穷，学生使用这些设备上网聊天、购物、K 歌、交友等在不断挤占本来就少的学习时间。如何解决手机、iPad 等进入课堂分散学生注意力这一无法规避的问题，变不利因素为有利因素，显得尤为重要。因此我们借助蓝墨云班课提出了强化过程性学习与考核的办法来解决这一现实矛盾。通过一年来对平台的使用，我们发现了学生成绩方面的一些规律联系。

2　研究方法与数据来源

2.1　研究方法

（1）回归分析法。由于我们的研究对象为采用云班课的课堂，而且课堂的理念是强调过程性的学习和考核，所以过程性的资源提供与活动开展都是通过获得经验值来进行的，而平时的过程性学习对期末卷面成绩的影响如何是我们在学期结束后需要分析和总结的问题，因此本研究采用百分制蓝墨云班课的经验值作为回归分析的自变量 x，采用期末卷面成绩为因变量 y 进行相关性分析，即 $y=a+bx$。

（2）散点图法。本文选取财务管理两个教学班共 203 人的经验值、期末卷面成绩进行研究，为了便于直观了解学生的学习成绩分布情况，发现学生成绩的集中趋势和离群情况，采用了散点图的方法。

2.2 数据来源

研究对象的课程成绩是由期末成绩和平时成绩两部分构成的。总成绩=期末成绩×70%+平时成绩×30%。本文主要研究平时成绩与期末成绩的关系，我们假设平时成绩用百分制的云班课的经验值来代替。因此，本研究的数据来源于蓝墨云财务管理课堂数据（班课邀请码为：610529、851265）和学校教务管理系统数据。

3 成绩分布情况分析

为了防止出现片面性的规律，本文选取了作者开展蓝墨云班课教学的财务管理课程的两个教学班进行研究。

3.1 经验值与期末成绩散点图分析

根据两个教学班的经验值和期末成绩资料绘制经验值和期末成绩关系散点图如图 1、图 2 所示。

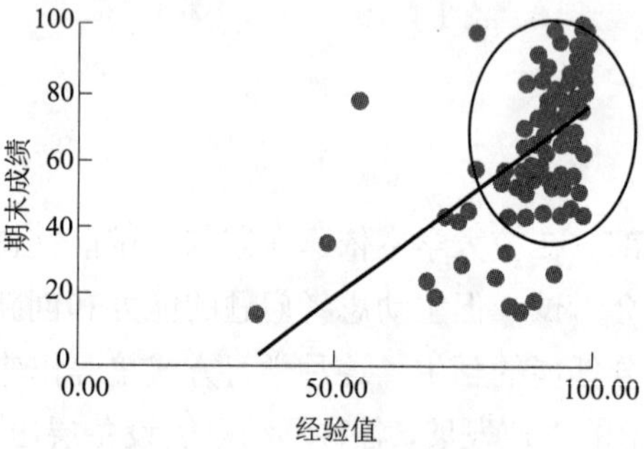

图 1　财务管理一班散点图

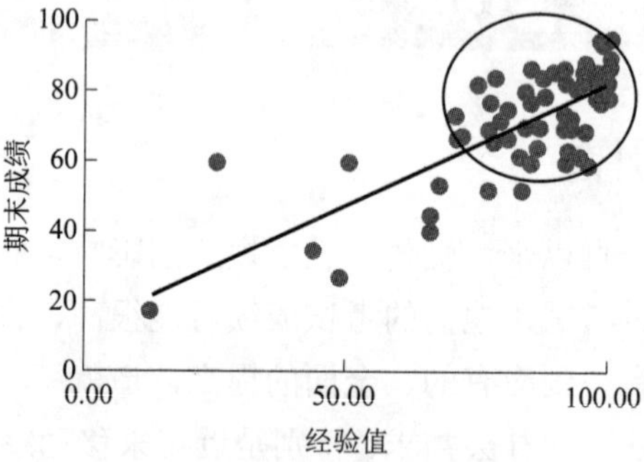

图 2　财务管理二班散点图

根据图 1、图 2 可以看出，两个教学班显示了共同的规律：除少数同学成绩比较发散之外，绝大多数同学的成绩相对比较集中（图中圈内的点）。从趋势线来看，分数越高趋势越明显，最终形成了分数集中分布的现象。因此有必要研究图中圆圈之外点的分布是什么原因导致的，也有必要研究集中区域经验值和期末成绩的逻辑关系如何。

3.2 经验值与期末成绩的相关性分析

根据采集的经验值数据和期末成绩数据，利用 Excel 进行简单回归分析得到两个教学班的指标如表 1 所示。

表 1　相关系数表

项　目	财务管理一班	财务管理二班
函数表达式	y=1.123 9x–36.988	y=0.706 9x+12.446
R^2	0.305 1	0.547 9
r	0.552 4	0.740 2

数据表明经验值和期末成绩有较高的相关程度，特别是二班，表现更为明显，两者的差异在于一班同学在组建班级时整体成绩偏高，所以这个班在高分区形成了群体数值，但这并不影响两个变量的一般性规律的出现。

3.3　经验值与期末成绩的变化规律

利用 Excel 汇总经验值、期末成绩和总成绩图形如图 3、图 4 所示。

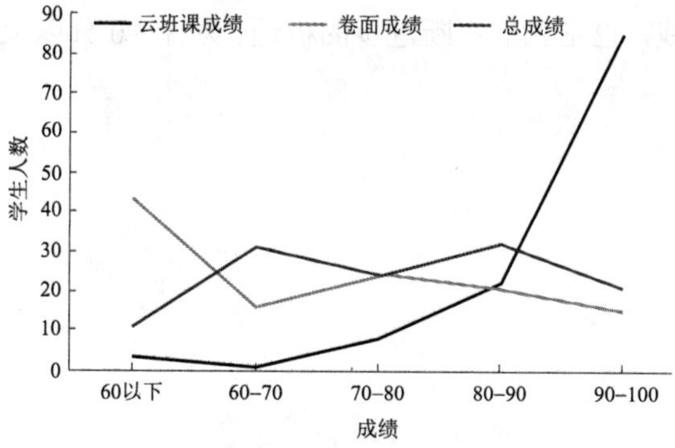

图 3　财务管理一班成绩关系图

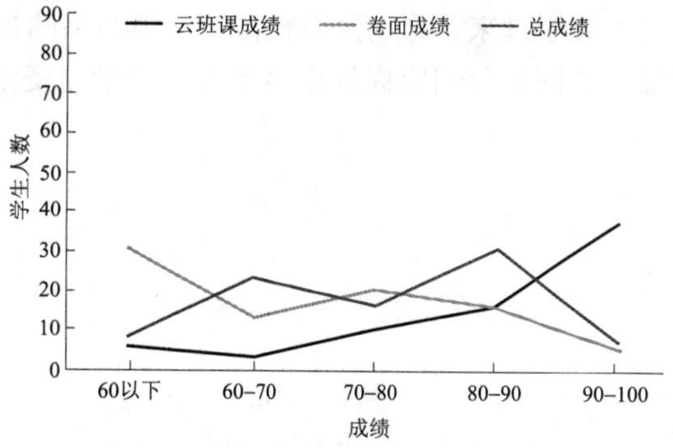

图 4　财务管理二班成绩关系图

由图 3、图 4 中曲线可以看出两个教学班三条曲线的波动规律基本一致，因此可以认为通过数据分析得出的结论基本可靠，至少在本课堂中形成的规律是成立的。其规律是：蓝墨云班课成绩高的同学比重偏高，说明学生们很重视蓝墨云班课的经验值的积累；期末成绩呈扁平“M”形，也就是说在 0～70 分和 70～100 分阶段出现了两阶段正态分布；蓝墨云班课高经验值的同学中高期末成绩的比重偏低。

我们也可以观察到经验值高的同学较多，然而这部分同学的期末成绩并不都是最高，其原因是这部分同学只是重视经验值的获得，而不注重获得经验值的质量，这部分同学存在刷分的现象，经过对这些同学的微信、微博和朋友圈的分析（作者在周四云课堂 81 期有翔实证据展示）发现了这一事实的存在。还有部分经验值很低的同学，也就是图 1 和图 2 显示的离群明显的点，这些现象的产生有两个原因：一是根本不学习，学习目的和动机不明确；二是这部分同学有期末突击的习惯，还没形成对过程性学习和考核的高度重视。

出现阶段的正态分布显示低分段和高分段都有一个峰值，其原因是一部分同学的学习目标是及格就好，所以低分段的峰值恰好出现在 60 分，还有一部分同学，也是绝大多数同学，他们学习刻苦努力，学习的目的很明确，因此峰值出现在 80 分左右。

同时也由于蓝墨云班课中没有设计计算和综合题，而期末考试综合题占比 20%，而且难度偏大，所以获得 90 分以上高分的同学比重相对较低。

4 结论与建议

4.1 结论

在课堂设计和教学进行环节应该更关注两端的同学，通过两阶段正态分布规律的研究我们可以得出如下结论：70～90 分的同学能很好地利用蓝墨云班课这一平台进行过程性学习；70 分以下同学的学习态度和目的还不是很明确，学习的主动性还有待提高；90 分以上的同学学习目的十分明确，学习刻苦努力、态度端正。

4.2 建议

研究发现 70 分以下的同学有很多也是对蓝墨云班课有抱怨的同学，更有甚者是排斥过程性学习和考核的同学，这也就证明了他们恰好是我们必须关注的部分，也是最需要用蓝墨云班课来修正和改变学习态度的同学，我们应在学习兴趣和学习流程设计上下功夫。把这部分同学吸引过来，这是我们教育者必须面临的挑战，也是我们不断进步的机遇。对于 90 分以上部分的同学我们应提供更多差异化的学习资源。

蓝墨云班课在“护理教育学”形成性评价中的应用

李 红 王秀红 郭永洪 贾秀英 贵州医科大学

摘 要：为探索蓝墨云班课在“护理教育学”形成性评价中的应用效果，我院在2014级护理专业甲班、本科班“护理教育学”理论教学中，结合蓝墨云班课实施形成性评价考核，结果显示结合蓝墨云班课实施形成性评价考核能够客观真实的记录学生的学习情况和教师开展的教学活动，及时发现教学中存在的问题，有利于提高的教学质量，增强学生的学习兴趣。

关键词：蓝墨云班课；《护理教育学》；形成性评价

形成性评价是对学生学习全过程的持续观察、认真记录，是对学生日常学习过程中的表现，所取得的成绩以及所反映出的情感、态度、策略等方面做出的综合性评价[1]。而蓝墨云班课能够及时有效的记录“教”与“学”的情况，可以及时反馈教学，提供轻松有趣的互动教学。我院在2014级护理专业甲班、本科班“护理教育学”理论教学中，结合蓝墨云班课实施形成性评价考核，现报告如下：

1 蓝墨云班课辅助“护理教育学”教学模式的构建

以教师为主导，学生为主体，课程组教师在充分熟悉教材、教学大纲，了解学情的基础上，根据教学实践分班创建“护理教育学”云班课，构建蓝墨云班课辅助教学模式，如图1所示。课前教师通过登录蓝墨云班课 PC 端提前发送课件和资源，供学生预习和思考；课堂教学中，教师通过启发式教学引导学生对问题进行讨论，解答学生各类学习疑问，并对关键

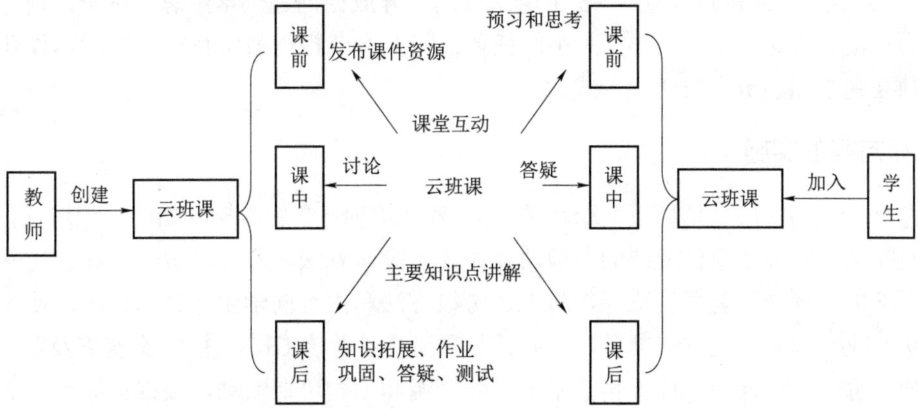

图1 蓝墨云班课辅助“护理教育学”教学模式构建

性知识点进行讲解，以帮助学生更好地理解和掌握知识；课后提升拓展阶段，学生通过作业、自测题等形式的练习达到巩固和提升所学知识的目的。

2 利用蓝墨云班课建立“护理教育学”形成性评价考核方案

2.1 实施对象

选择我校2014级护理甲班、乙班、助产班、本科班学生作为研究对象，随机将甲班、本科班259人设为实验组，乙班、助产班196人设为对照组，实验组在“护理教育学”理论教学中结合蓝墨云班课实施形成性评价考核，对照组采用传统的教学方法和评价。两组学生在年龄、性别、学习能力等方面比较差异无统计学意义（$P>0.05$）。

2.2 考核评分方案

参考国内外研究，结合我院“护理教育学”的教学实际，构建“护理教育学”形成性评价方案。将“护理教育学”学期总成绩分为“平时考核成绩”与“期末考核成绩”两部分，所占比例分别为40%、60%。前者包含六项活动，学生每参加一项活动均能够获得相应经验值，其中各部分经验值所占比例分别为：① 资源学习，10%；② 课堂签到8次，10%；③ 测试，30%；④ 讨论答疑，10%，⑤ 头脑风暴，10%；⑥ 作业/小组任务，30%。

2.3 考核方法和内容

结合蓝墨云班课的各项功能，科学安排考核方法和活动。① 资源学习：教师通过蓝墨云班课于每次课前1周发布教学PPT课件，实现和记录即时教学资源分享，学生下载蓝墨云班课文件到移动端开展学习。② 课堂签到：课堂上教师通过蓝墨云班课发起在规定的时间里通过某一个手势或一键签到，签到的人数即时反馈给教师，当教师结束签到或未开始签到时，学生无法签到。③ 测试：课程组教师根据教学大纲讨论并确定测试题以及题量，通过蓝墨云班课创建测试活动，选择活动开始后，系统自动发送消息提醒所有蓝墨云班课学生参加测试活动，系统即时反馈结果，教师依据测试结果点评或教学。④ 讨论答疑：每个章节设置“讨论答疑”板块，师生针对本章学习中存在的问题展开讨论，可以学生相互解答，也可以老师解答。⑤ 头脑风暴：每章设置3～5个层次较高的开放性问题供学生思考讨论，训练学生的思维能力和语言表达能力。⑥ 作业/小组任务：每个章节根据教学目标布置适当作业任务，分个人独立完成和小组完成两种形式。

2.4 考核方案的实施

本考核方案的实施包括以下三个环节：① 教师培训：在新学期开始前组织培训，要求全体授课教师熟练掌握蓝墨云班课的各项功能和具体操作方法。② 学生培训：在课程开始前手把手教会学生正确使用蓝墨云班课，将上述考核方法和内容向学生作详细介绍，使其对传统考核方法的改变有充分理解和准备，便于后期顺利开展考核工作。③ 方案实施及监督：要求授课教师在每一章授课前一周上传蓝墨云班课资源和创建班课活动，根据实际授课情况开始各项活动。

2.5 教学评价

利用墨客教师权限生成蓝墨云班课教学报告，了解蓝墨云班课辅助教学的具体情况；学期结束时统一组织学生进行标准化期末考试，了解学生的学习掌握情况；通过自制问卷调查学生对蓝墨云班课在“护理教育学”形成性评价中的应用评价。

2.6 统计分析

采用 Spss19.0 软件进行统计分析，计数资料用卡方检验，$P<0.05$ 表示有统计学意义。

3 结果

3.1 蓝墨云班课在“护理教育学”形成性评价中的具体应用情况

利用墨客教师权限生成班课教学报告，及时查看蓝墨云班课在“护理教育学”形成性评价中的各类活动构成（图 2）与学生经验值获得的分布（图 3），经验值分布是以成员中最高经验值为基数，超过 80%（含）为优秀，60%（含）至 80%为及格，60%以下为入门。针对经验值较低的同学进行学情分析（图 4），及时发现和解决学习过程中存在的问题。

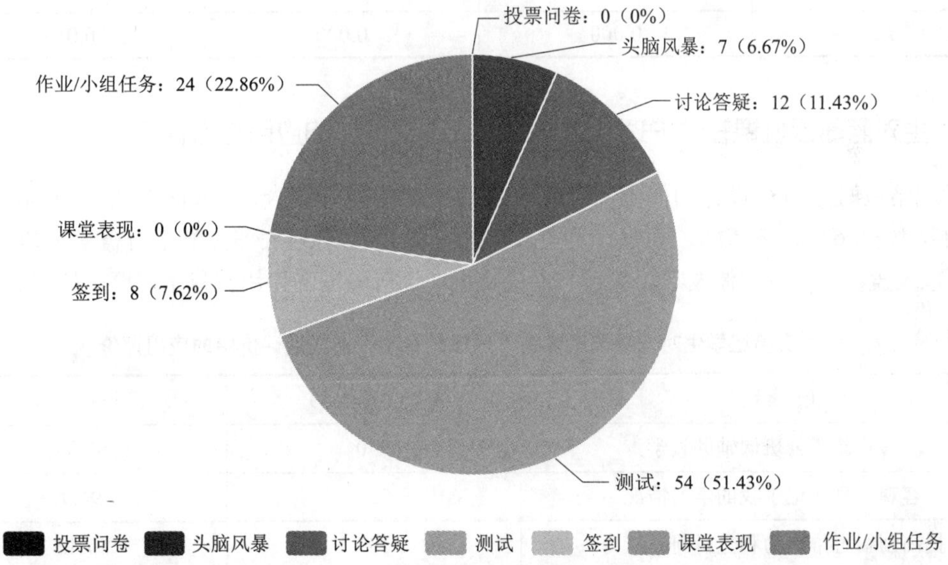

图 2 蓝墨云班课在“护理教育学”形成性评价中的各类活动构成

3.2 两组学生期末考核成绩比较

学期结束时统一组织学生进行标准化期末考试，实验组 1 名同学缺考，对照组 1 名同学生病办理缓考，实验组<60 分、（60～80）分以及≥80 分的学生人数与对照组比较差异均具有统计学意义（$P<0.05$），如表 1 所示。

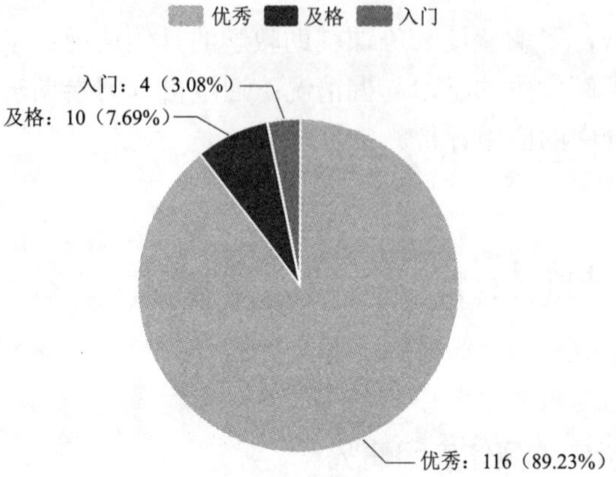

图 3　学生获得经验值分布

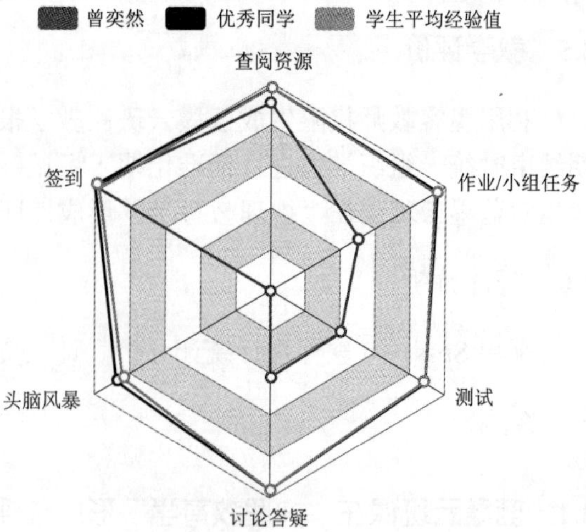

图 4　经验值较低的同学学情分析

表 1　两组学生期末考核各分数段人数比较

	<60 分	（60～80）分	≥80 分
实验组（n=258）	46	178	34
X^2	42.421	20.087	6.235
P	0.000	0.000	0.013

3.3　学生对蓝墨云班课在“护理教育学”形成性评价中的应用进行评价

学期结束时用自行设计的问卷对 259 名实验组学生进行调查，发放问卷 259 份，收回 258 份，回收率 99.61%，有效率 100%。问卷结果显示，实验组绝大部分学生对蓝墨云班课辅助教学，以及蓝墨云班课在激发学习兴趣、促进交流反馈等方面的作用持肯定态度，如表 2 所示。

表 2　实验组学生对蓝墨云班课在“护理教育学”形成性评价中的应用评价

项　目	人数（n=258）	百分率（%）
喜欢蓝墨云班课辅助教学	240	93.03
客观、真实记录我的学习情况	250	96.9
提高创新思维能力和分析问题能力	199	77.13
提高合作交流能力	209	81.01
促进交流与反馈	251	97.29
提高自主学习能力	220	85.27
激发学习的兴趣	239	92.64
加强对知识掌握，使学习变得更轻松	230	89.15
及时调整学习态度和方法	200	77.52
有助于提高组织纪律性	180	69.77

4 讨论

4.1 蓝墨云班课的独特功能切合形成性评价的理念

蓝墨云班课是由北京智启蓝墨信息技术有限公司开发的一款基于移动网络环境针对教师和学生永久性免费的校园 APP，具备以下功能[2]：① 创建移动班课简单；② 发布信息，实现即时教学沟通；③ 教师进行即时教学资源分享，学生下载蓝墨云班课文件到移动端开展学习；④ 教师随时随地在蓝墨云班课里创建作业/小组任务、头脑风暴、讨论/答疑、测试等教学活动，实现即时教学互动；⑤ 手势或一键签到减除传统点名签到耗时长的烦恼；⑥ 教师通过“成员”界面查看每位学生出勤情况、学习进度和学习时长、笔记数量、参加活动、交互练习结果等情况。另外教师能够利用墨客教师权限生成班课教学报告，及时查看班课开展的各类教学活动与学生经验值获得的分布，针对经验值较低的同学进行学情分析，及时发现和解决学习过程中存在的问题。蓝墨云班课的这些功能及特点与形成性评价强调对学习过程的评价，强调及时反馈和调节作用不谋而合，切合形成性评价的理念，有利于形成性评价的开展。90 后作为现代大学生的主体，敢于颠覆主流、颠覆权威、颠覆传统，更加注重个性，是一切新技术的最先享用者和推广者，是社会新技术、新思想的前沿群体。蓝墨云班课因其操作的简便性、反馈的及时性、记录的客观性、内容的丰富性、消息推送的精准性等特点，深受年轻学生的追捧，利于蓝墨云班课在“护理教育学”形成性评价中的应用。

4.2 蓝墨云班课辅助教学使学习变得轻松有趣，深受学生喜欢

本研究的结果显示实验组＜60 分、（60～80）分以及≥80 分的学生人数与对照组比较差异均具有统计学意义（$P<0.05$），说明接受蓝墨云班课辅助教学的学生其期末考核成绩及格人数以及中等成绩和优秀成绩的人数均比接受传统教学的学生人数多。这可能与蓝墨云班课辅助教学使学生实现任何时间、任何地点，以任何方式学习课程内容的移动学习目的，使“护理教育学”理论性的学习变得更加生动有趣，增加学生的自主学习积极性和课堂学习的实效性，实现线上与线下学习资源的整合，有利于学生对所学知识的掌握有关[3]。以往我院“护理教育学”是以传统讲授为主的方式进行，老师对学生的平时学习评价多由授课老师根据自己的喜好制定，缺乏统一的评价标准，导致评价较为主观，不利于学生学习兴趣和自主学习方法的培养。而结合蓝墨云班课实施形成性评价考核使对学生的学习评价更为客观、公正、及时和合理，可以引导学生及时调整学习策略及促进教师有效改进教学手段、提高教学质量[4]。蓝墨云班课的讨论答疑、头脑风暴、分组作业等活动能够促进学生的团队合作和及时反馈沟通、提高创新思维能力和分析问题能力。因此，绝大部分学生对对蓝墨云班课在“护理教育学”形成性评价中的应用效果持肯定态度。

总之，蓝墨云班课在“护理教育学”形成性评价中的应用符合信息化教学发展的趋势，在辅助“护理教育学”教学实践中也已发挥其独特的优势。教师需要正确认识蓝墨云班课的作用，不断尝试与探索，正确引导学生使用蓝墨云班课，扬长避短，以期达到更好的学习效果。

参考文献

[1] Wininger SR. Using your tests to teach: Formative summative assessment [J]. Teaching of Psychol, 2005, 32 (3): 164–165.

[2] 教师慕课联盟. 一本书学会移动信息化教学 [D]. 北京：北京蓝墨公司，2015.

[3] 顾小青，顾凤佳. 微型学习策略：设计移动学习 [J]. 中国电化教育，2008，(3)：17–21.

[4] 杨金香，李俊波，白慧云. 药学专业化学实验课程中运用形成性评价的探索与实践 [J]. 化学教育，2015 (10)：57–60.

基于蓝墨云班课的“JITT”项目式教学模式研究

孙　志　姜晓洁　威海海洋职业学院

摘　要：任务驱动、项目导向教学模式是一种较为有效的实践教学手段，通过“JITT”（翻转课堂）这一教学模式可以发挥教师引导、启发、监控教学过程的主导作用，同时充分体现学生作为学习过程主体的主动性、积极性与创造性。但在实施过程中，存在学习资源发布较为杂乱，学生查找麻烦；师生交流渠道较少，师生交流不顺畅；任务完成过程中存在抄袭等问题。将蓝墨云班课融入“JITT”项目式教学模式，利用蓝墨云班课中的“答疑/讨论”“头脑风暴”“作业/小组任务”等一系列平台可以很好地解决“JITT”项目式教学过程中存在的问题。

关键词：蓝墨云班课；项目式教学；翻转课堂；JITT

任务驱动、项目导向教学模式具有实践性、体验性强的典型特征，使学生通过实施具体项目获取知识、技能及解决问题的方法，要在完成项目的过程中培养学生的工作责任感及团队合作能力，培养学生跨学科、跨领域完成复杂工作的能力，培养学生对知识进行自主深化与拓展的能力，这种教学模式在高职院校的实践类课程中已得到了广泛的应用。翻转课堂这一授课方式将知识点的学习放在了课前，学生可以根据自身情况选择并安排学习内容，网络资源的共享更是为学生提供了大量知识来源。同时融入了翻转课堂的项目式教学打破了传统教学方式对学生学习空间及学习进度的限制。融入翻转课堂的项目式教学模式在高职教育中具备更强的生命力，但由于教学平台的缺失，在实际开展教学活动过程中存在不少问题。蓝墨云班课教学平台的出现很好地解决了这些问题。

1　基于“JITT”的项目式教学模式

1.1　任务驱动、项目导向教学模式

项目式教学法尝试通过实施一系列完整的教学项目，将理论和实践有机地结合，它以任务为导向进行教学活动，以培养学生的专业技能为教学首要任务。与传统教学方式相比，项目式教学法在教育理念、教学目标、教学环境、教学过程和教学手段等方面发生了很大变化，它不再以教师为中心，强调学生自主学习[1]。项目式教学法通过项目的形式，将传统学科体系中的教学内容进行重新整合，将要掌握的知识内容划分为若干个相对独立的教学项目，每个教学项目都有一定的工作任务。教师在教学过程中，需要先对项目进行分解并作适当示范，然后由学生分工协作，在限定的时间内完成项目任务。学生通过直接参与项目实施的过程，

了解项目中的每一个环节，并对项目完成后所取得的成果进行总结评价，掌握其中包含的知识点，把握整个项目实施过程中的重点、难点，最终实现“做中学”这一学习方式。

在设计教学项目内容时要充分考虑学生的学习兴趣，充分发挥学生的主动性、积极性和创造性，保证每个学生都要切身参与工作任务的完成过程。学生要在完成工作任务的过程中参与学习过程的设计，通过不断发现并解决问题来获取更多知识、开阔视野，教师要在适当的时间对学生遇到的问题给以适当的指导[2]。项目式教学法通过让每个学生都直接参与项目的实施，来激发学生的好奇心、吸引学生的注意力、增强学生学习的主动性。学生通过完成项目任务来实现对大量新知识的整理，使知识的理解和记忆变得更容易，保持的时间更长，从而提高教学效率。任务驱动、项目导向这一教学模式，已成为实践类课程教学的主要手段。

1.2 “翻转课堂”与“JITT”（Just–In–Time Teaching）

由于任务驱动、项目导向式的教学方法往往需要更多的教学时间来引导学生完成项目，课堂教学时间很难满足要求。因此，在高速发展的多媒体、互联网等信息技术支持下，“翻转课堂”这一教学模式受到越来越多的关注。“翻转课堂”是由任课教师提供以教学视频为主要形式的学习资源，学生通过信息技术的辅助在课下完成对教学视频等学习资源的观看和学习，课堂上的时间主要是由教师和学生一起完成协作探究和互动交流等活动。

现行众多教学模式中，混合式教学模式（Blended Learning）既可以发挥教师引导、启发、监控教学过程的主导作用，又可以充分体现学生作为学习过程主体的主动性、积极性与创造性。混合式教学模式指的是面对面的课堂学习和在线学习两种方式的有机整合。其中，网络环境（尤其是网络教学平台和教育教学资源库）为混合式教与学提供了有效的支持，将教师的教学行为由课堂内扩展到了课堂外，可以大大提高学生的学习效率和效果，而纵观各种体现混合式学习（教学）思想的“课内整合教学模式”与“课外教学整合模式”，Just–In–Time Teaching 这一教学模式作为本案例的学习方法[3]。而蓝墨云班课的出现，则为本案例更好的实现提供了教学平台。

“JITT”是 20 世纪末在美国高校本科教学中出现的一种新型的教与学策略及教学模式。它是建立在“基于网络的学习任务”和“学习者的主动学习课堂”二者交互作用基础上的一种新型教与学策略。它的本质是学生的课外准备和课堂活动组成的反馈循环，并且课堂活动是由课外准备决定的。它的目标主要是利用学生反馈引导教学，并激发学生的学习动机。具体而言，就是在课前，教师通过网络平台发布学习任务，学生通过网络预习相关学习内容，并就指定预习内容提交学习反馈，教师再据此调整课堂面对面的教学活动，使课堂内容更切合学生的学习需求。在课上，教师作为课程活动的设计者和学生学习的指导者，学生则通过参与教师组织的讨论、实验或实际的动手操作等活动，提高学习兴趣和学习效率。

1.3 “JITT”在项目式教学中的应用

项目式教学中的每个项目所涉及的问题不论大小，都具有综合性和开放性的特点[4]。综合性，是指项目式教学融理论知识和实践操作于项目之中，每个项目的实施都包容了多方面的知识和技能；开放性，是指项目式教学不只局限于书本，也不只局限于从某个角度来看问题，它所涉及的问题都是非常实用的，不断变化发展的，是可以从多个角度来进行分析的。

首先，网络平台的便捷性可以使学生在课余时间进行自主学习，打破了传统教学空间及时间的限制，学习进度可以自由把握，提高学习效率。同时各种先进的教学手段可以用来增强教学效果：对于比较容易理解的知识点，可以通过单纯的讲授向学生传授知识；对于比较抽象，难以理解或者描述的知识点，可以通过二维、三维动画或者视频等方式将其生动、具体、形象的展示出来；对于项目式教学中不易模仿的工作现场，则可以通过现场视频、三维现场模拟等方式全方位、立体式的展现出来，这不仅激发了学生的学习兴趣，更能建立学生全方位的立体思维模式，提高想象力。

其次，项目式教学中教学内容多，课程容量大，教师在传统授课中对每个知识点都进行讲解的话，课堂时间会显得不足。通过“JITT”这种授课方式，可以使知识的学习放到课前，学生可以根据自身情况选择并安排学习内容，网络资源的共享更是为学生提供了大量知识来源，学生可以根据自身的实际情况在网络上选择阅读相关资料，对已经熟悉的知识点不必再花费时间去学习，只要去阅读自己不清楚的知识点就可以了，完成线上的知识点学习。通过课前学生对知识点掌握程度的反馈，教师课堂只需要很短的时间对存在的问题进行讲解，这样一来大大增加了学生动手参加课堂实践操作及在遇到实际问题时小组间的讨论或者与老师的讨论的时间。这种富有成效的面对面互动学习及亲自动手参加项目时间，会大大提高学生的学习动手积极性。

在开展实践类课程的教学过程中，使用“JITT”教学模式，可以打破传统教学仅仅发生在“课堂”中的局限，充分发挥网络和多媒体的优势，将教学延伸到课前，学生可以根据个人安排，在碎片化的时间中随时随地开展课前预习和互动，教师在课上根据课前反馈进行有针对性的指导，学生则偏重基于任务的技术操作、相关作品设计与分享，激发了学生兴趣同时，也体现了学生的自主性。

1.4 存在问题

“可编程控制器技术及应用”这门课在船舶电子电气技术专业课程体系中处于主干地位，是一门职业性和实践性很强的专业课程。在之前的教学过程中，采用的是项目导向、任务驱动的教学模式，即学习过程中，学生作为主体，围绕一个带有专业导向性的工作任务，在强烈的问题动机的驱动下，通过自主学习并查找与任务相关的学习资源，在教师的帮助下，进行自主探索和互动协作的学习。通过项目的实地进行，使所有学生能够了解和把握完成项目的每一环节的基本要求与整个过程的重点难点。教学过程采用“JITT”授课模式，这一授课模式非常适合实践操作要求比较强的课程，但是在实际执行过程中，存在以下三个问题：

（1）学习资源发布问题（信息传递：线上）。任务发布后，教师提供的相关学习资源时，多采用纸质稿的形式，纸的使用量较大，浪费资源；视频、图片等多样化的学习内容较少；一般通过 QQ 群进行发布，很难将这些资源系统化；同时学生很少自行查找相关学习资源，主动性较差。

（2）师生交流问题（知识内化：线下）。由于任务驱动、项目导向这一教学模式，在教学过程中，是以学生为主体，教师主要是辅助及答疑，但实际教学过程中学生与老师的交流较少，不少学生不愿意主动与教师进行交流（只有很少成绩优秀的学生会主动与教师交流）。

（3）任务完成过程中存在抄袭问题。任务学习完成后，学生对知识点的掌握程度较难把握，任务完成过程中，存在抄袭问题，并且扩散性思维训练较少。任务结束后总结表现形式少，不利于互评的开展。学生将任务完成后，需要完成纸质的总结，一方面纸质总结只能包含文字内容，另一方面不利于学生互评开展。

2 基于蓝墨云班课的“JITT”项目式教学模式

在使用了蓝墨云班课进行“JITT”项目导向、任务驱动教学模式后，取得了较好的效果，下面以“可编程控制器技术及应用”为例，展示基于蓝墨云班课的“JITT”项目式教学模式。

2.1 课前准备

任课教师首先要明确课程的教学目标是让学生掌握可编程控制器（PLC）的硬件安装、程序编写、调试及故障排查的原则及方法，从这个教学目标出发将整个课程划分为五个教学项目[5]，每个教学项目都有各自的学习任务。知识点的解释按照先浅后深的原则，具有逻辑性、层次性、递进性[6]。以具体学习任务“西门子 PLC 继电器控制系统——顺序启动控制电路”为例，任务描述为：掌握接触器控制顺序启动电路改装为 PLC 控制方法。知识准备需要四个方面：熟悉接触器顺序启动控制电路中各元件的名称及功能；熟悉接触器顺序启动控制电路工作原理；了解接触器控制与 PLC 控制的输入、输出关系；了解定时器 SD 计时方式及编程方法；了解 PLC 编程思路。这些知识点中涉及了电工基础、船舶电力拖动等多门专业课程，整理清楚涉及到的知识点后，可以将教学资源设计分成四部分：理论讲解部分、动画演示部分、视频展示部分、知识扩展部分。其中第一部分为理论讲解部分包括接触器控制元件工作原理讲解；第二部分为动画演示部分，借助 FLASH 等制作软件，用动画演示的方式模拟演示顺序启动接触器控制电路工作原理，可编程控制器工作原理及 I/O 端子输入、输出地址分配，定时器 SD 计时方式讲解，程序编写等内容；第三部分为视频展示部分，向学生展示 S7–300 可编程控制器定时器 SD 使用，接触器控制电路转换为 PLC 控制之后硬件接线、程序设计、调试及故障排查等多个碎片化的视频；第四部分为知识拓展，提供 S7–300 官方网站，S7–300 可编程控制器定时器使用（Word 文档），接触器控制中各类元件图片等。制作完成后将各类学习资源上传到网上。

“JITT”教学过程中，第一个非常重要的组成部分就是信息传递（线上学习），即如何将更多更好地学习资源传递给学生。使用蓝墨云班课的资源功能，可以将项目的相关学习资源上传，通过 PC 端完成 Word、PPT、图片、视频、链接等多种资源的上传展示，同时可以将不同项目的资源分类汇总，有利于学生后期查找相关项目的学习资源。链接这一类型的资源可以为学生提供更广阔的学习空间，对于知识的延伸以及培养学生举一反三的能力有很大帮助。

上传的资源可以选择是否发布，对于未学到的知识，教师可以提前准备好相关的学习资源并上传，学生需要学习时可以将资源进行发布，方便教师备课，当课程上过一遍之后，课程对应的学习资源库也就基本建立起来了，下次再上课之前只要将资源库丰富化即可。这一方式非常便捷地将学习资源发布变为无纸化，不仅有利于节约资源，更丰富了教师可提供的教学资源类型，相较于简单的纸质资源，能极大地提高学生学习积极性。为更好地节省流量，课前可以让学生在宿舍、图书馆等有 wifi 的环境下把各类课堂资源下载到手机里，上课不用流量即可使用。如果发布成压缩的 rar 或 zip 文件，让学生可以先从 PC 端下载，解压后传到手机中，上课备用。

学生是否完成了学习资源的学习这也是学习过程中存在的一个问题，蓝墨云班课可以对学生是否打开相关学习资源进行记录，并赋予一定经验值。可以对每个同学的在蓝墨云班课内的经验值会进行排序，对于高职的学生，有利于促进其学习积极性的提高，使老师更好地掌握学生自学情况。在完成学习资源的基础上，可以利用蓝墨云班课提供的头脑风暴活动，针对学习的内容（可以是一个知识点，也可以是一个项目），在课前可以进行师生进行交流，教师可对活动中的学生发言进行点评，活动结束后学生可以看到其他人的交流结果，这样较大程度上防止学生出现抄袭的问题，能做到基本都是学生自己学习后提出的思路，学生互相观摩后可以重新启动活动，让学生第二轮修正自己的发言，这样有利于学生完成课前的自主学习，教师在头脑风暴进行过程中，可以看到学生对自学内容的掌握程度及存在的疑点、难点，为教师准备课堂讲授内容提供依据[7]。

2.2 课堂学习

“JITT”教学过程中，另一个重点过程就是知识的内化（线下学习）。这个过程是在课堂师生、生生之间的讨论完成的。在学习“西门子 PLC 继电器控制系统——顺序启动控制电路”过程中，使用天煌教仪 SIEMENS S7–300 实训设备进行实践训练。先根据项目工作需求，将班级学生按照三人一组进行分组（一个实验台），各小组通过讨论确定工作步骤、流程及成员分工。一般三人讨论确定输入、输出地址分配表后，一人根据输入、输出地址分配表负责完成输入按钮、输出接触器与 PLC 的接线工作，一人根据输入、输出地址分配表及顺序启动接触器控制电路完成编程工作，一人负责协调调试及故障排查，下一个任务轮换，这样可以使学生在每个项目中都能够完成外部接线及程序编写及调试等内容。学生将会通过亲自参与项目实践训练进一步掌握 S7–300PLC 输入、输出地址分配，外部接线，程序设计等内容，并能根据自身经验了解 PLC 程序调试及故障排查的基本方法。

“JITT”教学过程中，教师会有 15～20 分钟的集中答疑或讲解时间，讲解过程中，学生可能因为走神或其他原因存在知识漏洞。课前将任务中需要掌握的知识点以题库的形式导入蓝墨云班课中，并在需要进行随堂考核时，进行测试，试题设置为乱序，每个学生手机上的题目顺序就不一样，能够避免学生测试过程中作弊。答题时间设定后，学生从答题开始，时间一到试卷即可自动提交。由此可以避免知识点掌握过程中的抄袭问题，蓝墨云班课会对考核结果进行汇总，找出知识点漏洞在哪，教师可进一步讲解。

由于初中、高中的教学过程中，学生养成的习惯是教师讲、学生听，并且学生很少有提出疑问的权利，导致课堂上，师生交流过程中，主要以教师提问为主，学生很难成为课堂的主体，这对翻转课堂的开展是非常不利的。一些性格内向的学生和学习后进生面对提问、辩论、演讲、分组讨论等课堂互动活动，或因为胆小或因为太难基本都不敢参与，班里只有为数极少的“尖子生”在课堂活跃，没有让全班学生参与“动”起来。使用蓝墨云班课开展课堂教学互动，充分利用学生智能手机、平板电脑等移动设备就可避免这种只有少数参与的情况，真正实现全班学生“动”起来。

本次授课过程中，利用了蓝墨云班课中“答疑/讨论”工具，设定答疑讨论的主题，学生在自主学习过程中遇到问题，可从“答疑/讨论”发言提问，学生和教师都可对其进行解答，教师可从学生的提问及学生的回答中找出学生自主学习过程中存在的问题和漏洞，有针对性地回答相关问题，利用移动终端完成一对一的教学。同时可以将本次学生提出的问题，录入到“答疑库”中，在后期教学课前学习资料准备过程中，更具有针对性，提高课前学生自主学习效率。

课堂学生讨论学习过程中，也存在教师答疑的过程，同样可以利用“答疑/讨论”工具，设定讨论题目，要求完成自学的学生相互间的讨论学习过程中存在的问题，教师可及时使用手机答疑或直接课堂答疑，并且为了便于答疑库收录及问题数据导出，可以在创建“答疑/讨论”活动的时候禁用音频即可，导出的问题可以收录成习题集以供后期教学使用。

2.3 课后重现

小组任务完成后，需要分组提交项目任务成果，往常的做法是学生提交纸制的项目任务成果，这就存在资源浪费；成果提交形式单一，无法体现学生作业的特色；学生互评开展非常麻烦等问题。蓝墨云班课提供的“创建作业/小组任务”能很好的解决这些问题，学生在提交任务时，不仅可以提交 Word 类的文字稿件，也可提交图片、视频等多种形式的成果，完全满足学生个性化的成果类型。同时提交完成果后，学生之间可以使用学生互评功能，教师设置好评分点后，蓝墨云班课会根据学生互评过程中是否提及评分点关键字进行赋分，使学生互评工作开展的更科学。这里需要注意的是分组任务组内成员提交作业时，一般默认小组代表提交，这时小组其他人同时提交会提示覆盖。如果的确需要小组每个人都提交一份内容，可以依次提交，就是等一个人提交成功后，下一个人再提交，就不会提示覆盖。

因为工作任务完成过程中每组学生可能会有不同的编程思路，在调试和故障排查过程中会碰上各类不同的问题，通过成果的互评和经验交流，可以使所有的学生都知晓少数学生遇到的个别情况，扩充了课堂学习内容。

基于蓝墨云班课的“JITT”项目式教学示意如图 1 所示。

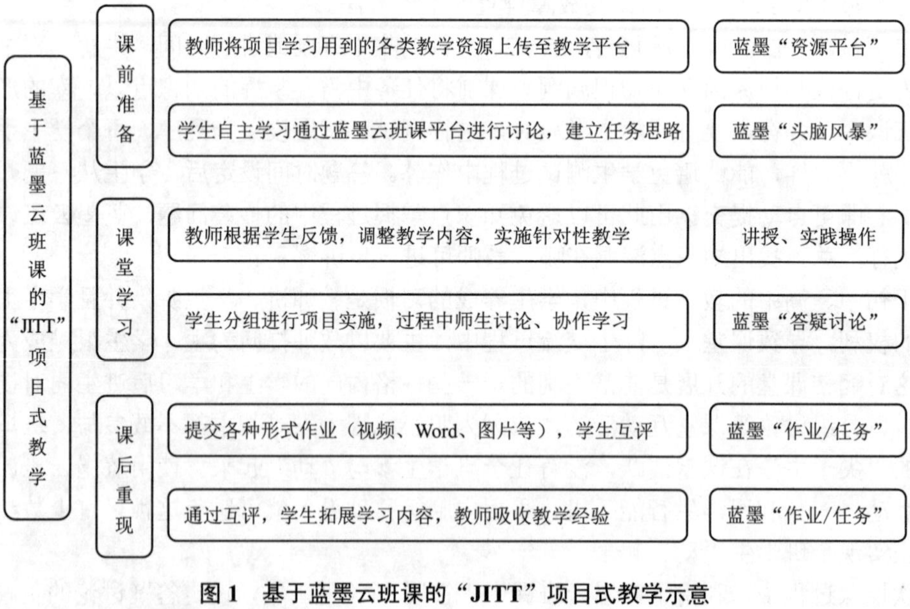

图 1　基于蓝墨云班课的“JITT”项目式教学示意

2.4 使用效果评价

在课程结束后，我们对授课班级的学生进行了关于蓝墨云班课的“JITT”项目式教学方法问卷调查，95%以上的学生认为蓝墨云班课融入“JITT”项目式教学能增加学生课堂参与实践训练和师生间相互交流的时间，改善了项目式教学的教学效果；90%以上的学生认为融入翻转课堂的项目式教学相比于传统课堂教学方式，能使学生的学习更加自由，学习积极性更高。总之将蓝墨云班课融入到“JITT”项目式教学方式获得了参加实际体验的学生的认可。

3 结语

融入了蓝墨云班课的“JITT”的项目式教学充分利用了当今信息化环境中丰富的网络资源，使学生可以更好地在课前通过对学习资源的自主学习完成知识和技能的传授过程，为课堂上参与项目实践预留出充足的时间，以此弥补项目式教学中课堂教学时间紧张的缺陷；蓝墨云班课的使用，可以使原有的一对多的教学模式，变成对学生针对性更强的一对一教学，使传统教学变成了教学资源多媒体化与共享性、教学时空的异源重构性、教学内容的可延伸性与自主化、教学手段智能化与探索性、教学过程的交互性与协作化、思维方式强调反思性与创新性师徒结对的新型教学手段。

参考文献

[1][2] 宋朝霞俞启定. 基于翻转课堂的项目式教学模式研究［J］. 远程教育杂志，2014.

[3] 周然工作室基于微视频的 JiTT 教学实践研究［2015-01-12］http：//www.xzbu.com/9/view-4307149.htm.

[4] 胡舟涛. 英语项目式教学的探索与实践［J］. 教育探索，2013，（2）：70.

[5] 张志柏. PLC 应用技术［M］. 北京：高等教育出版社，2015.

[6] B ill Tucker. The Flipped Classroom: Online Instruction at HomeFrees Class for Learning［EB/OL］.［2013-05-18］. http：//educationnext.org/files/ednext_20121_BTucker.pdf.

[7] 蓝墨蓝墨云班课用户使用手册 2015.

基于云教学大数据的“通信原理”教学实践研究①

程 钦 俞 洋 罗印升 江苏理工学院

摘 要：围绕长三角地方高校应用型专门人才培养，以蓝墨云班课云平台开展“通信原理”课程移动信息化教学实践，探索了以传统教学内容为依托，移动信息化教学方法为载体的“通信原理”课堂教学新模式。通过学情分析，对“通信原理”课堂进行了教学设计，结合云平台数据的统计分析结果反馈，能够使教师及时有效地掌握学生学习状况，并对教学内容进行实时调整。通过两年的教学实践表明，该教学模式能够丰富教师的教学手段，提高学生的学习兴趣，增强师生间教学互动，提升课堂教学质量，促进了学生理论学习探究能力、表达沟通能力以及团队协作管理能力培养。

1 教学现状

江苏理工学院电气信息工程学院是我校最早成立的理工院系之一。现有国家级特色专业——电子信息工程和江苏省特色专业——通信工程，还包括物联网工程、电气工程及其自动化、测控技术与仪器和自动化等四个其他专业。“通信原理”是校级精品课程，也是电子信息工程、通信工程和物联网工程三个专业的专业核心课程。长期从事本课程理论与实践教学教师 4 名。

“通信原理”课程包括理论教学和实践教学两部分。其中，理论教学 64 学时，4 学分；实践教学 40 学时，2 学分。理论教学主要采用板书加多媒体课件相结合的授课方式，采用泛雅课堂作为网络教学辅助平台，开展“通信原理”课程资源建设[1]，与学生在线答疑和讨论互动。“通信原理”课程成绩包括期中考试成绩（占 10%）、考勤与纸质作业（占 20%）、期末考试成绩（占 70%）三部分组成。实践教学包括验证实验和综合课程设计。

“通信原理”课程理论性较强，概念抽象，计算题量大。2010—2013 年对 8 个通信工程专业班级课程考试成绩统计得出平均班级不及格率为 16.2%，不及格率分布如图 1 所示。其中，12 通信 2 班不及格率最高，达到 32%，说明学生对课程核心知识的掌握不理想。90 后大学生表现出学习主动性欠缺，深入思考能力不足，学习兴趣不高，作业抄袭、迟到、早退和旷课问题比较突出。图 2 统计了 2011—2013 年期中考试平均成绩，11 通信 1 班平均成绩为 35.7 分，为最低。尽管任课教师能够认真备课、上课，改好每本作业，并采用各种办法吸引学生的课堂注意力，但效果甚微，任课教师有时也感到极大困惑，传统课堂教学面临教与学的诸多挑战。

---

① 基金项目：江苏高校品牌专业建设工程一期项目（PPZY2015B133），江苏理工学院通信原理课程改革专项项目（KC13008）。

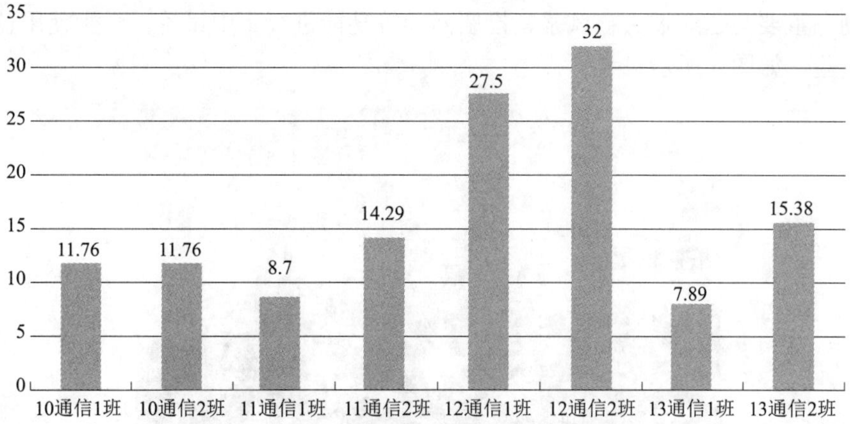

图 1　2010—2013 年班级不及格率分布图

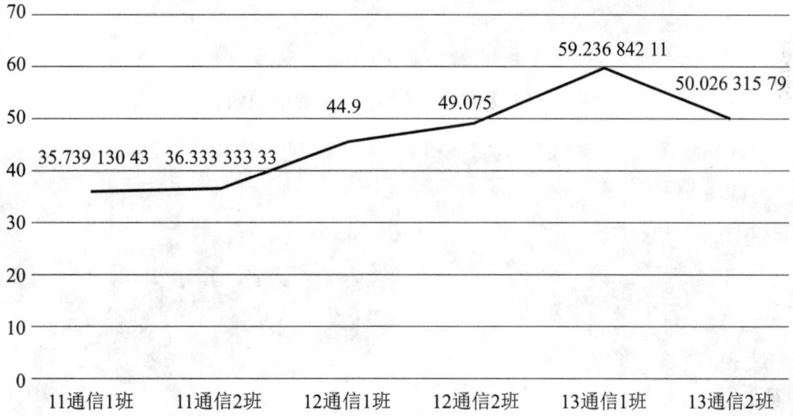

图 2　2011—2013 年期中考试平均成绩分布图

2　基于云平台的教学设计

随着移动信息化教学的兴起，微课、MOOC 等新型教学方式陆续出现并不断发展，北京蓝墨公司的蓝墨云班课软件[2]应运而生。蓝墨云班课作为一款基于移动网络环境的用以满足教师和学生课堂内外辅助教学互动的手机软件，可以满足教师实现师生之间互动、课程资源即时分享和课程即时反馈评价等功能的需求。通过蓝墨云班课，教师可以从教学手段、教学方法、教学内容等多方面对“通信原理”课堂教学进行教学实践。

根据“通信原理”的课程特点和学生学情分析，在教学设计过程中，我们保留课件和板书讲授相结合，采用包括思维导图、音视频在内的多种教学手段，丰富教学内容的呈现形式，还设计了资源分享、课堂点名、课堂测验、课堂随机提问等教学活动。理论教学采用传统讲授结合对分课堂[3]的教学方式，如图 3 所示。

教学过程主要包括：① 课前：教师需要准备课课程学习资源，主要包括课件、图片、音视频材料等，要求学生下载蓝墨云班课并加入课程。② 课中：首先教师利用蓝墨云班课签到功能进行点名；接着，教师对上次课程讲授内容的重要概念进行 5 分钟左右的随堂手机测验，测验完毕对主要做错的选项集中解答；讲授新内容 20 分钟后进行 5 分钟左右的课堂提问；余下时间讲授新知识和课堂小结。③ 课后：设置讨论区开展讨论话题引导，对认真参与讨论学生及时鼓励。重要问题通过头脑风暴、投票问卷等功能进行集中讨论。学生使用蓝墨云班课进行课堂测验，如图 4 所示。

图 3　14 级学生进行对分课堂小组讨论

图 4　13 级学生使用蓝墨云班课进行课堂测验

3　教学改革效果分析

通过上述教学活动的组织与实施，12 级和 13 级均通过蓝墨云班课组织的教学活动，包括随堂测验、讨论答疑、签到、分享资源等。12 级与 13 级课堂教学活动分布如图 5 所示，通过蓝墨云平台对课程数据的统计，对 12 级 71 位同学和 13 级 75 位同学进行了经验值与期末考试成绩比对分析，如图 6、图 7 所示。结合图 5、图 6、图 7 的分析结果，12 级由于首次使用云班课，师生尚在探索课程教学模式，成绩分布出现了一定波动，而 13 级课程不及格率和期中考试成绩则有不同程度的改善，学生学习的积极性和参与度也都有了很大的提高，每次教学活动结束教师进行总结也能得到新的收获。分析结果表明使用蓝墨云班课组织教学有助于提升学生的学习效果。正如 12 通信李睿达同学所说：“现在的课程新颖、生动，别开生面，尤其是每节课的训练，很棒！”

可以看出，除个别样本外，12 级学生学习经验值与其期末成绩基本成正比，说明积极参与教学活动的学生确实能够提高其学习成绩，经验值较低的学生课程成绩普遍较低；13 级两者数据的对比更加明显。

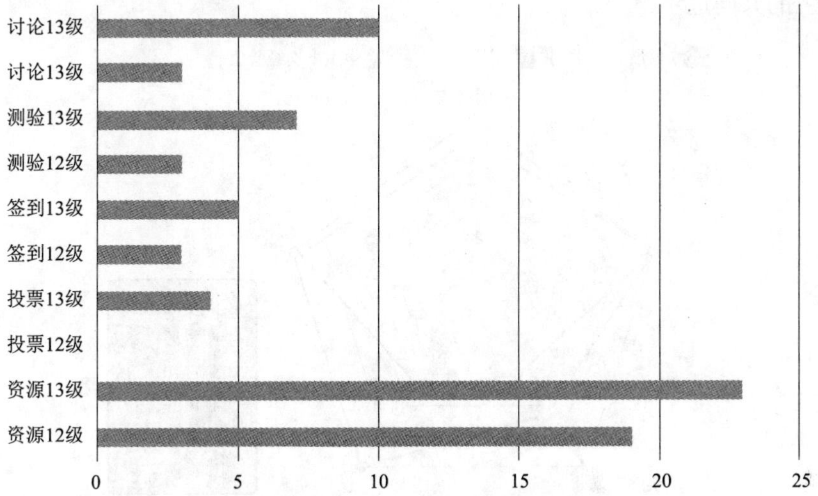

图 5　12 级与 13 级课堂教学活动分布

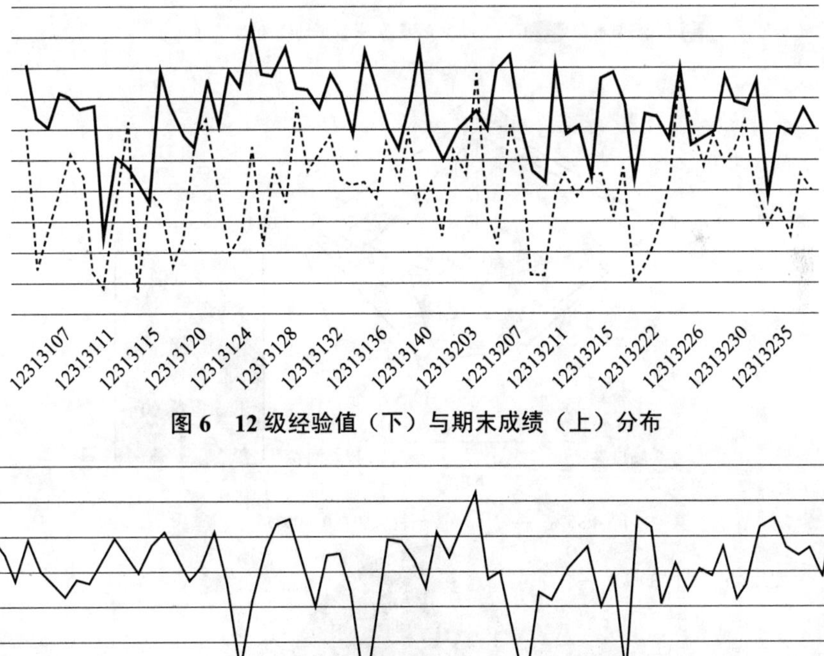

图 6　12 级经验值（下）与期末成绩（上）分布

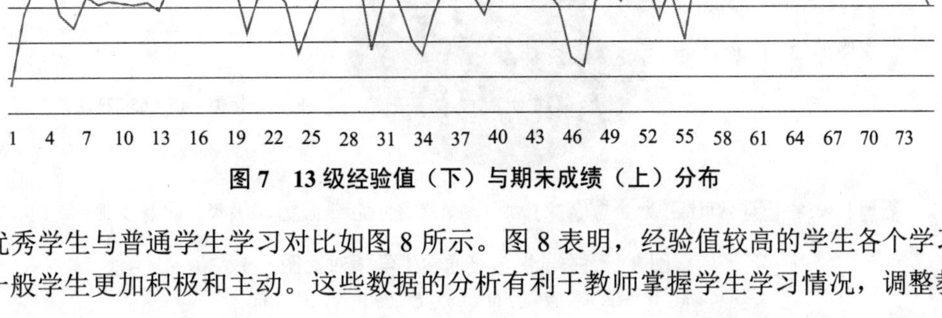

图 7　13 级经验值（下）与期末成绩（上）分布

优秀学生与普通学生学习对比如图 8 所示。图 8 表明，经验值较高的学生各个学习环节相比一般学生更加积极和主动。这些数据的分析有利于教师掌握学生学习情况，调整教学进度，及时帮助和督促学习能力较弱学生。这也符合工程认证教育以学生为中心的理念，可以带动全体学生的共同进步。

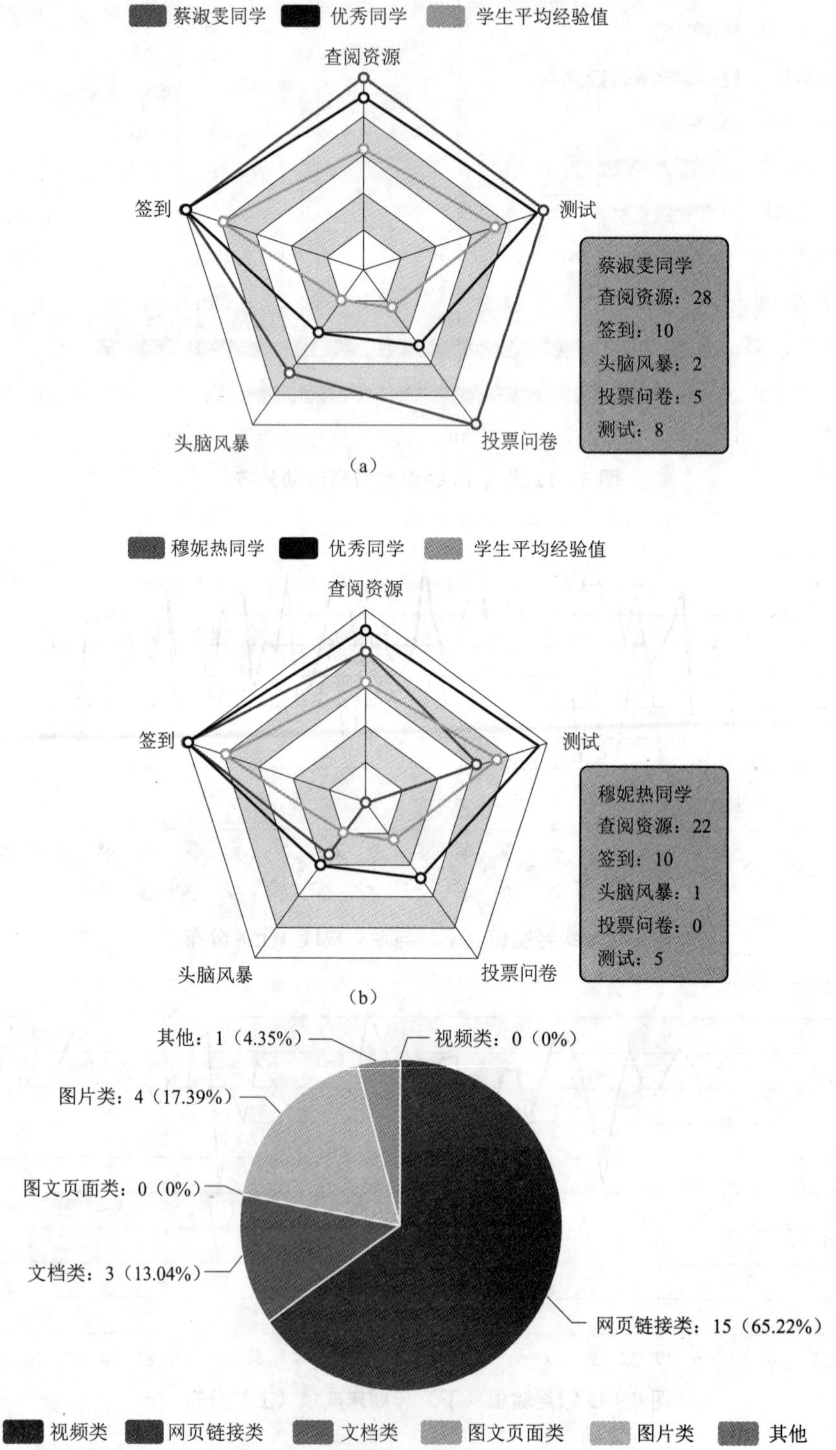

图 8　优秀学生与普通学生学情对比图

（a）优秀学生经验值分布；（b）普通学生经验值分布

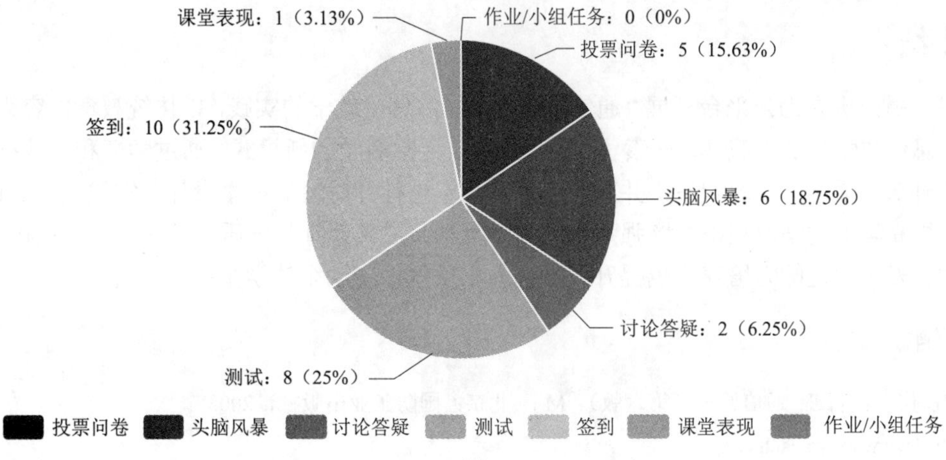

（c）

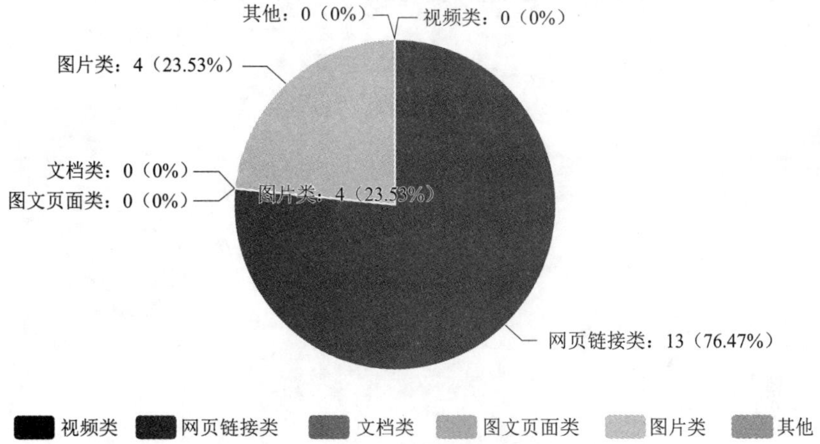

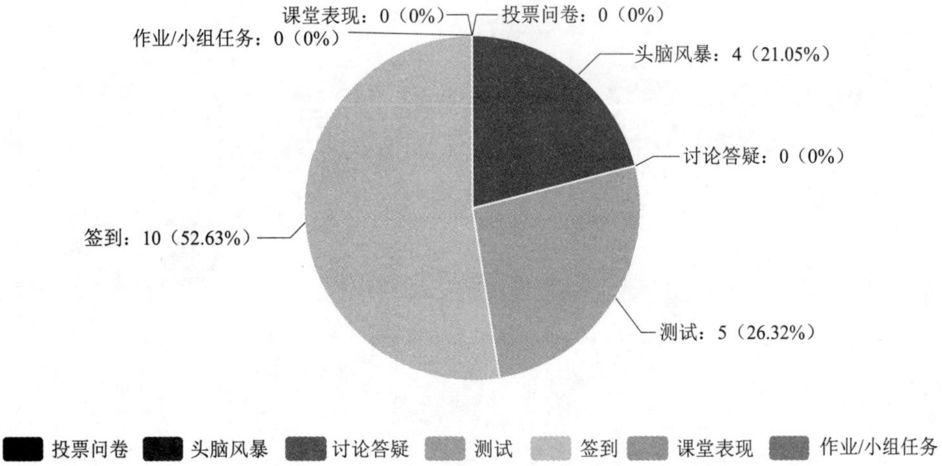

（d）

图 8　优秀学生与普通学生学情对比图（续）

（c）优秀学生学习经验值组成；（d）普通学生学习经验值组成

4 小结

以蓝墨云班课为云平台开展“通信原理”课程信息化教学的实践，以传统教学内容为依托，移动信息化教学方法为载体，探索了“通信原理”课堂教学的新模式。通过学情和云数据分析，教师及时掌握了学生学习状态，并对通信原理课堂进行针对性的教学设计。实践表明，该教学模式能提高学生的学习兴趣，增强师生间教学互动，提升课堂教学质量，促进学生理论学习探究能力、表达沟通能力培养，也提升教师的教学质量，带动全体学生的共同进步。

参考文献

[1] 樊昌信，曹丽娜. 通信原理（第六版）[M]. 北京：国防工业出版社，2008.
[2] http://www.mosoteach.cn/
[3] 张学新. 对分课堂：中国教育的新智慧 [M]. 北京：科学出版社，2017.

基于蓝墨云班课平台的 O2O 教学模式在“管理会计”课堂教学中的应用①

陈湘州　李佳丽　湖南科技大学商学院

摘　要：本文采用问卷调查、深度访谈和课堂观察相结合的研究方法对蓝墨云班课平台的 O2O 教学模式在“管理会计”课堂教学中应用的实践效果进行评估。研究发现：将传统课堂变成“互联网+手机”的 O2O 教学模式实现了课堂即时互动、激发了学生利用手机进行自主学习的兴趣，也提高了课堂教学效率，对解决目前大学课堂师生教学冲突、课堂教学与手机在线学习冲突问题，有着重要的理论与现实意义。

关键词：蓝墨云班课；O2O 教学模式；管理会计

1　蓝墨云班课平台的 O2O 教学模式

学校教育要紧随技术趋势，为了让我们的教学模式跟上时代[1]，我们采用了蓝墨云班课平台的 O2O 教学模式，即利用“互联网+”蓝墨云班课平台实现“线上+线下”的教学模式。蓝墨云班课是一款由蓝墨科技公司开发在互联网云平台环境下的移动教学助手 APP，教师可以在课前利用云班课手机移动助手将教学视频、教学资源发送到云平台上，同时通知学生学习，学生在课前可以自行下载或在线观看来完成对教学视频等学习资源的学习，以辅助实现师生在课堂上完成作业答疑、协作探究和互动交流，教学评价等活动的新型教学模式[1]。

蓝墨云班课有四大模块，分别是管理班级、发布资讯、开展教学、跟踪记录与教学评价。其中：① 管理班级模块，主要为课堂考勤反馈，教师通过设置“图案”签到功能快速了解学生到课情况，只需花费一分钟左右的时间就能将学生到课情况掌握，省去了烦琐的点名过程，节省了时间的同时还杜绝了代签到情况发生。② 发布资讯模块。主要为教师发布学习资源与教学通知，通过云平台上传的学习资料可以包括课件、音频、视频、图文资料等，可供学生自主选择下载学习，做到教学资源的“私人订制”。同时教学通知的发布省去了通过班团通知的过程，有效地减少了漏通知、误通知状况的发生。③ 开展教学、跟踪记录模块，教师可以利用云平台发起课堂互动投票、头脑风暴、当堂测试等教学活动，丰富课堂教学形式，激发学生的学习兴趣，提高学生的课堂参与度；课下，教师可以在云平台进行答疑、讨论、交流、互评等活动，布置课后作业，增强教师与学生之间、学生与学生之间的关联和互动。④ 教学评价模块，教师可以看到学生对于教学资源的使用、参与问题讨论、日常测试以及到课状况等多种信息，根据这些信息教师可以客观公正的对学生平时学习状况做出评价，对于教师给

① 基金项目：湖南省教育厅教改项目“互联网+手机”大学微课教学模式改革实践研究（No. 1077）。

定平时成绩、了解学生学习情况有极大的帮助[2]。

2 蓝墨云班课平台的 O2O 教学模式在管理会计课堂教学中的应用实施效果

2016 年 7 月在湖南科技大学商学院启动了“蓝墨云班课+管理会计”课堂的教学项目，对本学院学习“管理会计”课程的 5 个会计学专业的班级进行试点。要求每个学生下载蓝墨云班课，教师根据教学内容制作相关课件，上传到蓝墨云班课平台，再要求参加试点的学生进入蓝墨云班课系统，并且在整个学习过程中利用该系统配合课堂教学进行学习。整个教学过程以资源共享为中心，在教学前、教学中与教学后进行在线学习、在线练习、在线测试、在线分析、在线答疑、在线分享，滚动发展直至完成“管理会计”教学任务。本文采用问卷调查、深度访谈和课堂观察相结合的研究方法收集和分析数据，分别从学生学习习惯、学生满意度、学生参与度，学习效果、学习效率和学习兴趣对 O2O 教学模式产生了怎样的教学影响？在项目实施过程中，试点班级有怎样的经验和挑战？在项目具体实施过程中，哪一个环节对学生的帮助更大？等几个方面分析蓝墨云班课平台的 O2O 教学模式的效果。本次调查共发放了问卷调查 250 份，回收有效问卷 198 份。样本学生的性别、成绩分布如表 1 所示。

表 1 问卷调查样卷学生分布特征

性别	人数	百分比	成绩排名	人数	百分比
男	34	17.17%	前 10%	33	16.67%
			11%～25%	39	19.70%
女	164	82.83%	26%～50%	62	31.31%
			51%～75%	43	21.72%
			后 25%	21	10.60%
合计	198	100.00%	合计	198	100.00%

首先，学生对“蓝墨云班课+管理会计”的教学模式总体评价较好，有 84.01%的学生认为该教学模式能够帮助他们提高学习兴趣。同时学生认为该模式的优点在于能够拓宽知识面和视野、培养自主学习能力、同学间讨论更充分、深化教学知识点、补充课程相关知识、激发学习兴趣和热情、促进师生交流，如图 1 所示。由图 1 可知，学生最为认可的优点在于培养自主学习能力和补充课程相关知识，二者的百分比均占到 69.81%；接下来学生认可的是深化教学知识点、拓宽知识面和视野与促进师生交流，三者所占百分比分别为 50.94%、50%和 48.11%。

我们发现，不同成绩段的学生对“蓝墨云班课+管理会计”的效果认可度是不一样的。成绩排名在 11%～25%的学生对“蓝墨云班课+管理会计”能帮助他们的效果认可度是最高的，达到 100%。其中 53.57%的学生认为该模式对提高学习效果有帮助；32.14%的学生认为该模式对于提高学习效果比较有帮助；5.26%的学生认为该模式对于提高学习效果很有帮助。其他成绩段的学生对“蓝墨云班课+管理会计”的效果认可度排名依次是，成绩排名在 51%～75%的学生、成绩排名在 25%～50%的学生，成绩排名在后 25%的学生、成绩排名在前 10%的学生。具体情况如图 2 所示。

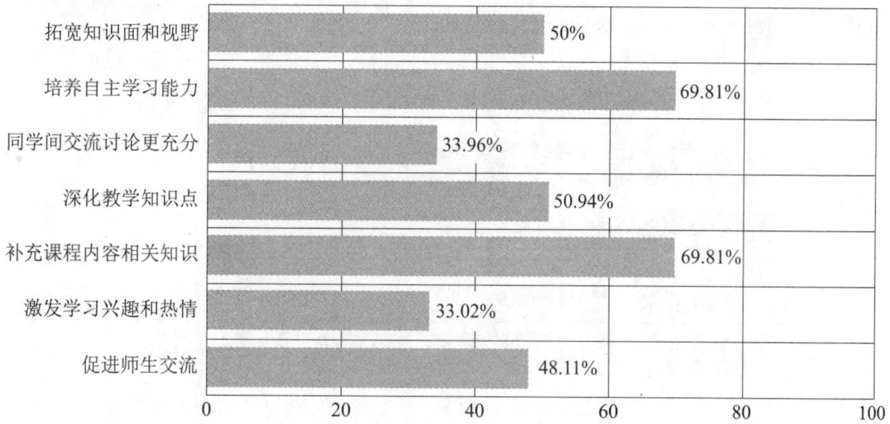

图 1　学生对“蓝墨云班课+管理会计”教学模式的优点评价分析

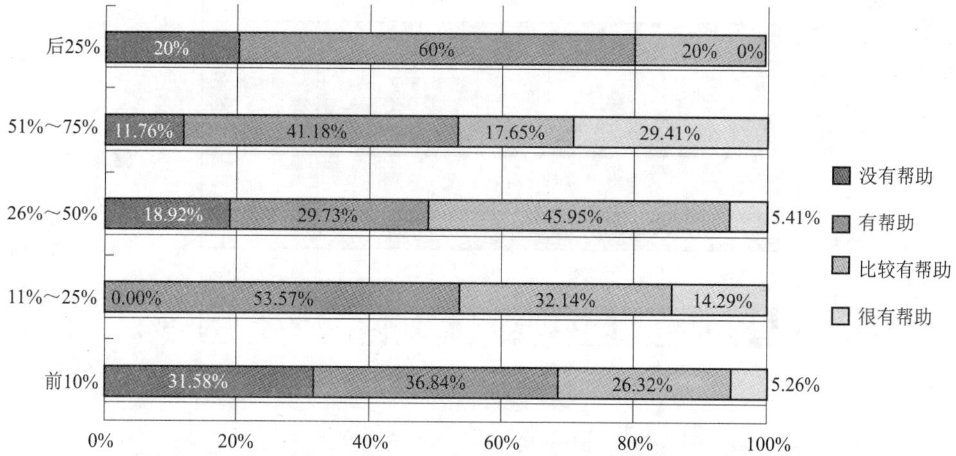

图 2　不同成绩段的学生对“蓝墨云班课+管理会计”的效果认可度分析

总体而言，“蓝墨云班课+管理会计”的模式对成绩分布在 11%～75%的学生，即成绩中等的学生是最有帮助的，尤其是成绩分布在 11%～25%的学生。这部分学生在学生群体中的比例也是最大的，所以可以合理推测“蓝墨云班课+管理会计”的模式一经推广将受益大部分学生。

为了了解学生的使用习惯和学习偏好对 O2O 教学模式产生的教学影响，我们也做了相关的调查。调查发现，学生的使用习惯和偏好与我们预期的有所偏差。学生观看所上传的视频和案例的时间段集中在课后，占到了调查对象的 66.04%，只有 20.75%的学生会选择在课前观看教学视频和案例。学生喜欢的移动课件呈现方式，排名第一的是 PPT 而非视频。移动课件的呈现方式按学生喜好排序依次是：PPT、视频、文本、图片、音频，具体比例如图 3 所示。

为了具体了解上传视频、案例，线上答疑，线上讨论，线上答题这四个线上课程常见功能的具体实践效果，问卷按蓝墨云班课的环节分设问题，问卷分析结果。如图 4 所示。我们发现，学生对蓝墨云班课现在的这四个功能比较认可，大概有 80%的人认为这些功能能够帮助他们提高课堂学习效果。学生对上传视频、案例功能的满意度是最高的，为 87.74%；在线答疑功能次之，为 83.96%；在线答题功能再次之，为 81.13%。线上讨论功能的满意度是最低的，有 26.42%的学生认为该功能对其提高学习效果没有帮助，该比例远超过学生对其他功能的不满意度，其中最大的差距达到 14.16%。

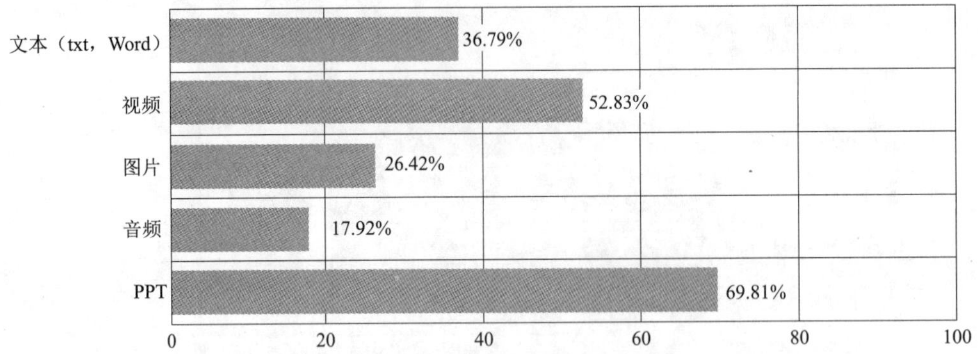

图 3　学生喜欢移动课件呈现方式的比例

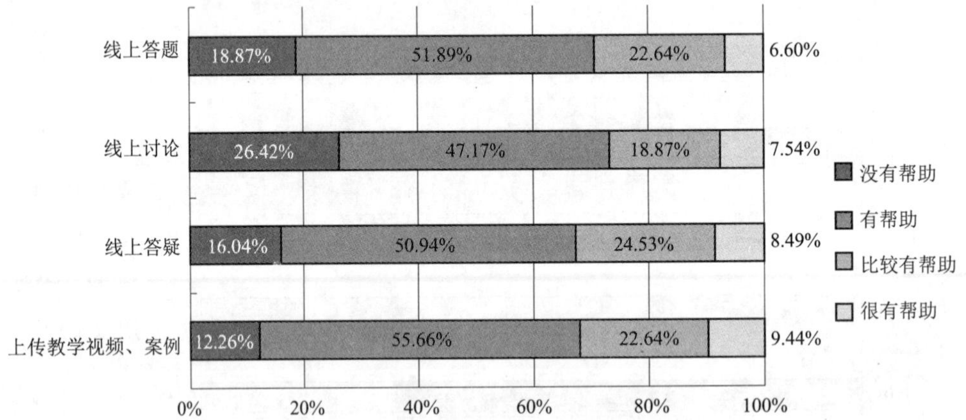

图 4　四个线上课程常见功能实践效果分析

3　蓝墨云班课平台的 O2O 教学模式实施过程中的问题和挑战

首先，手机 APP 性能不足、学生设备参差不齐和学校网络不稳定、容量小等外部因素较大程度上影响了学生在该模式下的学习积极性。

其次，学生对线上学习的定位不准确也是影响 O2O 教学模式实践效果的重要因素。调查发现，只有 20.75%的学生会选择在课前观看教学视频和案例，而 66.04%的学生一般选择在课后观看教学视频和案例，甚至有 22.64%的学生是一般不看教学视频和案例。再结合学生对蓝墨云班课的评价，我们不难发现，大部分学生颠覆了线上学习和线下教学的意义，单纯把线上学习当做线下教学的补充，学习欠缺主动性。

最后，教学内容的选择也是影响教学实践效果的重要因素。在访谈中相当部分学生反映线上学习的题量大、活动多、耗时长，大学课程繁多，在其中一门课程上耗费大量的时间会影响学生总体学习效率。因此，如何合理的选择教学内容和引导方式对于提高 O2O 教学模式的实践效果尤为重要。

参考文献

[1] 刘俊勇. 学校教育要紧随技术趋势 [J]. 业界动态，2015（10）.
[2] 谭春兰. 基于蓝墨云班课的翻转课堂教学改革实践 [J]. 教育研究，2016（6）：219-220.

蓝墨云班课活动设计与态度教学结构化设计的一致性研究初步

卢殿臣 代国兴 张雨婷 江苏大学

摘 要：本文通过对蓝墨云班课平台采集的大量师范生技能训练活动数据，分析了师范生训练活动态度成分结构，提出了态度效比的概念，探讨了使用平台数据对态度识别的可操作性问题及处理方法。

关键词：态度成分；蓝墨云班课；态度效比

1 问题研究背景

目前我校的师范生培养方案中，着重围绕“教师胜任力”研究课题进行课程体系改革和教师基本功训练体系建设，从原来的纸质档案评价、校园网络实践平台逐步转变到基于蓝墨云班课架构的一体化实践中。将活动设计、活动发布、活动进行、活动总结、活动评价、活动反馈等一系列过程融合在一起并放到云端，师生随时可以进行展示、评价和互动，通过时空转换方法提升师范生的专业发展和各项教学教育技能需求。

师范生教师技能培训需要以参训学生为中心。实现主体参与的情况下，根据在校学生的学习特点、学习需求，围绕技能训练需求的现实问题，进行教学设计、组织活动。在以蓝墨云班课堂活动中，共需进行粉笔字书写、演讲、简笔画、板书设计等基本技能训练，而这些训练内容需要大量的视频资源为支撑，需要教师讲解训练要求、方法、步骤和评价等内容，传统教学中就要求学员做记录或统一集中告知活动；而“翻转”训练元素避开了重复啰唆的叙述，训练前发布训练内容的参考视频或微课程，学员通过云学习、观摩并总结出活动要求，更符合个性化学习要求。经过“翻转”训练后对平台导出的数据分析，发现以视频学习获得知识经验和传统课堂学习一样，学员之间的学习行为没有多大差别，如图 1 所示。但从训练活动设计的答疑讨论、头脑风暴环节来看，以及后文提及的节点覆盖率（图 4）来看，学员之间的学习行为波动性就有较大差别，说明参与视频学习后学员获得的“隐性知识”“默会知识”等在设计活动中的高阶思维能力层次就显著起来，如图 2、图 3 所示。

基于蓝墨云班课的师范生技能平台活动内容设计，是通过完成任务活动经验值作为活动成绩或班级排名，使参训学员自动激发学习动机，主动掌握网络学习技能，自觉梳理训前学习资源，从而为培训学习做好准备。

“翻转课堂”使得教师从传统课堂的知识传授者变成了学习的促进者和指导者，成了学生便捷地获取资源、利用资源、处理信息、应用知识的脚手架。师范技能训练中减少教师的讲授时间，留给学生更多的训练学习、合作或个性化活动时间，让学生在交互协作中完成训练任务，并且通过教师评价反馈控制自己的学习。学生是训练的主角，但并非完全独立地进行学习训练，需要高度参与教师的课程或活动设计。他们根据内容层次反复地与同学、教师进行交互，以扩展和创造深度的知识。

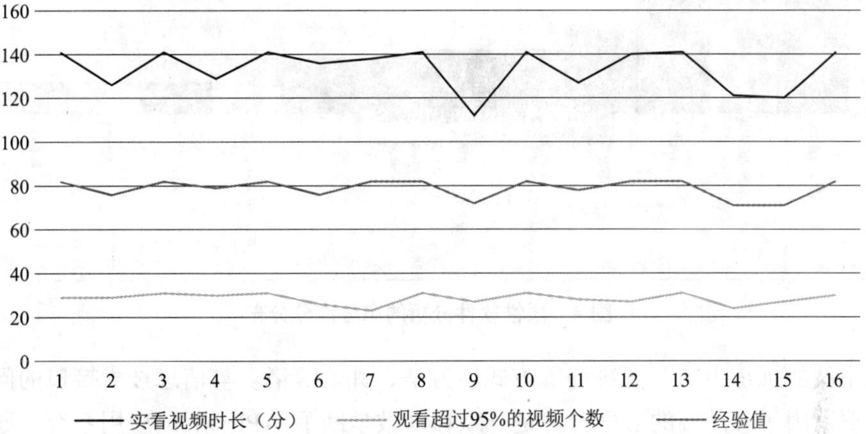

图1　蓝墨云平台中视频学习统计

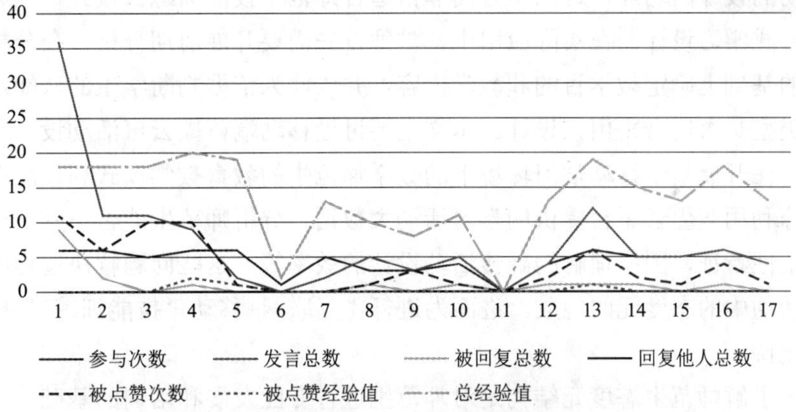

图2　蓝墨云平台中答疑讨论统计

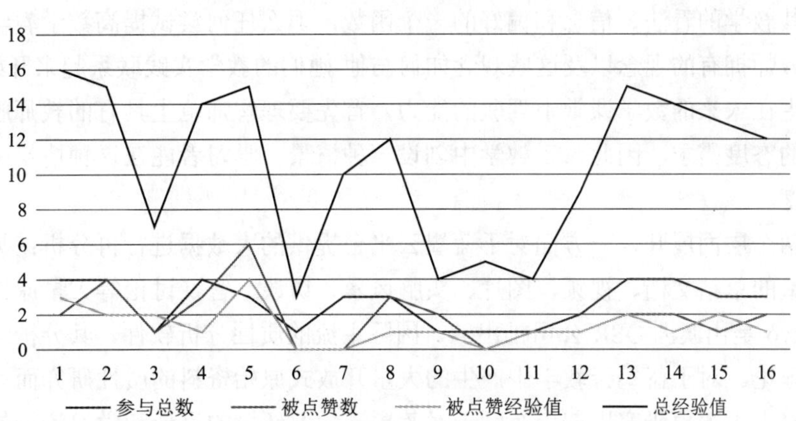

图3　蓝墨云平台中头脑风暴统计

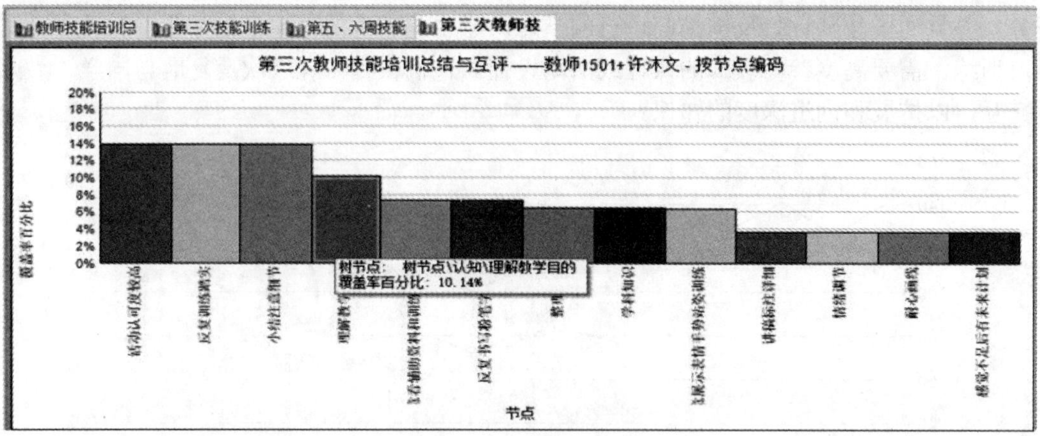

图 4　质性软件分析的态度成分分布

师范生技能训练中需要解决训练方式、方法、评价等诸多与信息技术接口的问题，蓝墨云班课主要适用于移动端的云平台，是一款移动教学助手 APP+Web 应用系统，通过分析基于蓝墨云班课的移动信息化教学案例，我们认为蓝墨云平台已经较好地提供了学习环境的设计和学习活动的设计的功能，这两个方面非常适合师范生技能训练云模式，也就是基于蓝墨云班课的混合式学习设计。在实际应用中，教师首先需要开展前期分析，在分析学习需要、学习者特点的基础上确定教学目的和教学内容，并以此为依据判断学生的认知水平和能力、课程的知识类型是否适合采用该设计。本文主要讨论移动端蓝墨云班活动设计在教学中的应用前提研究，在开展基于移动学习环境下的数学师范生的教育教学模式和技能训练模式应用研究中，充分利用蓝墨云平台提供的学习活动大数据，分析师范生能否很好地反映出师范生在线学习的个性特征，围绕理解的翻转活动设计的效率等，这些问题解决过程中探索师范生在技能训练活动中的态度元的构成，进而为进行“互联网+移动‘技能训练’”模式实践研究提供方法论支持。

我们认为了解师范生态度元结构是对师范生进行专业发展和培训的基础，但直至目前，研究者对其理论结构仍未达成统一认识。汤普森认为，如果教师的行为特征模式真的是教师关于学科及其教学的看法、信念和偏好的一个函数，那么任何尝试提高数学教学质量的行为必须从理解教师拥有的观念以及这些观念如何与他/她们的教学实践联系起来开始[1]。可见，要提高师范生在未来的数学课堂中驾驭的能力，首先要理解师范生具有的教师胜任力内涵，了解师范生的态度需求，因此，云教学中创设一种情景，学习者能在这种情景中主动重新思考当下的态度。

我们从两个层面展开，一方面对于蓝墨云平台提供的大数据进行再分析；另一方面我们将活动中创造的总结文档、视频、图片、头脑风暴、访谈、答疑讨论等大量原始数据进行质性分析。Nvivo 是由澳洲 QSR 公司推出的、国际主流的质性分析软件，其分析运行的方法论框架是扎根理论。对于蓝墨云教学中产生的大量开放式原始资料的质性研究而言，应用质性分析软件可以大大缩短研究周期，有助于对蓝墨云学习环境的设计和学习活动的设计的有效性进行思考[2]。

2 蓝墨云班课中的活动数据的扩展分析

2.1 数据来源

数据来源为江苏大学数学与应用数学（师范）专业的 14、15 级师范生在蓝墨云班课上的在线训练学习行为数据。我们分析的蓝墨云教师端显示的所有有效数据包括：每个同学的经验值报表即每周发布经验值与每周增长经验值的对比（周发布经验值是每周发布的资源和活动的经验值，不包括点赞经验值）、经验值对比图（学生经验值和优秀同学和班课学生平均经验值的对比）、按教学活动类型划分的活动参与度条形统计图、学生讨论答疑活动的发言数量和获赞次数折线统计图、学生签到总体情况、学生参加小组活动任务情况、视频资源学习时长占比图以及由蓝墨云导出的各项其他数据。

而这里的“经验值”是由学生完成老师发布的任务而获得的经验值。老师发布的任务类型包括：

（1）发布视频资源，要求学生看完整个教学视频。由老师发布视频资源，只要学生看完视频，获得的经验值都是相同的，经验值的多少由老师决定，一个视频一般为 1～3 经验值，不排除有学生直接将进度条拉到最后的情况，但我们可以看出学生观看视频的时长，因此后面会分析学生未观看视频时长占视频总时长的比重。

（2）对学生进行随机分组，以小组为单位上传作业。学生根据老师发布的要求，进行粉笔字、简笔画、手势、站姿、表情以及讲课的练习，并将各自的粉笔字、简笔画、手势、站姿、表情拍照，并写下自己训练的总结心得，写成 Word 文档，由组长汇总上传到蓝墨云。只要小组在规定时间内提交任务，就能获得经验值，获得的经验值是相同的，每次任务为 2～5 经验，老师根据提交的作业情况进行评分，学生获得的分数不同，最高分为 30 分。

（3）头脑风暴。老师在技能训练的不同阶段，发布头脑风暴，要求学生对训练情况谈谈自我感觉以及建议。学生作出回答后就能获得经验，获得的经验值是相同的，一般为 3～5 经验。老师可以对学生做出的回答点赞，老师点赞使学生获得的经验值不同。

（4）讨论答疑。老师在发布任务后建立一个交流群，学生可以在群里自由发言，提出疑问或做出回答都可以获得相应的经验值，一般为 3～5 经验。老师、同学还可以对学生做出的回答点赞。

2.2 数据分析

对经验值报表的分析。某同学的蓝墨云平台经验值统计报表如图 5 所示。

注：周发布经验值是每周发布的资源和活动的经验值（不包括点赞经验值），学生经验值是学生每周获得的经验值，增长经验值是学生每周相比上一周增长的经验值。

这张报表反映了这位学生从 2016 年 2 月 28 号到 2016 年 9 月 11 号这段时间内每周的经验增长情况。由每个同学的经验值报表我们可以计算出周增长经验值与周发布经验值的差的绝对值，记为 d，d 越小说明这一周该学生越及时完成任务。而纵观整段训练期间，我们将每个同学每一周（共 28 周）增长经验值与周发布经验值之差的绝对值的和记为 D，此数据则反映了学生在整段技能训练期间内是否及时去完成老师发布的任务，D 的值越小，说明该同学越及时完成；D 的值越大，说明该同学未及时完成。

图 5　某同学的蓝墨云平台中经验统计报表

学生 *D* 的值与在教师技能培训中获得的总成绩的情况如表 1 所示。从中我们可以看出 *D* 的值与总成绩是挂钩的。比如学号为 12 号和 27 号的学生，*D* 的值达到了 500 分以上，分别为 504 分、536 分，相应地，他们的成绩也比平均分低很多，只有 88 分、69 分。而大多数学生都是优秀的，他们的 *D* 的值都在 450 分上下，相应的总成绩都在 90 分以上。由此可见计算 *D* 值的合理性，即 *D* 值与学生完成任务的及时度成反比：*D* 值越小，学生完成任务越及时；*D* 值越大，学生完成任务越不及时。

表 1　学生 *D* 值与在教师技能培训中获得的总成绩的情况对比

	BC	BD	BE	BF	BC
1	第二十七周发布	第二十八周实得	第二十八周发布	差的绝对值的和	成绩
2	0	3	3	410	96
3	0	30	3	455	99
4	0	26	3	453	93
5	0	29	3	423	97
6	0	31	3	444	97
7	0	28	3	492	88
8	0	26	3	420	96
9	0	0	3	436	99
10	0	26	3	457	86
11	0	26	3	420	91
12	0	26	3	504	88
13	0	31	3	427	93
14	0	30	3	443	99
15	0	30	3	487	97
16	0	33	3	479	99
17	0	30	3	439	99

续表

	BC	BD	BE	BF	BC
18	0	26	3	426	98
19	0	26	3	421	99
20	0	31	3	435	97
21	0	26	3	442	97
22	0	31	3	427	99
23	0	26	3	445	96
24	0	26	3	499	95
25	0	28	3	469	94
26	0	25	3	478	91
27	0	0	3	536	69

对学生参与头脑风暴情况的分析。学生参与头脑风暴的情况，如表 2 所示。

表 2　学生参与头脑风暴的情况

	A	B	C	D	E	F	G	H	I
1	学号	姓名	头脑风暴次数	头脑风暴总经验	参与总数	被老师点赞数	被点赞获得经验值	参与获得经验值	总经验值
2	3140102001	钮丹媛	7	24	7	6	16	24	40
3	3140102002	陈雨瑶	7	24	7	6	13	24	37
4	3140102003	储青	7	24	4	4	11	16	27
5	3140102004	张宇	7	24	6	4	16	21	37
6	3140102005	张靖寅	7	24	6	6	20	22	42
7	3140102006	徐李雲	7	24	2	2	5	6	11
8	3140102007	周正一	7	24	6	4	16	21	37
9	3140102008	黄琪凤	7	24	6	5	16	22	38
10	3140102009	宋玟瑾	7	24	1	1	1	3	4
11	3140102010	王双	7	24	4	3	9	16	25
12	3140102011	施意	7	24	3	3	5	9	14
13	3140102012	姜莉	7	24	5	5	15	19	34
14	3140102013	周慧	7	24	7	6	16	24	40
15	3140102014	孙春雷	7	24	7	5	20	24	44

表 2 是部分同学参与头脑风暴的总体情况，它记录了每个学生参与头脑风暴的总次数、总经验值、被老师点赞数、被点赞获得经验值等。

我们把参与总数记为$a1$，被老师点赞数记为$a2$，记$a=a2/a1$，那么a就反映了学生参与头脑风暴的用心程度，也可以看作在教师技能训练过程中的训练效果与收获。a越大，说明该同学收获越大，即在整个教师技能活动中获得的提升越大。

同样，我们对有的同学把进度条直接拉到最后仍然获得了经验值或认真学习获得经验值等各种中间行为，对观看视频时长和利用视频知识进行其他活动获得的经验也进行数学建模分析。

3 态度结构概念与在师范技能训练中的应用

态度是包括认知领域、心因动作领域、情感领域的三个学习领域的基本实体。Thomas F.Kamradt 和 Elisabeth J.Kamradt 提出了态度教学的结构化设计，如图 6 所示。在实践中我们通常认为认知的、心因动作的及情感的各个组成成分构成了态度，在学习者内部态度与学科内容一起储存并成为实施独特个人策略的工具，这个观点是创设态度教学为目标结构化课例设计模式的核心。

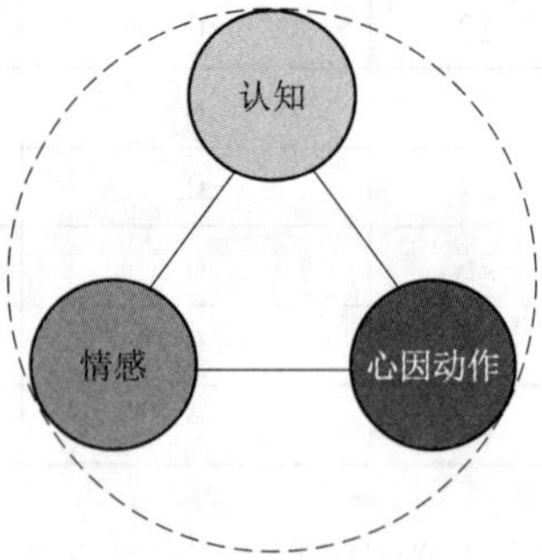

图 6 态度元的构成及结构

在态度的内部，三个组成成分可以用图 7 说明其清晰的结构和过程的相互作用范式。

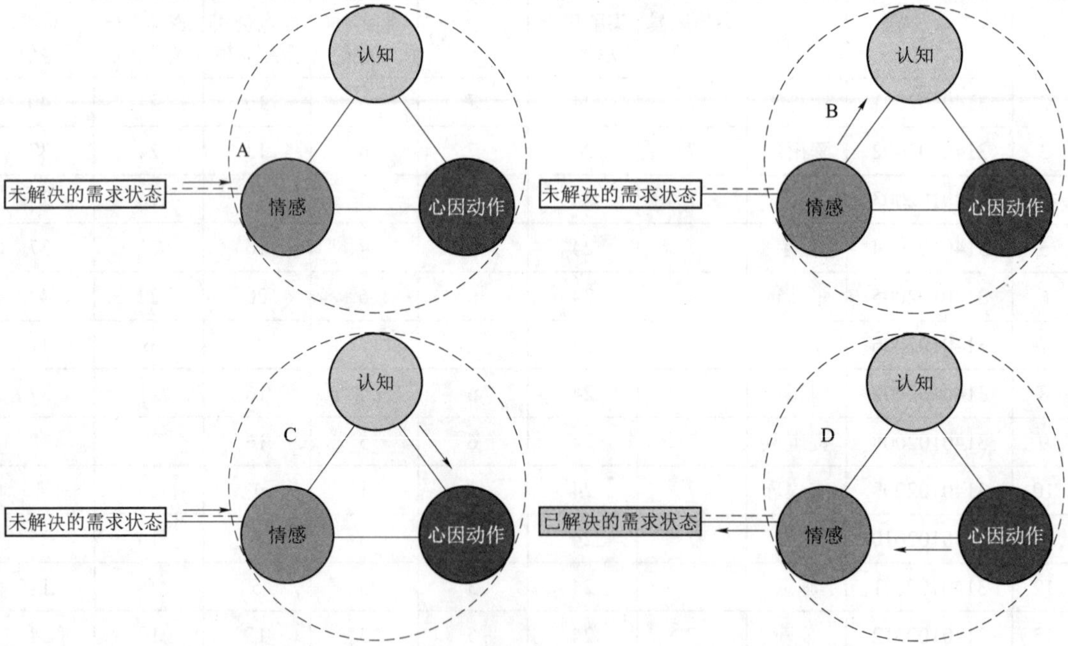

图 7 态度的内部过程

目前毕业师范生教师岗位编制通过各地采用教师编制考试的竞争方式，在申请编制考试和面试成绩排名获得就业岗位，消耗师范毕业生的大量精力，对师范生的就业带来压力。师范生通过教师技能训练实现对教师职业的认识，这种需求从大二开始逐步显现出来，我们运用质性软件对数学师范 2015 级的高级技能训练第一阶段的总结进行分析，在情感领域的节点编码中，我们观察了学生对活动认可度并进行编码统计，如图 8 所示。根据 Thomas F.Kamradt 和 Elisabeth J.Kamradt 的关于态度内部揭示的观点，我们看到需求会激起相关态度的情感成分的一部分，潜在的态度是由未解决的需求状态来激活，并依此理论框架分析师范生的训练行为。

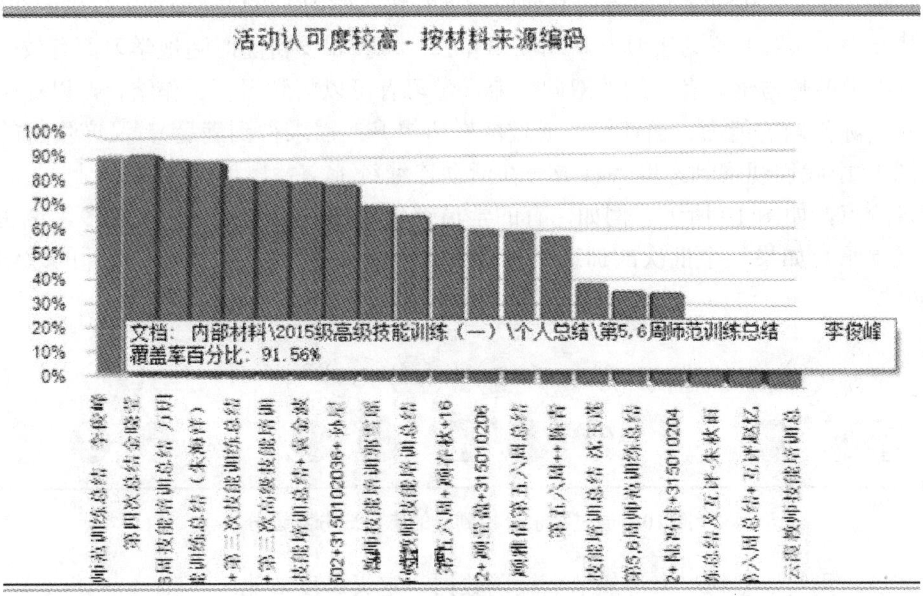

图 8 情感领域的某个情感成分

通过活动宣传从而获得师范生对训练活动的高度认可（一旦需求状态以感觉形式发出信号），认知领域的活动如“反复踏实训练”的认知成分被激活，实践数据实例如图 9 所示。

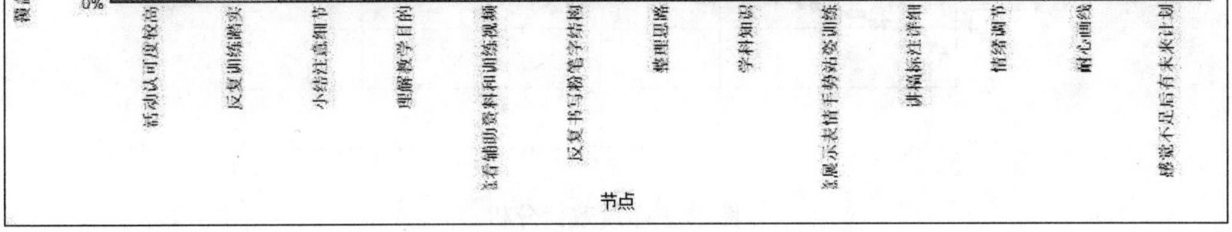

图 9 情感成分与认知成分位置示意图

认知成分的激活，一方面，使学生的感性认识上升到教师职业观念水平，从而可以借助推理和经验解决师范生训练的需求问题（如三字一画的长期训练）；另一方面，态度中的认知成分将发挥实质性作用，使师范生自主从备选方案中选择训练行动路线。

行动路线一旦选定立即被实施，这就是态度中的心因动作。师范生技能训练强调学员的自主学习、交互学习和协作学习。与传统的技能训练方式比较，移动互联网时代的学习、训练模式都有了深刻变化，移动互联网络训练模式逐渐成为当前技能训练的主流。传统的以面授为主的课堂学习比例正在不断压缩，通过云计算技术，所有训练资源都整合在云端，视频化教程得以广泛应用，个性化学习需求不断被满足；学习者利用多种在线学习形式，方便反复学习，方便与具有共同学习目标的其他成员展开协作学习，可以充分利用提供的在线练习、自我评估及进度跟踪等学习工具。移动应用和云计算技术支持随时随地学习，有效呈现学习内容并且提供教师与学习者之间的双向交流。学习者可以将学习与工作结合，以提高知识迁移和解决实际问题的能力。当训练完成技能有所提升（需求得到满足），又产生新的潜在态度。从图 9 中我们观察到态度各种成分在活动连续统上交替出现，可以看到学员的态度驻留点和进阶点，如图 10 所示。例如，有的学员评价总结驻留在情感领域较多，说明其训练的处于低水平，如果一个批次的训练某种成分处于集中徘徊，就意味着教师的教学策略需要调整。

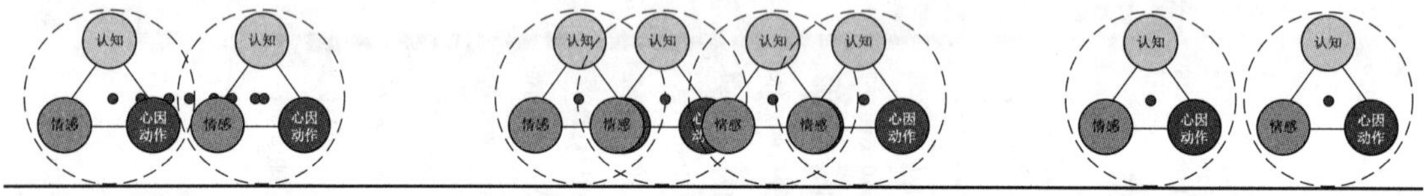

图 10　通过需求分析测量的态度成分实证分析

进一步，我们根据材料来源的节点编码数据，定义态度效比：

$$态度效比=\frac{节点数}{参考点数}$$

并用于描述态度需求分析过程，可以识别出“积极态度”与“消极态度”，其余的态度被排序在这些态度之间，如图 11 所示。

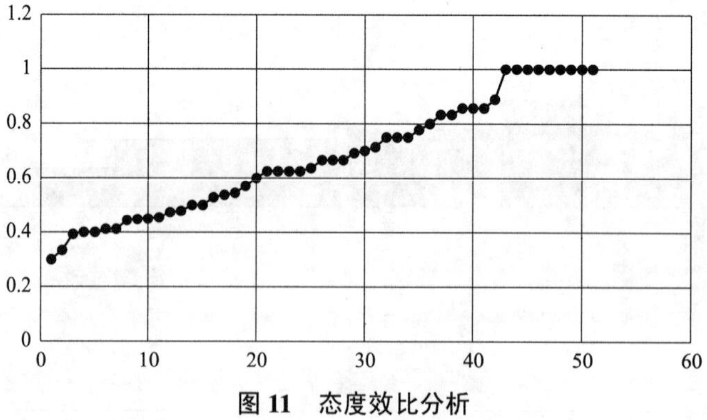

图 11　态度效比分析

我们对态度效比分析与成绩汇总数据进行分析，如图 12 所示。可以看出两者在识别两种极端态度方面是一致的，之间的态度排序非常接近且误差不大，但在态度需求分析的细节上用态度效比概念可以清晰区分态度的层次结构，在可操作性上蓝墨云班课数据分析更加简洁直观。为了更好发挥云班平台优势，突出态度需求分析，如何改造蓝墨云班平台中由活动产生的数据结构是本文后续着重解决的问题。

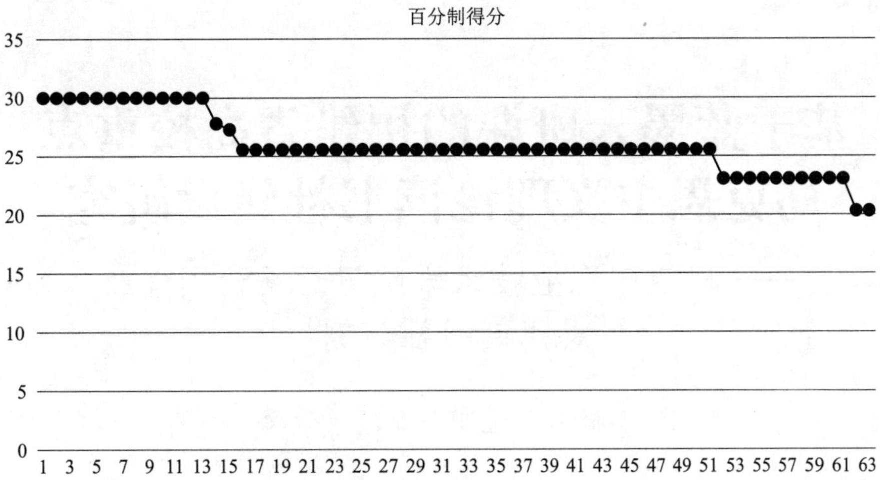

图 12 云班课汇总成绩

参考文献

[1] 查尔斯 M 赖格卢斯. 教学设计的理论与模型. 北京：教育科学出版社，2011.

[2] Thompson A G. The relationship of teachers' conceptions of mathematics and mathematics teaching to instructional practice [J]. Educational Studies in Mathematics, 1984, 15 (2): 105–127.

基于蓝墨云班课的福建省高校重点马克思主义理论读书社建设研究
——以福州职业技术学院习近平治国理政思想读书社为例①

吴晓芳　福州职业技术学院

摘　要：2017 年 3 月，福建省职业院校移动云教学大数据研究中心在福州职业技术学院成立。蓝墨云班课不但把大数据当成一种应用，更是把大数据作为教学研究的基础，将对职业教育的教学改革产生深远影响，真可谓是一种“革命”式的教学手段。它为习近平治国理政思想读书社的建设创建了优良的平台，充分引导学生自主学习，有利于提高学生对马克思主义理论的学习能力和实践能力，增强学生的思政课获得感。

关键词：蓝墨云班课；福建；马克思主义理论读书社

1　蓝墨云班课——一种“革命”式的教学手段

2017 年 3 月 8 日，福建省职业院校移动云教学大数据研究中心在福州职业技术学院成立。北京蓝墨大数据技术研究院商桑院长与欧阳少鸣副院长签约并授牌。当日下午商桑院长还为福州职业技术学院全体教师开展了《云计算大数据时代智慧校园建设及课堂教学与诊改智能化》专题讲座，从“为什么做互联网+教育”“互联网+教育的概念及特征”“互联网+教育+什么”“诊改的核心是什么”和“如何诊改”五大方面阐释了“互联网+教育”与课堂教学智能化这一主题。利用蓝墨云班课现场组建教学班级，配合讲解进程，先后完成了学生签到、问卷调查、答疑讨论、头脑风暴、资源共享、小组作业、测试等功能的应用和讲解。商桑院长利用蓝墨云班课和大家积极互动，现场气氛热烈。此次讲座让本人深受震撼，对本人尝试新的教学模式和推进教改具有巨大的启发意义。

随着移动互联网、云技术、大数据人工智能与教育教学的深度融合，中国的课堂教学模式正在发生根本变革，随之而来的将是教学管理、教学监督与教学评价模式的变革。蓝墨云班课，不但把大数据当成一种应用，更是把大数据作为教学研究的基础，将对职业教育的教学改革产生深远影响，真可谓是一种“革命”式的教学手段。

① 基金项目：2015 年福建省中青年教师教育科研项目（JAS151019）阶段性研究成果,福建省高校重点马克思主义理论读书社项目阶段性研究成果。

2 “习近平治国理政思想读书社”入选福建省高校首批重点马克思主义理论读书社

2017年2月，福建省委教育工委公布了福建省高校首批重点马克思主义理论读书社名单，全省高校共20个读书社入围，福州职业技术学院“习近平治国理政思想读书社”名列其中。此次入选的仅有2家高职院校，我院能顺利入选，主要得益于党委高度重视青年马克思主义者培养工程和提供了各项有力保障。读书社建设周期为三年（2017—2019年），福建省委教育工委以高校思想政治理论课教改课题立项形式，给予每个读书社每年3万元经费支持，各读书社所在高校按不低于1:1给予相应经费配套。读书社相关活动和学习成果需及时向本校和省级易班网等宣传舆论阵地推送，建立传播平台，以扩大传播效应。

目前该项目已作为福州职业技术学院2017年攻坚项目，将继续精心培育，进一步细化读书社建设目标、任务、举措，落实好“八个一”活动要求，不断加强大学生党史、国史学习教育，培养大学生爱党、爱国、爱中国特色社会主义的思想情感，推动社团活动与大学生思想政治教育活动有机结合。

3 蓝墨云班课为习近平治国理政思想读书社建设提供优良平台

习近平治国理政思想读书社，作为福建省高校重点马克思主义理论读书社，按照福建省委教育工委要求，必须做到“八个一”：每半月至少开展一次集中的读书活动，每位社团成员每月撰写一篇学习心得，每学期至少开展一次参观考察、一次学习论坛和一次相关理论宣传普及活动，每年至少开展一次社会调查、形成一份调研报告、汇编一本学习研究成果集。

习近平治国理政思想读书社的建设，时间紧，任务重。在建设过程中，曾出现种种困难，如：读书社是在全员范围内，挑选不少于20名跨院系的学生组成读书社成员，管理困难；每半月就要开展一次集中的读书活动，作为指导老师，曾发布了读书任务，结果有的学生并没有认真学习，学习过程得不到监控；每位社团成员每月必须撰写一篇学习心得，在应用蓝墨云班课之前，主要是通过QQ（群）和微信联系，虽然QQ和微信在沟通交流方面比较便利，但是毕竟只是一个社交软件而不是学习软件，无法实现学习资源上传、分类管理，作业提交、批改等任务；还有在参观考察过程中，一天考察结束后，由于场地限制，不便于组织研讨；……

而蓝墨云班课的出现和使用，则很好地解决了以上问题，如：直接通过邀请码能够方便快捷地让来自不同年级、不同院系专业的学生在蓝墨云班课平台上组成一个学习团体；上传阅读资源，发布读书任务后，可以通过经验值的变化了解学生是否完成阅读任务，学习过程得到监控；创建蓝墨云班课后，可以通过“作业”的功能发布和收集读书社成员的读书心得和学习心得，更直接、更方便、更快捷，而且作业上传后，还可以进行学生间互评，或者老师互评；当一天的参观考察结束后，通过蓝墨云班课，可以直接在网络上发起讨论、进行头脑风暴，加深参观感受，增强思政课实践教学获得感。

4 蓝墨云班课在习近平治国理政思想读书社中的应用

4.1 创建和加入“习大大治国理政思想读书社”云班课

教师先在移动端（电脑或手机）上创建“习大大治国理政思想读书社”云班课，然后组织通知不少于 20 名跨院系的读书社成员通过手机下载蓝墨云班课 APP 并使用邀请码进入蓝墨云班课。

4.2 丰富读书社云班课资源

习近平治国理政思想读书社主要是在福州职业技术学院青马社团的基础上，培养一支政治坚定、作风过硬、素质全面的大学生理论骨干队伍，通过示范和辐射作用，带动全院学生自觉学习马克思主义理论，学习贯彻领会习总书记的重要讲话精神，提高学生的知行合一和综合素养。要想提高理性认识，首先必须占有大量的感性材料，通过蓝墨云班课的“资源”功能，上传了大量习总书记的书籍，方便读书社成员即时快速高效地阅读，如图 1 所示。同时通过经验值设置提高学生阅读的积极性，以及监控学生是否完成了阅读任务。

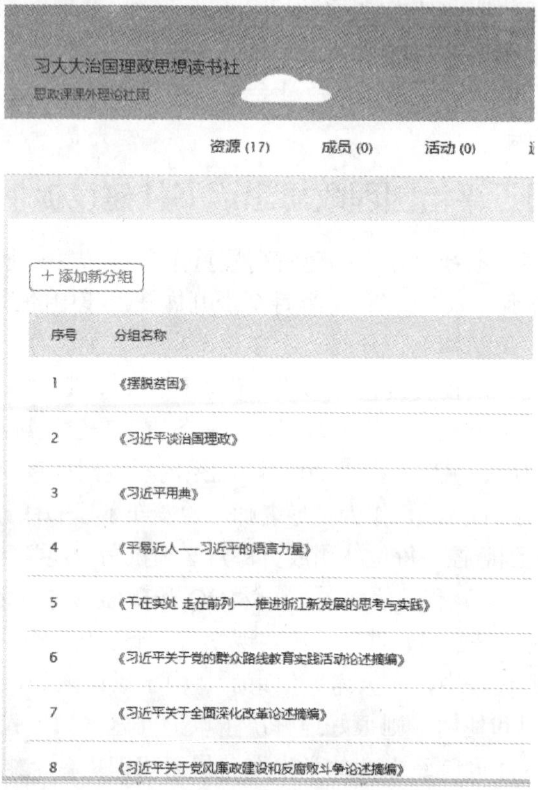

图 1　上传的习总书记部分书目

4.3 配强指导老师，加强教学设计和实施

学校选派马克思主义学院院长作为总指导，同时配有若干名思想政治理论课教师担任指导老师，以上指导老师均同时加入蓝墨云班课，并由指导老师分项负责读书活动和读书内容，包括上传课程资源、发布测试题、发布通知、进行投票或问卷调查、头脑风暴、在线答疑或讨论等，学生根据学习要求和自身学习情况进入蓝墨云班课进行学习和完成课程任务。

例如，本人主要负责指导学生学习习总书记的《摆脱贫困》，《摆脱贫困》收录了习近平总书记 1988 年至 1990 年在宁德工作期间的部分讲话和文章，围绕闽东地区如何早日脱贫致富这一主题，将一系列极富创造性的战略思想和极富针对性的实践观点娓娓道来，思想深刻、篇章隽永。通过利用蓝墨云班课指导学生学习讨论和撰写学习心得，读书社成员了解了习近平总书记在宁德地区工作期间的实践探索，明白了推进闽东地区经济社会发展的重大理论和实践问题，在思想水平和理论水平上都上了一个台阶。

4.4 管理规范有序，增强教学评价和监督

除了让学生加入读书社蓝墨云班课之外，由学校党委分管领导牵头，学校的党工部、宣传部、学工处、团委等部门相关负责人也都加入蓝墨云班课，多方协同配合，使各项活动符合高校意识形态工作和社团管理等有关规定。同时，在蓝墨云班课的使用基础上，将读书社相关活动和学习成果及时向本校和省级易班网等宣传舆论阵地进行推送，不断扩大影响力。

总之，蓝墨云班课为福建省高校重点马克思主义理论读书社建设提供了良好的平台，在这种新型教学方式下，不再是教师的言语灌输和学生的被动听讲，而是通过教师和学生的默契配合高效地完成读书研讨。作为传统高校教育的一种补充，智能手机移动教学这种新型的教学方式应当在高校教育中发挥着巨大作用，我们相信智能手机移动教学与传统教育的融合必然是我国教育改革的大势所趋，这种新的教学方式也必将为高校教育带来更好的学习服务。

参考文献

[1] 孙翠改. 基于蓝墨云班课平台的 Android 系统基础课程改革与实践 [J]. 计算机教育，2017（2）.

[2] 谭春兰. 基于蓝墨云班课的翻转课堂教学改革实践 [J]. 物流工程与管理，2016（6）.

基于云班课的翻转课堂教学实践案例

邢琳琳　黄河水利职业技术学院

摘　要：从高职学生学习特点着手分析高职教育的培养要求，通过教学案例——“云班课在‘建筑材料’课程中的应用”提出“云班课+”的教学模式，进而论述这种创新性教学模式的特点：不仅能调动学生的兴趣主动学习，还能使课堂效率最大化。同时也对教师和学生提出一定的素质要求，教学创新需要师生的共同进步和学习。

关键词：“云班课+”；高职高专；教学创新

2017年2月，教育部部长陈宝生在《中国教育要研究解决“六大问题”》中明确指出：“有效应对大数据、人工智能、新技术新产业新业态等带来的新挑战，让教育变革跟上时代，让我们培养的人不落伍”。随着教学模式的不断创新，慕课、翻转课堂等教学手段正在完成对传统教学模式的替代，在“互联网+”大环境的推动下，蓝墨云班课以移动信息化教学为基础，利用手机APP软件，达到“人人皆学、处处能学、时时可学”的目标，使教育从以教师为中心向以学生为中心转变，从知识传授为主向能力、素质培养为主转变，从课堂学习为主向多种学习方式转变。

1　高职人才培养

相对于本科院校的生源，高职院校学生普遍存在文化课薄弱，动手能力差等特点，所以在制定人才培养目标时，要结合高职学生特点，寻求适合高职学生发展的人才培养路径。

1.1　高职学生的学习特点

1.1.1　自控能力差

经历了高中三年的“满堂灌”教学模式，在高考失利下自尊受挫，高职学生在学习过程中，会循环于“消极学习”的模式中，只依赖于教师的课堂教学，缺乏学习的积极性。对此现象，教师要创新教学手段，做到“线上、线下同教同学”，培养学生学习的主观能动性。

1.1.2　自我意识强

生活物质的满足，家庭的宠爱，高职学生的自我意识普遍较强，学习中的沟通与交流就显得颇为重要，教师要加大“鼓励政策”，学生受到肯定后，自信心增加，有利于教学实施。

1.1.3　职业定向性

就业市场需要具有一定职业技能的高职院校毕业生，高职教育必须从某个职业岗位群出发进行职业分析，明确支撑起职业或工作所需的知识和技能，定向学习相关课程。

凡事预则立不预则废，任课教师在认知高职学生学习特点的基础上，要不断创新教学模式、改进教学手段和方法，在与时俱进中达到最终的教学目标。翻转课堂在过程教学中的实践已有显著效果，“云班课+”的提出会进一步完善翻转课堂，使过程教学更加生动和立体，是一种行之有效的教学模式。

1.2 高职学生培养要求

高等职业技术教育以职业岗位为导向，以职业技术能力为基础，以满足职业岗位需要、实现零距离上岗为目标，它培养的是生产和服务第一线的高级应用型人才。职业知识是基础，职业能力是关键，而素质与人格则是根本，三者是统一的，以此为指导才能构建以职业技能训练和岗位能力培养为中心的教学体系。

我校采用“校企 2+1”的培养模式，首先对各学科进行 2 年的系统性学习，包括理论和实训两个环节，每学期理论、实训交替运行，两者任务量相当；第 3 年，学生走进企业，顶岗锻炼，实施“学以致用”环节，最后进行答辩审核，检测 3 年的学习成果。环环相扣，缺一不可。

根据我校培养体系可知，与本科院校相比，我们更注重学生的实际操作能力，相对来说理论知识学习时间较短，如何实现课堂效率最大化，是高职教学改革中一直研究的问题，而“云班课+”的出现，给高职教学注入了科学信息化的血液，是一种新型的教学模式，值得我们学习研究。

2 认识“云班课+”

“云教材”是移动交互式数字教材，主要由富媒体数字出版、移动学习、云服务和大数据四部分前沿技术组成。教师可通过智能手机或平板电脑对教学内容进行区域块设计和富媒体编排设计，学生只需下载安装蓝墨云班课客户端，完成学号、姓名注册便可进行操作学习。

2.1 云班课特征

2.1.1 移动跨平台跨终端

具有独特的跨平台跨终端大小屏适应技术，制作发布后可跨平台使用，全面支持 iPhone、iPad、Android 系统、Windows PC。云班课覆盖各种终端设备，给学生提供了广泛的学习平台，真正做到“处处能学”。

2.1.2 富媒体

具有混合媒体一体化编排设计功能，教师可将文字、图片、语音、视频、网页等各种资源形式进行上传，学生轻松进入“时时学”的大环境中。这种模式不同于课本枯燥式的文字叙述，可以在激发学生学习兴趣的同时，提高专业学习效率。

2.1.3 交互学习

云班课还可辅助教师进行阶段性测试，通过测试，学生不仅可以检验自身的学习情况，还可以看到其他同学的学习情况，认识到自身的优点和不足，及时查缺补漏，相互激励，实现“多赢”局面。

2.1.4 社交化学习

在学习过程中，学生可以就所学知识点随时互相讨论，教师就讨论内容进行督促，给予积极者适当经验值以示奖励，或者给予点赞鼓励；学生之间也可分享学习笔记、学习方法，相互点赞，共同进步。

2.1.5 学习行为跟踪大数据

学生的每一次学习行为，比如：查看资源、参与测试答题、讨论答疑等都会被详细记录在云班课后台，教师可以随时调取班级学生学习大数据，以便指导后续的教学工作。

3 高职教学“云班课+”教学组织方式

蓝墨云班课这款工具软件对我实现“线上线下结合”的混合式教学起到了极大的帮助作用，特别是这个软件还具有完善的激励和评价系统，对老师所做的工作点滴都可记录下来，形成教师的“魅力值”数据和每个班级的教学报告，能够比较客观地反映老师们的真实工作。

现以本人的实际教学——“云班课在‘建筑材料’课程中的应用”为剖析案例，论述“云班课+”这种信息化教学模式带来的创新式意义。

3.1 “线下”资源传递

3.1.1 资源学习，获取经验值

为了避免学生事倍功半式的学习，教师在课外应将每个章节的知识资源先行上传到云班课里进行共享学习，学生观看资源后可以获取一定的经验值，这样不仅可以激发学生的学习兴趣，也达到了预习相关知识的目的。本人讲授“建筑材料”这门课时，上传的资源类型分布及学生查阅获取经验分布分别如图 1、图 2 所示。

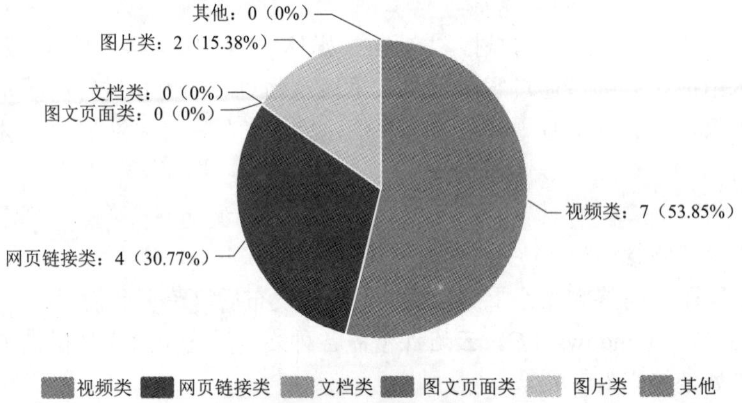

图 1 资源类型分布图

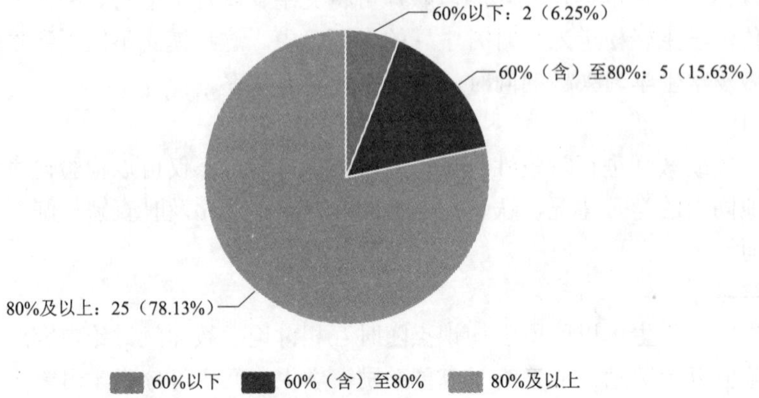

图 2 查阅资源获取经验分布图

由于“建筑材料”这门课，试验细目比较多，从图 1 可看出，资源库里相关的试验规范操作视频所占比重高达 53.85%，其次是我在微信、筑龙、土木工程等网页中看到的新型建筑材料在生活中的应用，也给学生进行了链接，进一步对学生的知识链进行了扩展。

图 2 是学生查阅资源的情况，可看出 80%以上的学生对全部资源都进行了学习，只有 2 个学生看了不足 60%的资源。实践证明：资源上传能调动班级大多数学生的主动学习性。

3.1.2 讨论答疑，激发主动性学习

教师在课堂上传授知识的同时，要正确运用激励引导方法，可以就课上知识点设置讨论区块，让学生在课下根据所学知识进行讨论答疑，这样可以不断激发学生的求知欲，让学生主动学习。

根据“建筑材料”课程所讲知识：材料抗冻特性，就生活中“厨房瓷砖剥落原因进行分析”，学生给出的答案如图 3 所示。本人及时给出经验值加分，并可进行点赞。学生在回答的过程中，总结能力提升，知识点经过系统归纳，教材知识由封闭性转化为开放性，诱发学生解决问题“求异求活”的动机，创新意识得到增强。

图 3　讨论答疑图

3.1.3 分组任务，交互学习

“授人以鱼，不如授之以渔”，传统的教学形式中教师严格示范，学生谨慎学样，经过不断创新后，逐渐由教师讲授说明的过程转变为通过情境创设、问题探究、协作学习等以学生为主体的过程。

“建筑材料”通过线下随机分配小组模式，每次分组人员不固定，避免学生出现“分组疲劳”现象，也可增强学生间的交流。比如，随机分成 7 个小组，同时开启教师评价模式，通过推送“作业/小组任务”，可由学生提交作业情况了解课上知识点掌握程度，同时考查学生协作、交互学习能力，如图 4 所示。

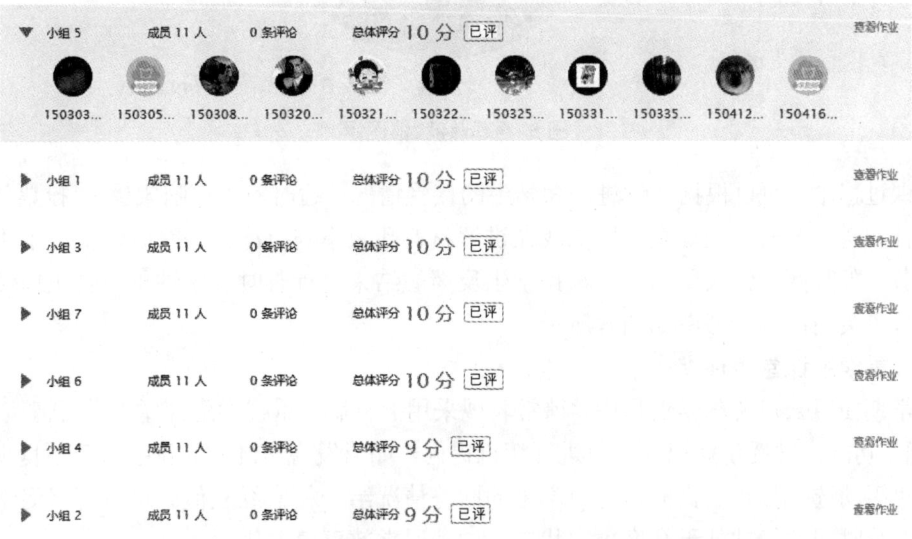

图 4　作业/小组任务

3.2 “线上”知识深化

3.2.1 测试活动，“无纸化考核”

“无纸化考核”是考试系统的一大改革，具有提高工作效率、节约考试资源、规范考试管理、方便考生应考等传统考试不可替代的优势，是今后高职院校考试的发展方向。

在使用蓝墨云班课时，可使用测试活动进行阶段性考核，只需教师课下编排好考试题目，课上进行任务推送，限时让学生作答，根据学生答题情况，对易错知识点进行针对性讲解，真正地做到“无纸化考核”。

3.2.2 加强过程考核

传统式结果考核并不能全面反应学生的知识掌握情况，“高分低素养”的学生层出不穷，考试前的突击并不能使他们完全理解所学专业知识，专业素养的匮乏在他们走上工作岗位后表现得淋漓尽致。

本学期我使用云班课加强了对学生的过程考核，考勤、参与活动和查阅资源是获取经验值的主要途径，如图 5 所示。区别于传统教学模式的点名制，考勤采用手势签到并且限制在 3 秒内，避免替答到现象，旷课、迟到没有经验值，约束学生准时上课。

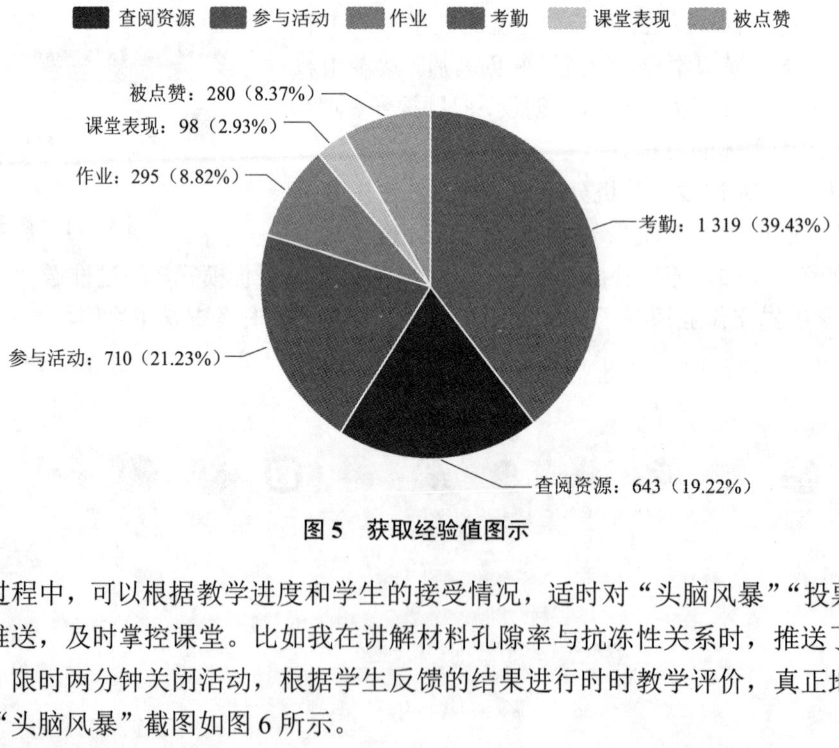

图 5 获取经验值图示

上课过程中，可以根据教学进度和学生的接受情况，适时对“头脑风暴”“投票问卷”等活动进行推送，及时掌控课堂。比如我在讲解材料孔隙率与抗冻性关系时，推送了“头脑风暴”任务，限时两分钟关闭活动，根据学生反馈的结果进行时时教学评价，真正地做到“学以致用”，“头脑风暴”截图如图 6 所示。

3.2.3 注重学生课堂表现

本学期使用云班课教学过程中，课堂表现采用五分制，重视学生课堂“学习情绪”，通过“摇一摇”功能，讲授新知识点之前进行随机提问，如果发现有睡觉、玩手机等不良现象，及时采用“手动选择”点名提问，并对学生的回答情况给予相应经验值。这样可督促学生整节课中大部分时间的精神处于高度集中状态，达到课堂效率最大化。

图 7 是学生一个阶段的课堂表现分布图，整个教学过程中共发起 72 次课堂表现，选中学生 77 人，真正地做到“人人学”，经验值从 0 到 5 分不等，可看出学生的差异性，指导后续教学工作。

图 6 “头脑风暴”截图

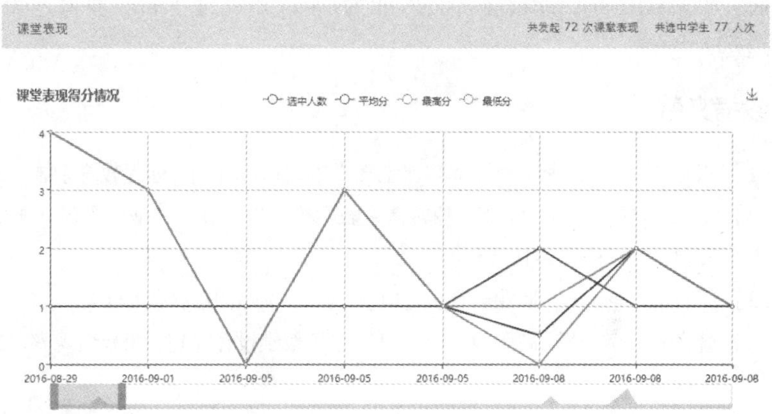

图 7　课堂表现分布图

4 “云班课+”面临的问题及对策

4.1 教师需要更高的专业水平和综合素质

“粉笔+教材+口语”的传统教学模式逐步被淘汰，教师应由传统的“播音员”角色转变为活动组织者，教师不再是定性东西的传声筒，而是学生思想和技术咨询的指导者。“线上+线下”的模式要求教师课下时间也要关注教学动态，一旦发现学生有疑惑，要及时解答，花费的精力远高于传统教学。

除此之外还需要教师精心设计教学过程、让学生自己从知识的发生、发展过程中去发现新知、认识新知，从而积极主动地参与学习。学习的地位从被动的“听众”转变为主动参与的“演员”，在学习过程中成为发现者、探究者和创造者。使用“云班课+”教学模式，要求教师掌握录屏软件、PPT 制作、微课制作等教学技能，需要教师在备课时投入更大的精力。

4.2 学生课下自觉性不够

网络技术是把双刃剑，在给大家创造便利的同时也会衍生一些其他内容：网络游戏、网络小说和网络购物等，如果说在学习空闲稍微娱乐算是适当休息，但有些学生自我约束能力差，容易沉迷一些大型竞技游戏，缺少精力去关注教师上传的资源或者推送的作业任务，所以学校应该加强管理制度，比如上课时间查寝，一旦发现立即进行处分。

另外，教师也可以制订课下学习计划，可以找空闲时间统一让大家进入教室学习资源，学校也可以安排特定的教师进行资源学习辅导，最后要求学生把课下学习时长和内容以报告的形式发送班级共享，形成互督互促的良好学风。

5 结语

在教学的创新改革中，“云班课+”的教学模式是根据现代教学形式和学情特点探索出来的，具有推进现代教学建设、完善教学机构的重大意义。教师应该从传统教学中给自身的角色进行重新定位，并且不断学习和探索与时俱进的教学活动。“君子知至学之难易，而知其美恶，然后能博喻；能博喻，然后能为师”，如何进行高职教育，如何培养市场性人才，任重而道远。

参考文献

[1] 张金磊，王颖，张宝辉. 翻转课堂教学模式研究［J］. 远程教育杂志，2012，(4)：46–51.

[2] 王红，赵蔚，孙立会，等. 翻转课堂教学模型的设计——基于国内外典型案例分析［J］. 现代教育技术，2013，23（8）：5–10.

[3] 闻有信，杨金梅. 职业教育史［M］. 海口：海南出版社，2002.

[4] 曾良骥，李华平. 高职教育应该怎样进行教学设计［J］. 职教新观察，2008.

基于建构主义视角的移动云教学应用思考

刘华强　陈晓静　黄素容　珠海城市职业技术学院

摘　要：移动云教学成为教育信息化的重大机遇与未来发展趋势，利用移动云教学平台可以激发学生的内在学习动力，推动教学模式的变革。因此，本文结合当前高职移动云教学的发展现状，提出了应用移动云教学平台进行教学和管理改革的一些举措，以达到提高教学效果和提升人才培养质量的目的。

关键词：建构主义；移动云教学；高职课堂

据《中国互联网络发展状况统计报告》显示，截至2016年6月，中国已有网民数量7.10亿，其中手机网民数量6.56亿，占比达92.5%。国内高校学生的智能手机普及率已经超过99%。目前智能手机的计算能力、存储能力和网络连接都已经具备了移动学习的基础。伴随着“互联网+”时代的到来，学生对手机的利用率不断提高，杜绝学生课上玩手机已不现实。在“移动互联网+高职课堂”环境下，如何让学生的智能设备，尤其移动设备成为学习的工具，而不仅仅用于社交和游戏的工具，成为学校教学层和管理层共同关注的课题。

1　理论依据

目前的学习理论有多种，以往的学习理论中主要强调外部刺激对学生学习知识的重要性，而忽略了学生内部的学习动机，即学习的主动性。建构主义学习理论则正好弥补了其他学习理论中的不足。建构主义认为学习者的知识是在一定的情境中，借助其他人的帮助获得的，如人与人之间的协作、交流等。它还指出理想的学习环境应包括情境、协作、交流和意义建构四个部分，如图1所示。师生之间、生生之间需要协作，而协作同时也是交流的过程，交流对于促进每个学习者的学习是非常重要的。

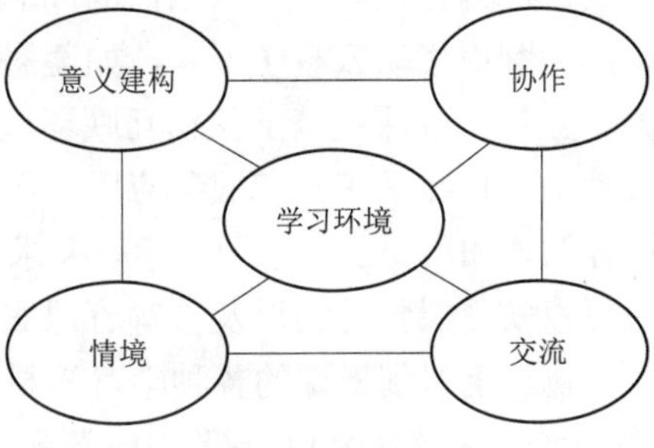

图1　建构主义学习原理图

传统教学只注重信息传递，并把这一过程放在最重要的课堂环节上，但容易忽略学生的吸收内化过程，大多教师选择放在缺少帮助的课后环节中，结果导致课堂缺乏师生互动、同伴协作和交流。因此改变教学模式，从单向的讲授，改为透过在课堂上提出问题与小组互动，启动学生思考与讨论所学，结果学生对学习内容了解的正确率提高一倍，但前提是学生在课堂授课前要利用现代教育技术自主学习基本知识。因此，为营造接近理想的学习环境，提供师生交流的平台，增加学生的学习黏度，高职院校需要寻找一个能提供课堂互动的移动信息化支撑平台，实现课堂测试、投票、讨论、头脑风暴、图片分享等多形式的互动。

2 移动云教学应用的必要性

2.1 创新课堂教学手段是大势所趋

《国家中长期教育改革和发展规划纲要（2010—2020年）》提出“开发网络学习课程，创新网络教学模式，更新教学观念，改进教学方法，提高教学效果”。伴随着“互联网+高职课堂”的新常态，传统的高职课堂教学手段存在较多弊端，如：无法满足学生个性化的学习需要，导致课堂教学质量下降；教师与学生使用各类精品课程、精品资源共享课、资源库等网络资源利用率不高等。当今互联网时代，学生时时可学、处处可学。据调查，当今大学生上网搜索关心主题的占80%，大学生到图书馆查阅图书资料的占10%，大学生从教师那得到帮助的占9%，大学生查阅课本的占5%。为此，创新和运用移动互联网时代教与学的教学手段迫在眉睫。

2.2 运用现代化教学工具是迫切需求

2016年新修定的《中华人民共和国教育法》提出要“利用信息技术促进优质教育资源普及共享，提高教育教学水平和教育管理水平”。宏观背景下，“国家鼓励学校及其他教育机构推广运用现代化教学方式”，随着移动互联网时代的来临，以智能手机和平板电脑为代表的移动终端正逐步代替传统的PC，成为大学生主要的学习设备。微观环境下，移动云教学工具，如蓝墨云班课的推广使用，把高职课堂与手机移动终端有效地串联起来，使手机变成了很好的辅助学习工具，为广大教师运用现代化教学方式提供了一个有力的抓手，更为高职课堂教学管理提供条件支撑。

3 移动云教学在高职课堂的应用现状

随着信息技术的飞速发展和日益普及，探索一种顺应信息化时代背景下的高职课堂教学模式已成为迫切要求。从当前的高职课堂案例和教学质量数据的整理与分析中，我们可以看出师生利用移动云教学工具，如蓝墨云班课开展多形式教学的效果明显。

蓝墨云班课是基于移动互联环境，能够满足教师和学生课堂教学互动与即时反馈需求的移动信息化教学工具和服务应用，可以实现线上、线下教学互动。它主要包括五大模块：① 班课详情，如班课的邀请码、学习要求、学习进度、考试安排等；② 班课的成员信息，在此模块可以实现课堂签到以及了解班课成员学习班课资源的进度和所获取的经验值；③ 班课的资源，包括上传到班课的各种学习素材，如教案、课件、视频等；④ 班课活动，包括测试、答疑/讨论、头脑风暴以及投票/问卷等；⑤ 通知模块，在此模块可以及时发布课程信息。

该平台在手机上操作简便、师生使用免费，不受时间、地点限制，因而在师生中得到推广应用。与QQ群、微信群这些社交工具不同，蓝墨云班课可为学生提供一个纯正的移动学习交流的环境，让学生的手机变成一个学习工具，能够在一定程度上激发学生利用手机进行自主学习的兴趣。

从当前的高职课堂案例和教学质量数据的整理与分析中，我们可以看出师生应用移动云教学工具，如蓝墨云班课的过程中，已经对它的优势有所了解。从教学管理角度，在评估教学工具及手段的选择时我们会考虑以下三点：

（1）对学生来说，庞大的实践课程题目、老师点评以及同学共享，让学生完全自主掌控学习节奏，有针对性地“查漏补缺”，尤其是移动云教学工具的及时性特点，不仅能让学生自己及时对自己的问题进行修正，还能快捷地获得同学、老师的点评和提醒。此外，无论身在何处，学生可以通过移动云教学平台进行交流合作，共同完成实验任务。

（2）对教师而言，无论其身在何处可以通过移动云教学平台看到学生自主学习的情况，还可以对学生进行实时指导。同时，教师也可以发现学生的兴趣和需求，并对这些兴趣和需求给予及时的引导和促进。这样移动云教学平台不仅在师生之间架起了沟通交流的桥梁，还为学生提供一个良好开放的创新平台。

（3）对教学管理者来说，利用移动云教学平台可以实时组织人员不间断对课堂教学进行检查评价，注重收集学生的反馈意见，发现不良现象和存在的问题及时做出诊断改进。

4 移动云教学在课堂管理的应用建议

信息化教学是今后的一个发展趋势，移动互联网和自带设备是教育信息化的重大机遇，它既能激发学生内在的学习动力，又能激发一线教师的应用激情。充分利用学生的掌上媒体平台，利用网络分享前沿的教学资源和素材，提高学生的参与度，让学生真正成为学习的主体，教师只起到引导和答疑解惑的作用，使教不再乏味，学不再厌烦。

网络环境下的建构式教学模式如图 2 所示。

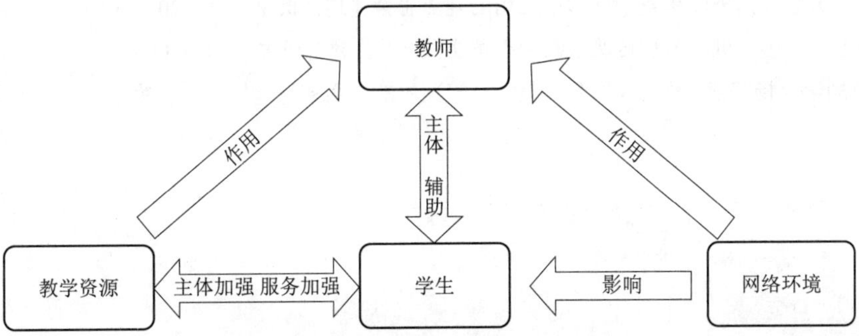

图 2 网络环境下的建构式教学模式

信息技术虽不能代替教育，但可以推动教育的改良和创新，移动智慧教育和教学大数据服务成为主流是时代发展的必然趋势。因此，针对目前高职移动云教学运用现状，提出以下三点建议：

4.1 加强学生现实表现和学习实际效果

把控教师要务必加强对学生课堂现实表现和学习实际效果的把控，学生每学期学习成绩的最终获得要采用过程性考核和终结性考核相结合的办法。过程考核方法可由小组的成果质量及个人的实践操作、出勤、实习态度及实习报告等部分组成。教师可利用移动云教学平台对实践中积极发现问题并处理问题的学生给予适当加分，以提高学生学习的积极性。

4.2 教师要更换理念，主动适应互联网时代高职教学改革

当今社会在变革，科技日新月异，都在改变着教育的生态环境，挑战着每位教师的教育

观念和方式。为此，教师要与时俱进，对教学云平台有一个全面的认识，从根本观念上接受移动云教学平台，只有充分认识到移动云教学的优势，才能更好地开展课堂上的活动。移动云教学平台相对于现在使用的多媒体来说有着丰富的资源库，这不仅可以帮助教师节省在找资料方面花费的大量时间，有利于教师的教学活动，也有利于学生更为形象地理解知识。因此，高职教师要抓住当下高职课程教改的有利契机，合理利用先进教学手段和互联网资源，吸收同行的先进经验，积极主动地投身到一线的教学与课程改革中。

4.3 充分发挥多方角色在教学管理中的作用

（1）教学管理人员要加强教学全过程的管理和监督，避免以往的事后管理，达不到效果；

（2）教师要作为教学管理的参与者，避免以往只是管理的对象而已，要通过相应渠道向管理部门提出好的管理建议和措施，实时反映教学过程中的问题和困难；

（3）辅导员要发挥在教学管理过程中的联系、沟通和纽带作用，进行日常管理，产生即时管理数据，避免学期末事务处理的负担、提高管理的效果；

（4）学生干部要发挥带头示范作用，协助学校提高教学管理水平。

参考文献

[1] 邢伟. 手机移动终端下高职课堂教学研究与实践 [J]. 职教通讯，2017（3）.

[2] 孟婷婷. 关于蓝墨云班课在教学过程中应用的几点思考 [J]. 职业教育，2016（5）.

[3] 谭春兰. 基于蓝墨云班课的翻转课堂教学改革实践 [J]. 教育研究，2016（6）.

[4] 李新华，刘达，杨芳郁. 教育云平台在教学及管理中的应用初探 [J]. 中国教育信息化，2014（6）.

基于移动云平台的课程管理与课堂评价的研究与实践

苗玲玉　辽宁轨道交通职业学院

摘　要：本文简述了蓝墨云班课走进课堂的优势和问题，以辽宁轨道交通职业学院为案例，从设定、管理、监控、评价不同层面阐述了对基于移动云平台的课程管理和对学生满意课堂的评比，梳理了使用蓝墨云班课对教师能力的要求以及开展的校内外培训。

关键词：蓝墨云班课；课程管理；学生满意课堂评价

随着教育信息化的飞速发展和新一轮教育改革走向深入，基于移动云平台的教学越来越多，伴随着智能手机、平板电脑、笔记本电脑的普及，蓝墨云班课迅速走进职业院校的教室。使用蓝墨云班课这种教学手段，一方面可以脱离开固定的 PC，教师可以开展更加多样灵活的互动反馈，使教与学变得更加轻松、有趣；另一方面教师可以随时查看学生学习情况，包括课堂出勤、活动参与、查看教师发布的资源等，师生之间的沟通与交流也变得更加方便、自由。

目前，大多数高职院校在使用蓝墨云班课的时候并没有统一的要求和规范。这就造成高职院校教师在使用蓝墨云班课时乱象丛生，甚至有些缺乏课堂掌控能力的教师出现教学失控的现象，这对高职院校教学质量监控和管理也提出了一大难题。针对这些教学中出现的问题，如何评价和管理基于云平台的教师课堂成为每一位职业教育工作者亟待解决的课题。

为了让课堂教学更具有时代信息和生命活力，辽宁轨道交通职业学院从课程管理和课堂评价作为切入点，从教学管理层面研究基于移动云平台课程建设标准的设定、学生满意课堂的评价机制的建立；从教师教学层面研究每门课程的全课程教学设计，围绕教学设计进行配套教学资源开发，确定课程考核评价方式。

1　课程管理流程

1.1　设定课程建设的标准

我院在启动基于云平台的课程之前，从课程团队、课程内容、教学条件、教学手段和方法、教学效果五个方面制定此类精品课程建设标准，要求教师写出课程实施方案，对课程安排、教学设计、教学资源、移动设备的使用提出要求，如明确课堂上使用移动设备的教学内容和时间比例，明确课程考核评价方法等；对使用移动云平台的教师提出要求，具体包括：要有精心的教学设计、丰富的教学资源、适当的教学活动、海量的数据分析。

1.2 审批教师提出的申请

蓝墨云班课作为一种课堂上有效的信息化教学手段，要求教师在教案指定位置上明确标记使用的内容、方式和时间。对于想达到精品课标准的教师，要求教师个人在开学初提交课程模式改革申请，除常规的课程标准和授课计划外，还要有课程实施方案、全课程教学设计、已开发的配套教学资源、课程的考核评价方式和要求，经教务处审批后，接受教育教学质量监控处全过程的监控和督导，定期导出课程数据明细，根据数据统计动态调整教学方式方法，撰写教学分析报告。

1.3 监控教师实施的过程

教育教学质量监控处、教务处和教学系部根据教师的课程模式改革申请和课程实施方案，有针对性地进行听课和巡课，定期召开学生信息反馈会，对教师在使用蓝墨云班课教学中发生的不可预知的问题及时处理和引导。所有教学场所都是透明可视的，有的在课上使用蓝墨云班课的学生，看到巡视人员会主动展示手机屏幕内容。

使用蓝墨云班课的教师，每一个模块或者一个项目至少要查看一次阶段数据统计，分析课程教学存在的问题，动态微调教学方案，关注教学效果，让学生满意度逐渐提高。

2 满意课堂评比

为提高课堂吸引力，提升学生学习效果，真正以学生为中心让学生满意，建立学生满意课堂评比机制。充分利用云教学管理平台第三方统计的数据，定量评价学生满意的课堂。在设定满意课堂评价指标时依据学院“一个融合、四个统一”的育人模式要求，关注教师能否将德育工作融合到教学、管理、服务各环节，落实到教学组织与运行全过程，能否坚持班导师队伍与教学教师队伍的统一，以德为先，德能并重，教育学生做一个品德高尚的人、性格完整的人、脚踏实地的人、奋斗进取的人。因此在利用云教学管理平台评价学生满意课堂时涵盖“育人”“教书”两个层面的指标，采用过关的形式。

第一关为“育人”关，即教师作为班导师要首先组建管理学生的班课，在班级管理、班级活动、学生满意度、组织班级各科任老师研讨学情等方面量化指标合格后，方有资格进入下一关。

第二关为“教书”关，在课堂管理、教学资源、教学内容、教学互动、学生满意度、教学数据分析等方面达到量化指标后即为学生满意课堂。

3 云班课对教师能力的要求

课堂上使用蓝墨云班课对教师的能力提出了新的要求，主要体现在以下四个方面：

首先，教师要有一定的课堂掌控能力。课堂上使用蓝墨云班课对教师要求较高，教师要有海纳百川的胸襟、有足够宽广的视野、有足够丰富的经验、有掌控全局的气场才能更好地驾驭课堂[1]。同时，教师要注意对课堂时间的分配，以免拖堂。

其次，教师要有精心的教学设计能力。一方面教师要设计好课上、课下活动，开展丰富多样的教学活动，才能吸引学生的眼球；另一方面教师要注意课前让学生学会蓝墨云班课的操作，以免影响第一次课程的教学进度。

再次，教师要有丰富的教学资源开发能力。教师推送的教学资源要与教学设计要求吻合、与教学活动需求配套，将教学资源分类建立便于学生查找。教师应注意，制作的教学资源尤其是视频资源不宜过长、过大，以免学生厌倦。

最后，教师要有海量的数据分析能力。教师要定期根据蓝墨云班课自动统计汇总的数据进行学情分析，发现问题及时沟通处理。同时，教师要关注学习进度落后的学生，以免学生掉队。

4 组织校内外多方培训

基于移动云平台的精品课程建设标准设定后，教师在教学中可以使用学校资源共享平台、百度云盘、QQ、微信、个人博客、个人空间、蓝墨云班课等多种云平台。我们在教学使用过程中发现，介入最晚的蓝墨云班课成为最受教师欢迎的平台。蓝墨云班课对教师而言，不仅仅可以让教师推送资源供学生课前预习、课后复习，还有助于师生互动，教师可以通过测试了解学生对知识的掌握程度；对学生而言，可以在线上完成项目任务和线下完成作业，遇到困惑的知识点还可以和教师、同学互相讨论。

为了更快地推进教师尽快熟悉蓝墨云班课的功能，学院组织教师进行形式各异的校内外培训，主要体现在三个方面：一是选派教师参加北京智启蓝墨信息技术有限公司举办的墨客培训、邀请蓝墨技术人员到校内培训；二是邀请受学生欢迎的教师开展校内展示课，组织教学系部和教研室之间开展教学研讨；三是院领导在学院轨道交通大讲堂上亲自示范蓝墨云班课，让全院教师能够更加深刻地认识蓝墨云班课的功能。目前，我院在不同层面的各个委员会之间的工作交流也采用蓝墨云班课的形式进行，学院基本形成了“人人学习和使用蓝墨云班课”的氛围，让不熟悉蓝墨云班课的教师深感自己跟不上信息时代的步伐。

5 结束语

蓝墨云班课迅速进入课堂，也曾一度让我们从教学管理角度再三斟酌，手机会不会造成课堂的失控，教师对课堂的掌控能力参差不齐会不会带来新的教学冲击？最初我们只是在专业课、实训课和思政课小范围试行，学生学习效果反响空前，普遍感觉学习兴趣浓厚、课堂气氛活跃、知识接受和掌握程度高、学习效果不错，蓝墨云班课也简单易操作。现在逐步扩展到文化课、体育课、技能鉴定培训、技能大赛、班级管理、学情研讨、教研活动开展、会议组织等多种形式。运行实践证明，只要有效进行标准设定、组织管理、多方监控、第三方评价，就能在信息时代充分发挥移动云技术的作用，创建更多受学生欢迎的课堂。

参考文献

[1] 苗玲玉. 职业院校翻转课堂的实施与评价 [J]. 辽宁高职学报，2016（1）：26–27，30.

二 等 奖

蓝墨云班课在大学英语听力翻转教学中的研究与应用

卢雅琴　张巍然　汤　欣　北京石油化工学院

摘　要：随着移动互联网的发展、移动智能设备的普及，利用现代移动信息技术改革课堂教学成为时代的要求。本研究通过移动学习环境下蓝墨云班课平台的教学实践，探究蓝墨云班课辅助的大学英语听力教学模式，以实践“以学生为中心”的教学理念，提高大学英语听力课堂的有效性，提高学生听力水平。

关键词：蓝墨云班课；大学英语听力；以学生为中心

1　研究背景

随着现代化信息技术的发展进步，移动互联网环境下的教学模式改革也成为当前研究的热点。根据《2013 年度大学生移动智能设备调查报告》智能手机普及率达到 97%以上，平板电脑普及率达到 27%，且还处在上升趋势。移动教学助手——蓝墨云班课的出现给教学模式的改革提供了便捷的平台。蓝墨云班课指在移动互联网环境下，利用移动智能设备开展课内、课外即时教学活动的移动智能平台。学生智能手机的普及为蓝墨云班课平台的使用提供了可能，教师首先创建班课，并告知学生班课邀请码，学生安装蓝墨云班课 APP 后通过邀请码进入班级。教师通过此平台发布音频、视频、图片、教案等教学资料；发布作业、考试等消息；开展问卷、讨论交流、测试等活动。同时，在蓝墨云班课提供的数据分析的指导下，教师可以细致地了解学生学习的轨迹，从而对教学内容和方式进行调整，对需要帮助的学生进行指导，并制定能够满足学生学习需求的个性化教学方案，做到“因材施教”，学生也可以根据大数据反馈的轨迹，思考自己的学习过程，促进学生自我规划，成为主动的学习者。

2　云班课在大学英语听力教学的探究

本研究以建构学习理论为基础，将传统课堂与在线学习、移动学习相结合，加强对学生的学习过程的监控，以充分调动学习者的积极性和主动性，提高课堂参与度，以达到优化学习效果的目的。简单来说，可以分为课前、课中、课后三个环节，如图 1 所示。借助蓝墨云班课，在课前阶段，可以实现学生有效的预习，把传统课堂上听的内容在课前完成；在课堂上，老师引导学生以知识的内化和巩固为主，通过蓝墨云班课的测试，了解学生课前预习情况，通过测试结果，有针对性地开展教学，克服了传统课堂学生被动听的状态；课后以知识的拓展为主，师生可以借助蓝墨云班课就课堂话题开展深入交流和学习。

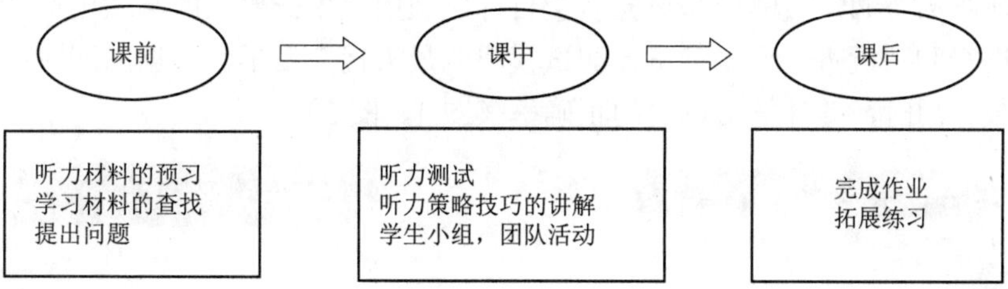

图 1

2.1　课前自主学习阶段

首先，教师根据教学大纲和学生的学习水平确定知识目标、能力目标和素质目标，然后通过对互联网教学资源进行筛选形成课程学习资源库，之后在教学平台蓝墨云班课上发布。一般来说，这些课前的教学资源内容以英语语言输入性学习为主，主要形式为听力或阅读。教学资源形式以视频、音频、PPT、文档、图片，或者网页链接为主。在设计教学资源的同时，老师也可以根据教学需要设计出相应的在线测试题，帮助学生更好地了解课前自主学习情况，并且更好地掌握学生课前学习情况，从而提高课堂教学的针对性和目的性。同时，学生在学习的过程中，可以按照自身的英语基础情况和时间，自主安排学习内容和进度。基础较好的同学可以快速地进行知识点的学习，而基础相对较差的学生可以根据自身实际情况放慢速度，反复学习。在此过程中，任何同学，碰到任何问题，都可以随时通过蓝墨云班课的答疑讨论模块，与老师和同学展开交流和讨论。图 2、图 3 就是学生在群中讨论问题之一。

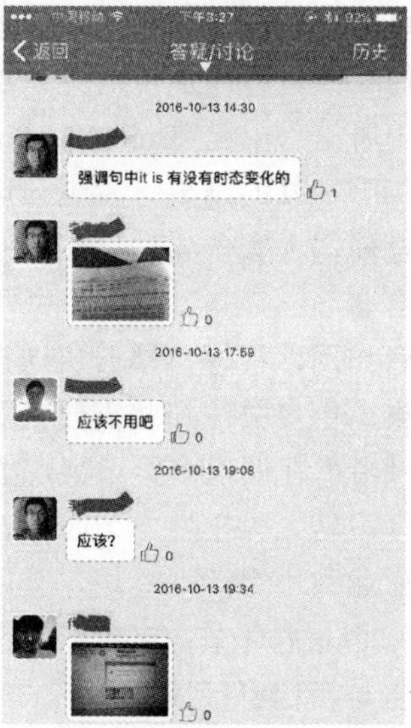

图 2

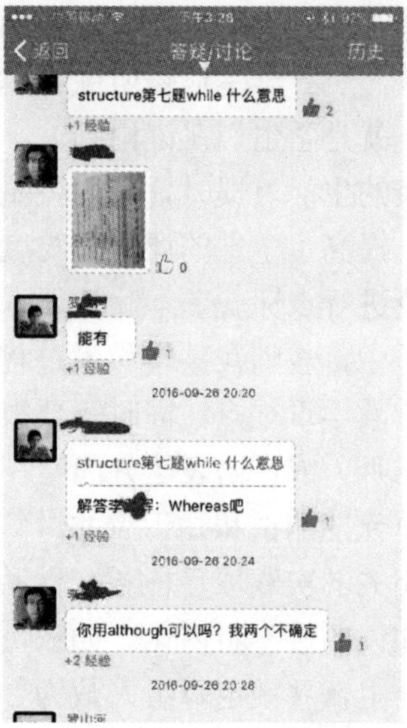

图 3

2.2 课堂知识内化阶段

课堂知识内化主要通过测试评估，重点难点的讲解和组织口语任务等活动得以实现。蓝墨云班课辅助的大学英语听力课堂，突破了传统听力课的“放录音—对答案—讲解—再放音”单一教学模式，学生不再是被动地接受知识。首先，教师对学生课前知识进行评估和检查，对于一些课前听力资源，教师根据单元教学目标，利用蓝墨云班课的测试模块，设计出自测题，对学生进行测试检查。蓝墨云班课测试模块的最大优点在于大数据的即时反馈，其中包括学生的分数、用时，并计算出每题的正确率（图 4、图 5）。

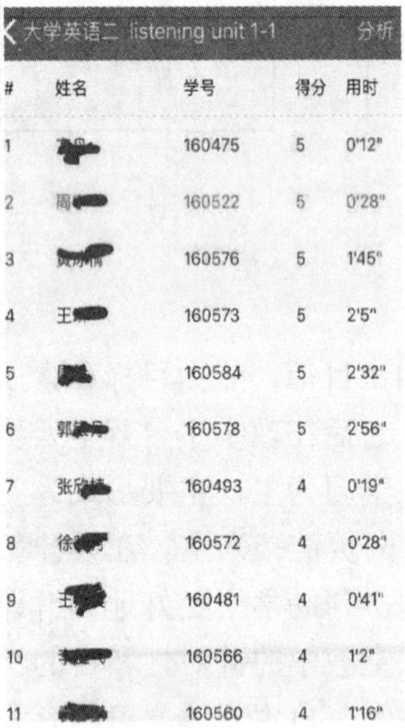

图 4

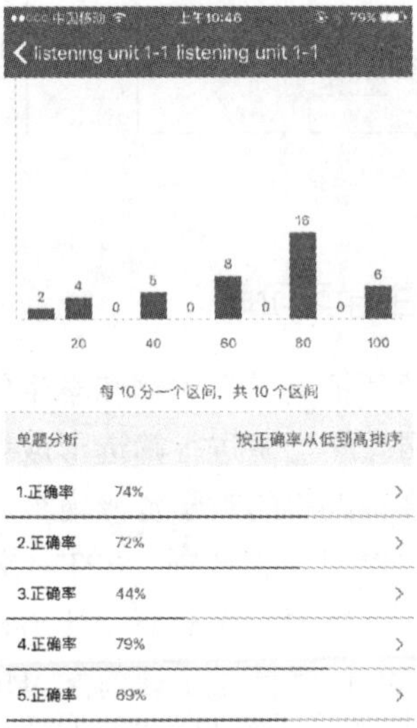

图 5

教师可以根据测试数据结果的反馈，将测试中出错率较高的题目和相关的知识点进行讲解，引导学生独立思考出错的原因，并进行分析归纳，对症下药，提高了知识点讲解的针对性。对于一些难度较大的题目或学生的疑惑点，老师可以设计成讨论主题，在蓝墨云班课的头脑风暴模块，引导学生们畅所欲言，各抒己见，从而在此过程中加深对知识点的掌握和理解。图 6、图 7 就是学生们在讨论到大学英语视听说第一册第六单元“Being healthy feels great”中关于不健康的生活习惯时，利用蓝墨云班课平台的头脑风暴的结果。蓝墨云班课提供的头脑风暴功能，提高了学生的课堂参与度，经验值的激励使得大家争先恐后积极发言，并对其他同学的言论进行点评。

在本环节中，教师在整个教学过程中发挥了引导者作用，根据蓝墨云班课提供数据分析指引学生突破教学重难点；同时需要根据数据分析结果，更多关注那些需要帮助的学生，比如某些学生在听力或口语表达方面存在问题，教师可以考虑在课上多给予锻炼的机会。

在完成单元的测试和知识点的讲解后，从输入性学习转入输出性学习阶段，教师根据单元主题设计相关的实践项目任务，借助蓝墨云班课的作业与小组活动模块，采用合作学习的方式来实现知识的进一步内化。如在每单元的 Speaking Out 的环节，老师借助蓝墨云班课进行随机线上分组，并规定每组人数为 2 人或 4 人，学生与搭档进行线下对话的操练，并以小组为单位在蓝墨云班课的作业与小组活动模块中以语音方式提交操练的对话的结果。在小组活动过程中，老师到各个小组对遇到的问题给予指导。在所有小组提交完毕后，学生在此模块下载并听取各个小组的对话，给出评价，对于评价较高的小组邀请上台表演，并给出经验值等的奖励。除此以外，根据单元目标的要求，老师也可以借助蓝墨云班课组织课堂辩论、报告、演讲等活动。

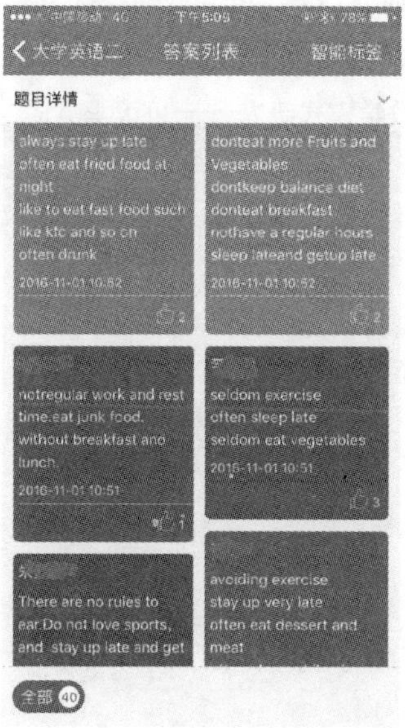

图 6

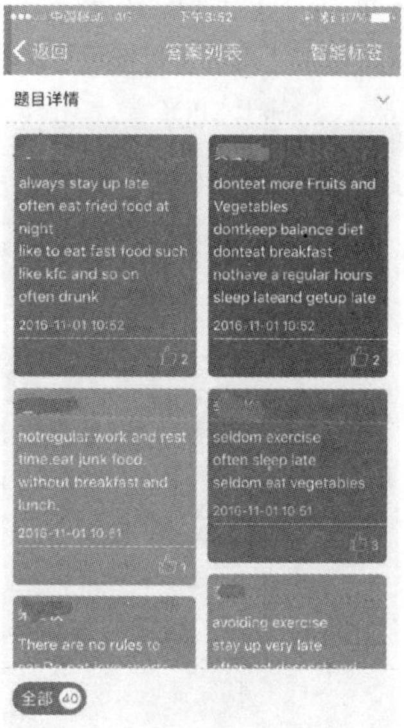

图 7

2.3　课后知识拓展阶段

学生在完成每单元教师布置的课前学习材料和课堂知识内化的基础上，利用课后的时间对本单元的学习进行反思，有任何问题都可以借助蓝墨云班课的答疑讨论模块进行继续讨论和交流，充分发表自己的观点和看法，与同学间、老师间展开深入互动，单元的学习并不随课程学习的终了而结束。如在讲到视听说第二册第七单元“Does money talk”时，讨论关于“Can money buy happiness”话题时，同学们积极踊跃发言，有限的课堂时间难以满足学生的需求，课堂时间结束后，老师在蓝墨云班课的讨论模块创建此话题，学生在课下继续通过此平台展开了深入的讨论和交流。同时，老师根据单元主题与学习目标，以及学生对知识的掌握情况，提供学生的听力拓展材料，让学生在课后进行泛听等方面的训练。所以，基于蓝墨云班课的课后答疑讨论、课后通知、投票问卷、即时资料上传等功能，实现了课后学习的延伸和扩展，有效构建了学生主动学习。

3　结束语

蓝墨云班课平台支持的大学英语听力翻转课堂弥补了传统听力课堂的缺陷，具有资源丰富、活动多样、方式灵活等优势。音频、视频、网页链接等多样的资源输入比传统课堂的文本、图片更具有吸引力，能更好地激发学生听力学习的兴趣和动机。线上（蓝墨云班课）和线下（课堂）的协调利用，能够鼓励学生获得更多的学习主动权和自主权，使学生真正成为主导自己学习的人。

参考文献

[1] 卢海燕. 基于微课的“翻转课堂”模式在大学英语教学中应用的可行性分析［J］. 外语电化教学，2014（4）：33–36.

[2] 胡杰辉，伍忠杰. 基于 MOOC 的大学英语翻转课堂教学模式研究［J］. 外语电化教学，2014（11）：41–45.

[3] 李京南，伍忠杰. 大学英语翻转课堂的实践与反思［J］. 中国外语，2015（11）：4–9.

[4] 吕婷婷，王娜. 基于 SPOC 数字化教学资源平台的翻转课堂教学模式研究——以大学英语为例［J］. 中国电化教育，2016（5）：85–90.

[5] 邵华，喻惠群. 基于泛在学习资源共享平台的大学英语翻转课堂教学模式设计研究［J］. 山东外语教学，2015（6）：37–45.

[6] 王竹立. 新建构主义：网络时代的学习理论［J］. 远程教育杂志，2011（2）：25–31.

蓝墨云班课“教”与“学”组织的实践研究

邓 峰 扬州市职业大学

摘 要：移动学习时代，教学已由“关注知识”转向“关注学生”，在激活思维—引导思维—碰撞思维—享受思维的认知过程及学生学习行为数据分析后，落在学习是否有意义的核心点上。本文从蓝墨云班课生态教学要素、优化教学要求、自主学习方略三个方面，解析“教”与“学”组织的内涵。

关键词：蓝墨云班课；生态教学要素；优化教学要求；自主学习方略

蓝墨云班课人机交互平台，促成信息资源传递和共享集成与跨时空，信息表征和加工方式灵活与对应，师生双向互动延伸与契合，教和学扁平与连续，学习行为数据和分析动态与纪实，为扩展学生思维能力、培养创新意识、养成终身学习习惯、提升职业能力和岗位迁移能力，提供了技术支持，催生了高职教学的新形态。

1 回归本位的要素集合

基于课堂前测、目标解读、课堂学习、课堂合作、教学反馈、追问质疑、随机检测、课后指导的教学环节，以读懂学生为前提，从“关注知识”转向“关注学生”，有机组合逻辑化、系列化、协同化的教学过程。

1.1 职业化的学习情境

教师以职业理性感知，创设情趣化、生活化、工作化职场情景，让学生感性认识职业，认知职场环境，明白自我价值创造节点，并在学习情境中，甄别问题、搜集问题、解决问题，发现和建构职业知识体系，促成以境设问、由境生情、按境解惑、惑解而智。

1.2 集智慧大成的教师

作为教学活动组织者、引导者、合作者、协调者、管理者，改变教学地位差别，关注学生差异性，设计差异性要求，尊重差异性观点，分类差异性作业，实施差异性指导，进行差异性评价，多给予鼓励与启迪、倾听与指导、点拨与调整、称赞与激励，正向影响学生自信与学习积极性。

1.3 良好的学生投入

同层级学生投入由于行为、心理、认知、感悟、学校、专业、教师、教学内容、教学方法、实训场景、教学评价等不同而不同。为此，教学活动应将学生内化的个体品质予以外化表现，传递出认知、情感、动作的学习行为；表现出专注、持续、能动、自信、自律、认同、平和、乐观的学习态度；发展出团队协作、承受挫折、创新创造的意识。

1.4 典型工作任务的项目化教学内容

高职教育职业性、实践性、开放性特征，要求学生职业能力培养，必须落在物理与虚拟的职场情境，以行业、企业工作岗位的典型工作任务为项目教学内容，把工作节点的知识点串联在任务完成流程里，引导学生由自然人转变为职业人，再转变为社会人。

1.5 教学相长的教学形式

围绕课程教学目标和课堂教学目标，启发学生思维，思考问题产生原因、延续过程、解决的方案。另外，师生共同打碎传统理论体系，在职业情境问题连环推演中，实现“做”中思维，“做”中积累，延展教师教学的主导性与引导性及学生学习的主动性与有效性。

2 优化的教学要求

在学生知识与技能、过程与方法、情感与价值观三维目标协同发展时，通过学生思维、认知、知识、技能程度的数据判断，分析不了解到了解、不懂到懂、不会到会、少知到多知、不感兴趣到感兴趣的缘由，切入教与学的契合点。

2.1 恰当的课堂教学目标

设立体察知识生成经历，体验知识探究乐趣，感悟学习意义为课程教学目标，同时开展细分后层次化、个体化、阶段化课堂分目标，以推进学生认知、理解和感悟，领会情境意义，掌握探究式学习要领，自我确立解决职业情境问题的目的性与方向性。

2.2 情境问题的教学安排

共同创设不同层次情境问题，拓展理论与实践界沿，调整个体与群体间平衡，激发认知冲突，更迭职业知识与职业能力，触发学习目标附属内驱力，并在情境问题同向或反向拓展时，由浅入深，环环相扣，不断跃迁，引发学生思维连锁反应，实现心理量变与质变，行为与结果的自信。

2.3 改变学生的学习投入

依据学生投入内隐、系统、依附、发展、泛在的特征，让学生自我树立正确人生信念、社会核心价值观；学会观察、思维、探究的方法；增强问题、参与、竞争、创新的意识；培植个人兴趣、好奇心；健全积极、向上、乐观、自信、奉献的人格；形成积极、努力、持之以恒的学习心理状态。

2.4 互动双向的师生沟通

“提出问题—建立假设—搜集证据—得出结论—交流合作”的教学，要转化职业情境问题，更要强化职业情境主体意义。在“教”与“学”组织时，师生都从不同角度、方位、层面、背景展开互动，共同在“情”与“境”“问”与“题”连通中，达成默会性技术能力显性表达，创新意识激发和物化，专业知识向职业技能有效转化。

2.5 知行合一的教学过程

引发学生情感共振的教学，能转变其认知过程中思维、立场、信念，拓展理解与解决问题的视域，而在陈述性知识、程序性知识、策略性知识分类后，要强化学生分析、综合、抽象、概括、比较、归类的学习能力，给予学习满足感，发展认知、技能、情感、智慧和品质，促动学习的知行合一。

2.6 刚柔结合的教学管理

创建满足学生心理需要的自然、和谐的学习环境，确保学习自觉性、自律性和共管性的生成，整合教学节奏、课堂段落、情境结构、交往结构、课堂纪实，在尊重、关注、理解学生的情感、观点、意见中，矫正部分学生不良行为，促成学生对自己行为负责。

3 自主学习方略

在教学目标、教学内容、教学程序，教学方法、情境问题架构下，学生自主关联预设性目标与生成性目标；群体共性发展与个体差异发展；即时性发展与延时性发展，由学会转为会学。

3.1 制定学习目标

不简单确定认知性目标，也不抽象制定发展性目标，而在统整认知、情感态度和动作技能，转成认知不断提高和能力内化的需求，在有收获和可接受的同时，完成预期学习目标，并在经历课堂知识生成过程中，获得探究乐趣，延展职业必需的知识、素养和技能。

3.2 整合学习内容

教材中项目或任务仅仅是一个个静止知识节点。通过知识层面、知识结构、知识深度、职业行为的整编，结合职场情景、前后逻辑关系，自我挖掘知识多重价值，知识重点与难点，在线上线下混合学习的课前学习导入、问题形成与解决中，自主重构职业知识体系，领悟学习真谛。

3.3 构建逻辑学习程序

按照问题解决目标指引的认知性操作序列，落实学习内容场景和情景问题，使职业知识内在逻辑结构及初始状态转变为目的终止状态的操作，在认知冲突后，以联系类比，同化新知识；以旧引新，架设认知桥梁；以启发提问，激活探究兴趣，生成学习的意义。

3.4 开展碎片化学习

在随时随地的观察、思考中，建立表象，引导概括相应的知识关键特征及具体运用，采用讨论、角色扮演、讲解、小组竞赛等方法，最大程度强化对典型任务的反应和现象的感知，在主动参与、合作交流、体验发现时，自主去思考、质疑、辨析、释疑，有效处理好探究学习与有意义接受学习间的关系。

3.5 潜入学习情境

开放分析“情”“境”“问”“题”的构成原因、影响因素、需要借助的媒介，并将建构的职业知识置于其中，通过师生在线讨论，发表各自探究成果、探究方法、新的问题、新的场景，弥补或克服各自的片面性和局限性，在变化中求得职业成长。

3.6 扩展生生互动

在讨论区，个体或学习小组开放讨论知识，分析问题，经验体会；专题辩论区，批判性思维中确立解决问题方向与方案；参考区，借鉴理论知识、信息、媒介，把他人成功经验转化为自己经验；考核区，学习应达到的、可被测量的标准，通过前测与后测，自我分析差距原因，主动驾驭学习的过程。

“教”与“学”组织，不是一个例常性的过程表象，而是既要有丰富的知识含量，更要有真挚的情感体验，让学生在重构自己职业知识体系时，有所思、有所知、有所悟，在未来的职场上，会做人、会生存、会发展。

参考文献

[1] 林崇德，胡卫平. 思维型课堂教学的理论与实践 [J]. 北京师范大学学报，2010（1）.

[2] 赵晓霞. 夸美纽斯《大教学论》对语文教学实践的启示 [J]. 西北成人教育学报，2012（4）.

[3] 罗祖兵. 教育学问题教学：涵义、价值与操作 [J]. 高等教育研究，2010（3）.

蓝墨云班课在生物化学形成性评价中的应用①

孙厚良　江秀娟　熊　书　重庆三峡医药高等专科学校

摘　要： 蓝墨云班课移动教学平台是利用互联网开发的教学平台，极大地丰富和便利了线上线下的多模式教学，有助于生物化学形成性教学评价。通过蓝墨云班课移动教学平台的应用，取得了积极的教学效果。同时也存在明显的不足与困难，需要不断探索改进。

关键词： 蓝墨云班课；生物化学；教学

形成性评价即教学过程的评价，更能客观反映学生学习过程中知识的获取、技能的培养及职业素养的养成情况，符合人才培养的评价[1]。教师通过形成性的评价及时反馈、调整教学内容及方式，学生通过形成性评价随时反馈自己的不足并不断矫正完善，利于教学互长，提高教学质量。形成性评价弥补了传统终结性评价的不足[2]，适合培养应用技术型人才的评价，尤其适合高职高专学生。相比而言，高职高专学生基础知识较差、学习能力较弱、主动自律性较差，形成性评价注重过程的监管，对其知识、技能的提升具有很强的推进作用。

形成性评价内容、评价方式、评价手段等尚处于探索阶段，移动教学平台在教学中也被广泛使用[3–4]，蓝墨云班课因为强大的网络互动教学及免费开放于师生被各大院校广泛应用。本课程组在生物化学学习评价中借助了蓝魔云班课移动教学平台进行形成性评价的探索实践。

1　移动教学平台在形成性评价中的应用

形成性评价的目的是帮助更好地培养学生及检验学生，所以它有动态性、双向性、综合性、可监控等特性。那就需要教师全方位地把控和监管，因此我们使用了“线上线下”的形成性评价手段，即“课堂+网络”。网络上我们借助某技术公司开发的面向广泛师生免费使用的蓝墨云班课移动教学平台。首先，可以利用蓝墨云班课移动教学平台创设多样评价项目，学生自主学习、完成项目任务。它不仅丰富了教学手段，也清晰地记录了学生学习成长过程及学习阶段性效果，这些都是形成性评价最好的素材来源。同时，教师可以轻松掌握学生动态的学习过程，也能双向反馈教学互长。其次，教师将课堂评价汇总至蓝墨云班课移动教学平台，以便每个学生各项评价指标统计总结。最后，教师根据学生成长轨迹进行综合评分。

① 基金项目：重庆市高等教育教学改革研究项目：生物化学主题教学法的探究与实践（143182）；重庆三峡医药高等专科学校教育科学研究立项课题：移动环境下即时互动教学新模式——蓝墨云班课在基础医学课程教学中的应用研究（2016xjz05）。

1.1 诊断性评价

使用蓝墨云班课进行问卷调查对学生学习动机、情感和态度等方面进行学习前、学习中及学习后的了解，以便执行教学决策。诊断性评价作为学生信息的重要来源，既利于学生充分地认识自己的学习状况，也利于教师因材施教。

1.2 考勤评价

课前三分钟使用蓝墨云班课进行学生出勤签到，根据出勤情况，及时通报处理。最后教师根据考勤记录确定学生的出勤等级。

1.3 学生自主学习的评价

借助蓝墨云班课创设评价项目，发放教学资料、主题任务、小组活动、讨论交流、作业练习等，同时设置每个项目的分值，学生完成并提交，教师根据学生完成情况予以等级评价。

1.4 阶段性测试评价

借助蓝墨云班课进行阶段性的单元测试及期中测试，及时反馈学生的学习情况，并给予分数评价。

1.5 学生自评、互评

学生根据自身学习情况对自己进行评价，同学之间对其成长过程互相评价，利于学生更好地认识自我，并激发自身潜力。

移动教学平台在形成性评价中的应用过程如图 1 所示。

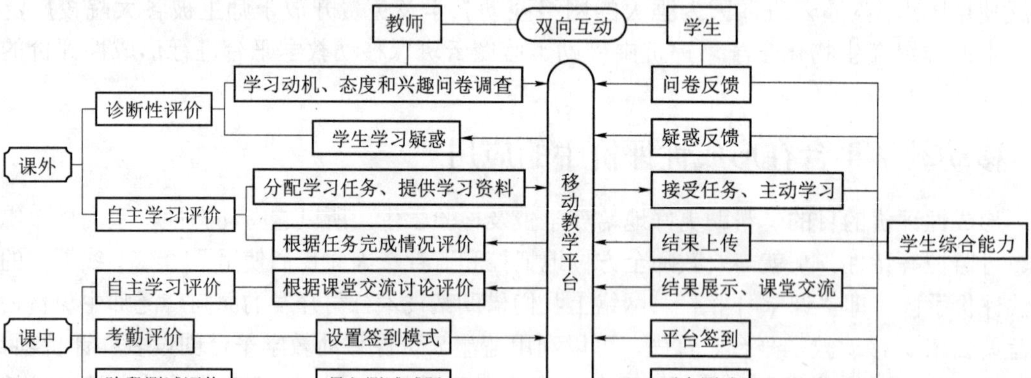

图 1 移动教学平台在形成性评价中的应用过程

2 应用效果

课程组在 2015 级临床医学专业中随机抽出 1 个实验班和 1 个对照班。两班学生在年龄、性别、前期基础课程平均成绩上无统计学差异（$P>0.05$）。实验班按照形成性评价加终结性评价结合方式教学与评价，对照班则还是传统终结性评价模式。实验班与对照班均由同一名教师授课。课程结束后知识性评价（理论考试）两个班统一使用相同试卷同一时间考试，技能评价（实验操作）亦考核相同项目。为客观反映在移动教学平台对学生的学习效果，学生的学习技能、团队协作、社会交流、信息搜索、整理分析、发现并解决问题能力、职业素养等综合素质评价通过对学生的问卷调查得出。每个指标分别有优、良、合格和差四个评价，分别计 4、3、2、1 分，各指标得分之和即为总分，分数越高，即说明学生综合素质越好。

2.1 理论及技能成绩

实验组学生理论考试及实验成绩均值明显优于对照组，差异有统计学意义（如图 2 所示，*指 $P<0.05$ 实验班与对照班比较）。

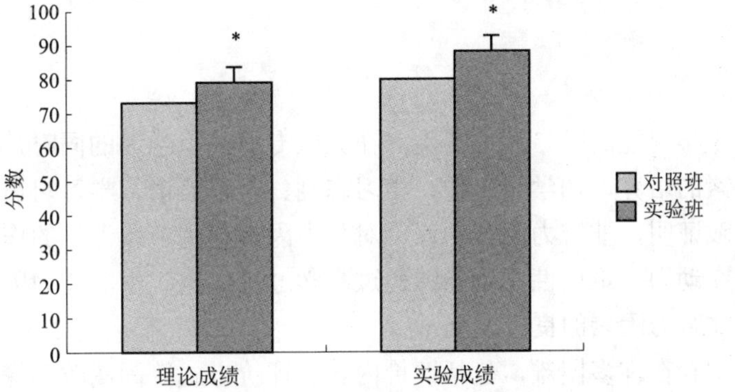

图 2　实验班与对照班学生成绩比较

各分值段比较，实验班主要集中在 70～89 分，而对照班则为 60～79 分（见图 3）。

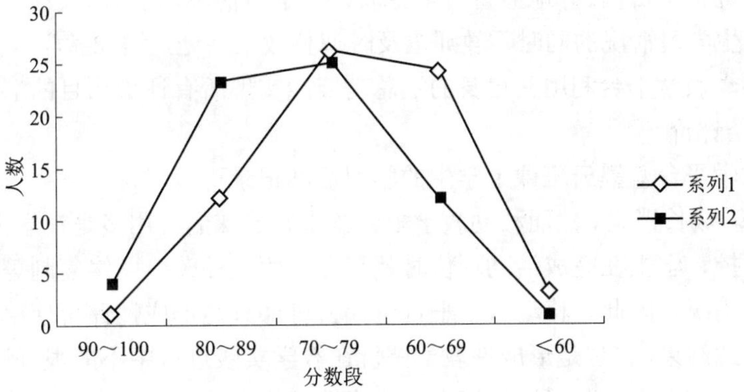

图 3　实验班与对照班各分数段成绩分布

2.2 学生综合素质评价

图 4 表明，实验班与对照班比较，形成性评价有助于学生综合能力的提升（*指 $P<0.05$ 实验班与对照班比较）。

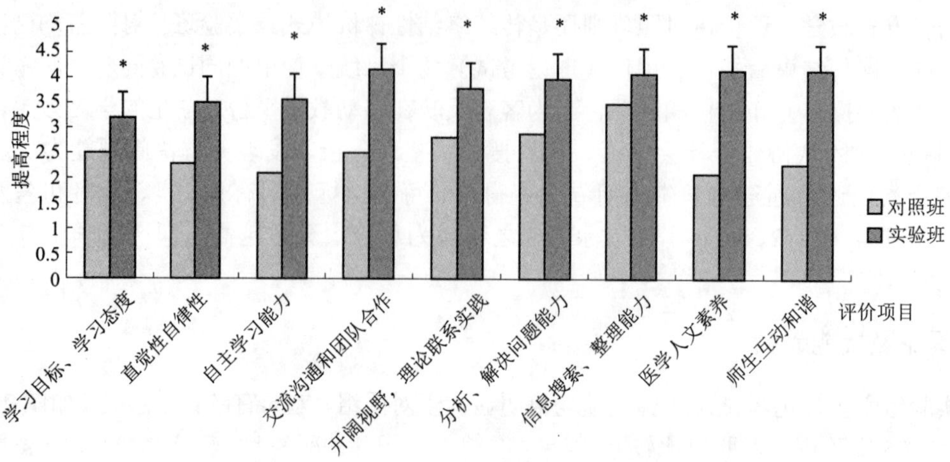

图 4　实验班与对照班学生综合素质比较

3　讨论

高职高专学生学习能力及自律性不足，在完成专业知识学习的同时，还需要同时促进其多方面非智力因素的培养，如学习兴趣、学习态度、学习热情、学习习惯及医学人文、职业素养等。教学实践证明，非智力因素的评价对智力因素起调节和催化的作用，也是促进学生可持续发展的内在动力。形成性评价能够通过教学过程促进学生非智力因素的培养，并促进学生学习智力和非智力因素的良性发展[5]。

形成性评价却存在许多困难，包括评价内容、评价方式等尚属改革探索阶段。移动教学平台可以从手段上进行形成性评价的实施和汇总，这对尚未搭建统一网络学习和评价平台的学校来说也是个非常不错的选择。移动教学平台蓝墨云班课在形成性评价中明显的优势在于：① 完全免费；② 增加了教学手段，促进了学生综合素质的培养；③ 便利性，教师终端即可监控全班同学的评价项目，较好地监督着学生非课堂学习情况，利于形成性评价的实施；④ 教学互长，评价学生学习情况的同时，教师也及时调整教学措施，增加教学互动与因材施教[6]；⑤ 统计总结，移动教学平台利用其自身的汇总功能能实现所有评价项目的汇总，方便教师“课堂+网络”的总结评价。

借助移动教学平台蓝墨云班课上学生的学习活动记录可以对每个学生进行很好的归纳总结，如同学生学习成长档案。然而移动教学平台蓝墨云班课的使用多是在学生课外时间进行，缺乏面对面的监控，学生在完成活动评价时就存在造假、抄袭、网络复制等不能完全反应学生最真实的学习情况。因此，移动教学平台蓝墨云班课只是形成性评价使用的一种手段，并不能完全取信于此结果，这也是形成性教学评价在教学实践过程中不能很好评判的原因之一。所以，在借助移动教学平台蓝墨云班课进行形成性评价中还应不断完善。首先，把它当作学生学习成长记录档案，记载学生学期学习、实习学习、执考复习的记录，分析与学生执考过关、就业前景等的相关性。其次，重要权重的形成性评价项目，教师应予以课堂验证或是课堂实施，比如教师安排课堂任务，根据学生的综合表现给予本次学习任务的总评价，而不是单纯根据学生网络提交结果评价；利用课堂一定时间进行测试，杜绝抄袭挣分行为，客观评价学生阶段性学习结果。

参考文献

[1] 段春燕，张春燕，杨烨，等. 形成性考试制度在医学生物化学教学中的实践［J］. 现代预防医学，2014，41（3）：576–577.

[2] 冯辉，祁赞梅，曹雅明. 形成性评价在医学免疫学教学中的应用［J］. 基础医学与临床，2016，36（8）：1172–1175.

[3] 郭文涛，温雯静，李林珂，等. 基于微信公众平台的医学微生物学微型移动课程资源的建设与实践［J］. 微生物学通报，2016，43（4）：769–774.

[4] 高颖. 借助移动教学平台对《护理学基本技术》进行翻转教学的研究［J］. 护理学报，2016，23（8）：13–16.

[5] 陈银杏，曾青云. 多元智能理论与高职教育教学改革［J］. 中国成人教育，2015（13）：144–148.

[6] 李欣. 试论移动智能教育平台在远程教育中的应用［J］. 继续教育研究，2016（1）：91–93.

基于蓝墨云班课的“ERP沙盘实训”课程教学改革研究与实践[①]

赵　砚　浙江工业职业技术学院

摘　要：本成果将创新创业理论和协同育人理论应用于经管类专业人才培养实践，依托创建的沙盘学会、沙盘云班课和沙盘微信公众号三大教学平台，将专业能力、创新能力、创业能力培养分阶段循序渐进地融入三个课堂的教学中，构建了“三课堂联动、三能力融合、分层递进”的课程教学体系，首创了“四步多元”混合式教学模式，引入了“互联网+”时代信息化教学手段，创新了ERP沙盘课程教学。成果在省内外20余所中高职院校得到推广和应用。

关键词：ERP沙盘；三能力、三课堂、三平台；创新课堂教学

1　教学改革的背景

1.1　时代发展的必然要求

国务院《关于深化高等学校创新创业教育改革的实施意见》提出，要根据人才培养定位和创新创业教育目标要求，促进专业教育与创新创业教育有机融合，在传授专业知识过程中加强创新创业教育。教育部原部长袁贵仁在2015年6月举行的高等学校创新创业教育改革视频会议上表示：要努力实现创新创业教育与专业教育由“两张皮”向有机融合的转变。

随着网络技术的不断发展，社会信息环境促使高等院校教科研的交流方式和手段都发生了变化。国务院总理李克强在2015年的《政府工作报告》中将“互联网+”上升到了国家战略层面。高等院校根据自身教学的特点和需求，采用先进的信息技术和数字内容与服务来建立高校信息化资源库，从而提高教学质量，提升教育服务水平，成为学校内涵建设与教学改革的首要任务。

1.2　课程教学的客观需要

“ERP沙盘实训”课程在教学过程中主要存在以下问题：一是课时严重不够。仅仅是一周26课时的实训，老师需要讲授的内容太多，学生动手练习的时间太少。二是教学方法单一。目前采用的教学方法还是传统的“满堂灌”，老师讲的累，学生听的也很累。三是课程资源偏少。学生除了在课堂上学习之外，没有其他的学习途径，学生自主学习的机会以及相关学习

① 基金项目：本文系2016年度绍兴市高等教育教学改革重点课题“基于一、二、三课堂联动的创新实践平台构建及保障机制研究”的阶段性研究成果。

资源缺乏。四是理论脱离实践。该门课程仅仅培养了学生创新创业的思维，而没有推动创新创业实践。

2 教学改革的主要内容

基于以上背景，我们在“ERP 沙盘实训”课程的教学过程中，做了以下 5 个方面的改革。

2.1 建立了“三课堂联动”的课程教学体系（图 1）

第一课堂（传统课堂）主要面向大学一年级学生，通过微课、翻转课堂、蓝墨云班课等课堂教学创新，培养学生营销、运营、财务等专业知识和专业能力；特别优秀的学生将在大学二年级时被选拔进入第二课堂（沙盘学会），通过竞赛项目、学会活动、微信平台等学生自主管理和实体运作，培养学生自主学习、团队协作、分析及解决问题等创新思维和创新能力；拔尖的学生将在大学三年级的时候被推荐进入第三课堂（实战中心），通过代理记账、承接企业业务、自主创业等真实项目，培养学生经营、管理、领导及决策等创业知识和创业能力。第一课堂为第二、第三课堂奠定坚实的基础，第二、第三课堂反过来又服务于第一课堂教学，学生通过三年的学习，三种能力最终融合为一种综合能力和职业素养，从而形成了“三课堂联动、三能力融合、分层递进”的 ERP 沙盘课程教学体系。

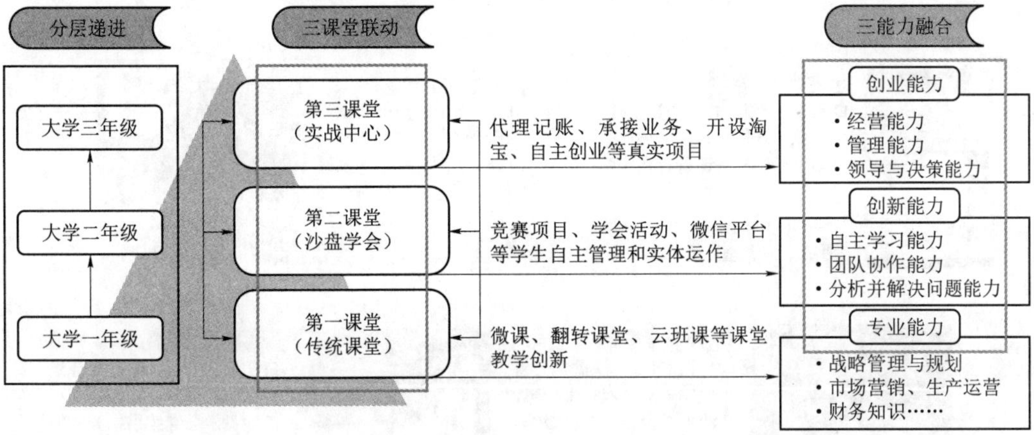

图 1 “ERP 沙盘实训”课程教学体系

2.2 打造了“虚实结合”的三大教学平台（图 2）

打造了 ERP 沙盘学会、ERP 沙盘云班课和 ERP 沙盘微信公众号三大教学平台，通过实体组织和网络平台，实现课内课外、线上线下一体式教学和学习，为学生提供更多的学习资源和学习机会。

2.3 实施了“四步多元”的混合式教学模式（图 3）

第一步：实训前 2 周，教师将教学资源上传至蓝墨云班课并创建教学活动，学生通过蓝墨云班课进行在线学习，并完成教学活动；第二步：实训前 1 周，沙盘学会将实训班级划分成若干小组，沙盘学会与实训班级结对，进行线下辅导；第三步：实训中，教师组织学生进行人机对抗，学生在对抗中遇到问题，教师进行针对指导；第四步：实训结束后，沙盘学会组织班级对抗赛，对抗成绩计入实训成绩；沙盘学会还将继续组织竞赛辅导、校赛、网赛等活动。通过实施“四步多元”的混合式教学模式，教学内容被前置后移，课内课外、线上线下有机结合，最终实现课程教学和学生学习的可持续性。

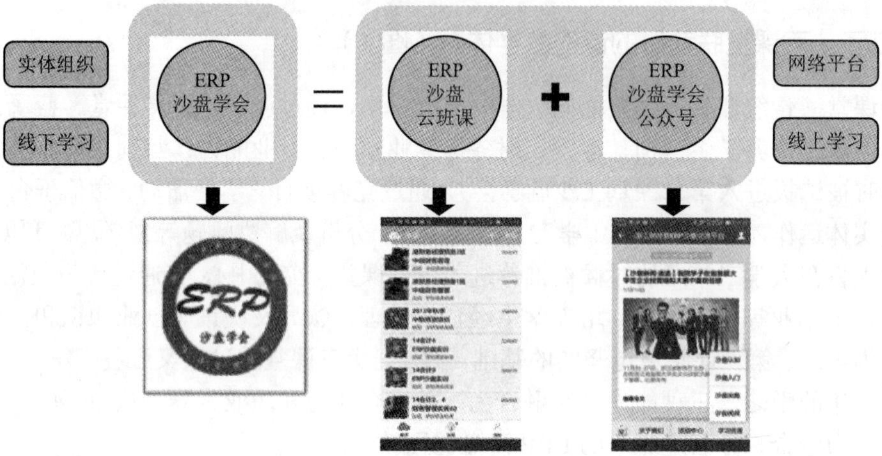

图 2 “虚实结合”的三大教学平台

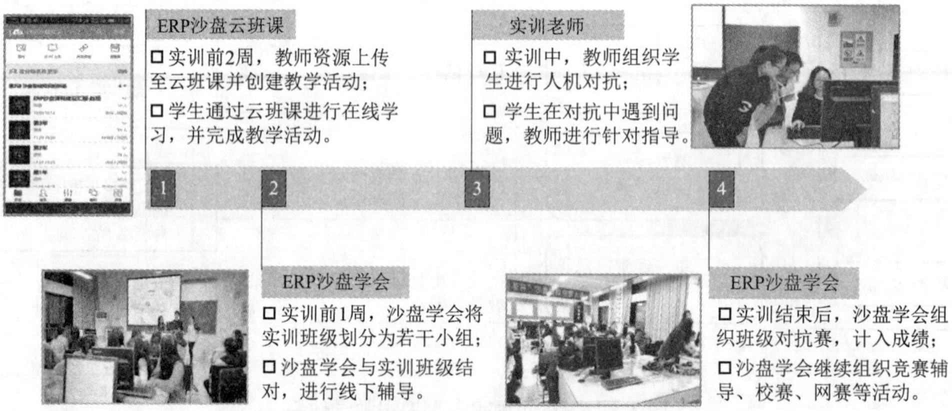

图 3 “四步多元”的混合式教学模式

2.4 采用了“多元化+智能化”的课程考核方法（图 4）

首先，教师通过蓝墨云班课创建教学活动；其次，蓝墨云班课记录学生学习过程，并自动给分；第三步，教师通过后台下载原始数据，自动导入事先设计好的 Excel 模板，生成实训成绩表；最后，对模板中 7 个维度成绩进一步整合，自动转换成教务版成绩表，上传教务系统。课程考核由过去的从实训成果和实训表现 2 个维度转变为从日常出勤、参与活动、总结汇报、实训报告和 3 次实训对抗成绩 7 个维度进行考核，考核内容多元化，考核由注重结果向注重过程转变，考核结果更客观、更公平；考核手段也由过去的手工评价向移动智能转变，通过蓝墨云班课和 Excel 将学生学习的过程记录下来并自动转化为课程成绩表，直接上传教务系统，课程考核更便捷、高效。

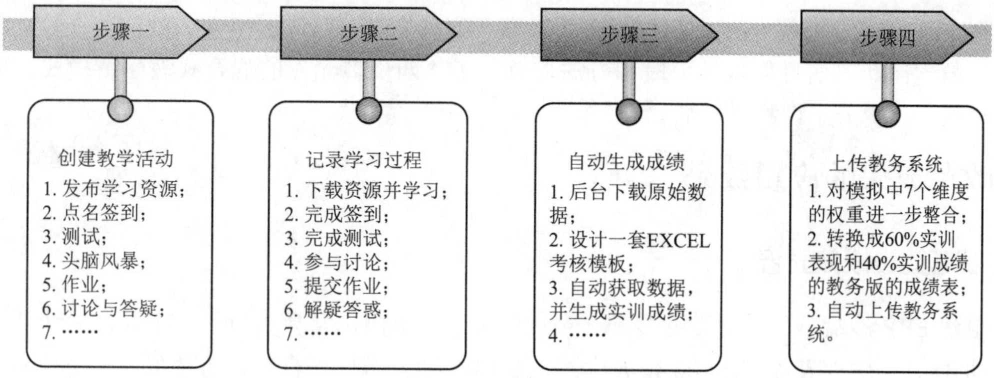

图 4 “多元化+智能化”的课程考核方法

2.5 推行了“大数据+课程”的教学诊断手段

借助蓝墨云班课，采集课程教学“大数据”，进行课程教学诊断，形成辅助教学的诊断报告（图 5），即教师教学分析报告和学生学习分析报告，让课堂教学诊断贯穿整个教学过程，从而帮助教师进行教学分析和教学改革。

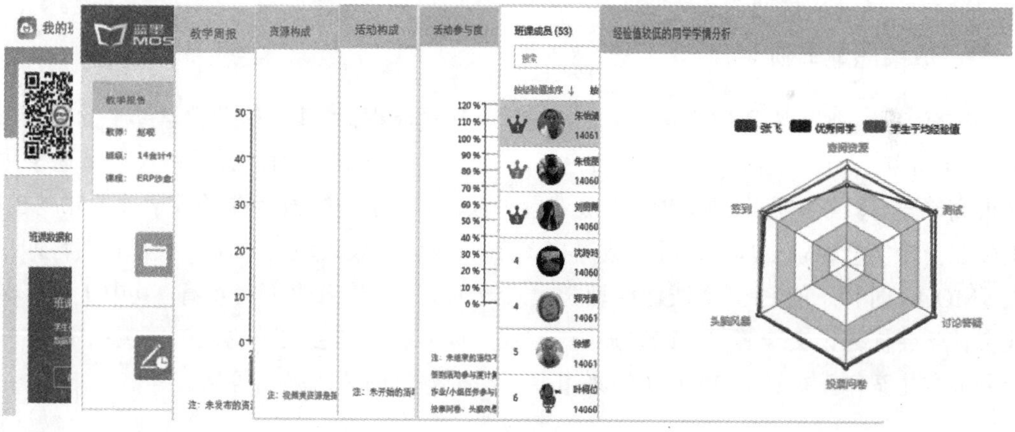

图 5 课程教学诊断报告

3 教学改革的创新之处

3.1 形成了“三能力、三课堂、三平台”协同育人机制，实现了全方位全过程育人

将协同育人理论应用于经管类专业人才培养平台建设中，借助沙盘学会、沙盘云班课、沙盘公众号三大教学平台，将专业能力、创新能力、创业能力培养分阶段循序渐进地融入第一、第二、第三课堂的教学和实践中，多层次、递进式地使学生在三个课堂的不断学习中有效提升其专业核心能力、创新创业能力和职业素养，三课堂联动，实现全方位全过程育人。

3.2 引入了“互联网+”时代信息化教学手段，创新了沙盘课程教学

在 ERP 沙盘课程教学中，我们引入了微课、翻转课堂、蓝墨云班课、微信公众号、智能考核、教学诊断等信息化教学手段和方法，首创了“四步多元”的混合式教学新模式，创新了课堂教学，提升了课程教学质量。

4 改革成果的应用效果

4.1 课程建设成效显著

组建 ERP 沙盘学会，下设竞赛部、宣传部等 6 个部门，学会成员达 151 人，累计开展学会活动 35 次，培训人数达 1 000 余人次；开设 ERP 沙盘微信平台，累计发布教学资源和信息 68 篇，微信平台关注量达到 600 余人；创建沙盘云班课，上传课程标准 1 个、电子教材 1 本、教案 5 个、微课资源 17 个、课件 5 个、其他配套资源 7 个，开展教学活动 10 次，在线学习人数达 1 500 余人；出版“十二五”规划教材《ERP 沙盘实训教材》1 本；学会成员连续三年（2014—2016）获绍兴市大学生 ERP 沙盘模拟经营大赛高职组一等奖和二等奖（高职组第一）；学会成员在 2016 年浙江省首届大学生企业经营沙盘模拟竞赛中获一等奖 1 项、二等奖 1 项（高职组第一）；学会成员在 2015 年浙江省首届“互联网+”大学生创新创业大赛中获铜奖 1 项；学会成员在 2015 年浙江省大学生电子商务技能大赛中获三等奖 1 项。

4.2 教改成果日渐丰硕

“ERP 沙盘实训”课程连续两年获评分院优秀建设课程；“基于移动教学助手的云班课”获学校 5E 示范课堂立项；课程组主持省教育厅重大人文课题 1 项、省教科规划课题 1 项、绍兴市高等教育教学重点课题 1 项、一般课题 1 项，绍兴市高等教育课堂教学改革课题 2 项、中国商业会计学会课题 2 项；课程组成员在《教育》《西北成人教育学院学报》等教育期刊上发表《MOOC 时代下的 ERP 实践课程教学模式改革探析》等教改论文 4 篇，其中 1 篇获中国商业会计学会优秀论文一等奖、1 篇获中国职业与成人教育学会优秀论文二等奖；“ERP 沙盘学会专业文化案例”被评为 2016 年绍兴市普通高校德育创新成果二等奖。

4.3 社会影响日益广泛

课程组组织全校性示范课程教学创新交流 1 次，并在省首批数字校园示范校建设检查中组织示范公开课 1 次，受到专家组的充分肯定；近三年来，绍兴市职教中心、绍兴中专、富阳学院等 10 余所兄弟院校来校交流和学习，成果被相关院校采用；依托绍兴市公共实训基地，课程组承接了龙泉中专、富阳学院等 5 所中职院校的沙盘技能培训，培训人数达 60 余人，创收 20 余万元；同时，连续三年成功举办了 6 期浙江省中职师资和中小学师资培训项目，培训人数达 80 余人，创收 30 余万元；课程组连续三年承办了绍兴市中等职业学校沙盘竞赛暨省赛选拔赛等，组织工作井然有序，受到参赛学校的一致好评；学校校报、官微、官网和绍兴市“天天商报”等网站、媒体对本成果的人才培养、课程建设等进行了报道，成果的校内外应用受到了省内外中高职院校和社会的认可。

参考文献

[1] 李剑飞. ERP 沙盘模拟经营实训课程改革探讨 [J]. 财经界（学术版），2016（3）.

[2] 戴振华. 高职院校经管类专业的实践教学改革研究——以 ERP 沙盘课程实践教学为例 [J]. 科技经济市场，2016（4）.

[3] 胡竟男. 高职院校经管类专业的实践教学改革研究——ERP 沙盘课程实践教学改革研究 [J]. 中国管理信息化，2014（10）.

基于云平台的学生学习行为研究

李 静 延安职业技术学院

摘 要：本文以延安职业技术学院云教学平台的学生学习日志数据为基础，摒弃传统的采用调查问卷获取学生学习数据方法，采用大量的、精准的数据，定性定量地统计学生的学习数据，分析学生的学习动机，探索基于网络的学生学习心理，为教师开展网络教学、制作满足学生需求的课程资源和学生考核管理办法等提供数据和理论支持。

关键词：云教学；学习行为；数据分析

1 研究背景

随着云计算技术的蓬勃发展与应用，"云教育"从概念的提出到实践，已经成为现代教育技术革新和发展的主要方向，很多教育者认为它将是未来高校的主导教育模式。教师在云教学平台上发布课程及各类教学资源，制定学生、成绩和考核管理方法，学生在平台内通过自主学习、团队讨论、小组帮扶等多种方式参与课程。延安职业技术学院于 2016 年推广使用蓝墨云班课的云教学平台。本文基于该平台积累的大量学习数据，选取其中一门课程，采集两个月的学生学习日志数据，以 1 026 人为研究对象，筛选出近万条日志数据，采用大数据分析方法，定性定量地分析研究学生的网络学习数据，避免传统调查问卷数据量少、数据不准确的弊端，使得本研究能更精确反映学生的学习习惯。

2 学习行为习惯分析

学习行为指为获得某种学习结果，而在某种动机引导下，学习者所进行的活动总和。学习行为习惯分析，是指通过研究各种现象、因素或指标，探究学生在学习过程中的学习动机、行为趋势、学习方法、学习规律。通过分析学生的学习习惯，来指导教师的日常教学安排和管理，引导和培养学生学习的主动性和自发性。

2.1 学习时间趋势分析

基于云平台的学习是典型的自主学习过程，学生可自主安排的时间较多。通过分析学生的学习时间趋势，把握学生的学习时间规律，有助于教师安排在网上的答疑、辅导时间。

图 1 为一天常规时间段内，学生在云教学平台上的浏览人数。从统计图中看，学生参与云平台学习的高峰集中在以下时段：16 点到 18 点，18 点到 20 点。一般情况下，这两个时间段内学生无课，而同时云教学平台上学习人数居高，这样的情形说明，基于云教学平台的学习，学生可以充分利用闲暇时间来学习，有助于培养学生的自我独立学习习惯。

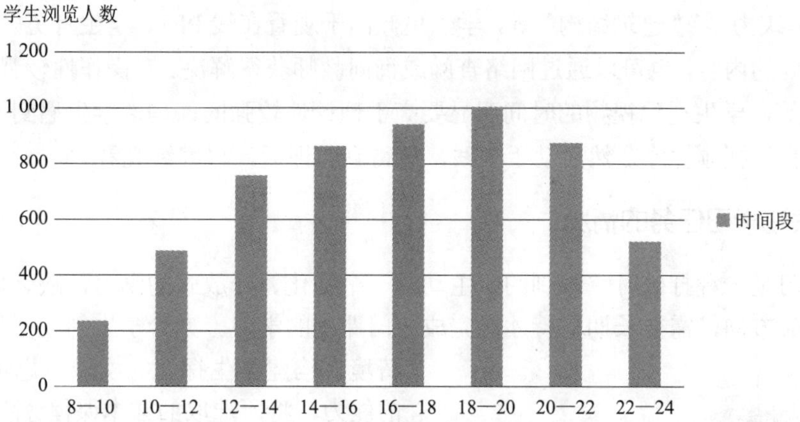

图 1　云平台上学生学习时间趋势图

2.2　按天分析学生参与度

图 2 反映了学生一周中每一天的学习参与度。从图中可以看出，星期一、二、四和星期天，是一周中学生参与度较高的，而周三由于下午无课，周五由于周末放假，学生已经无心学习。这一数据统计与分析，可指导教师安排课程的学习任务、面授时间等。

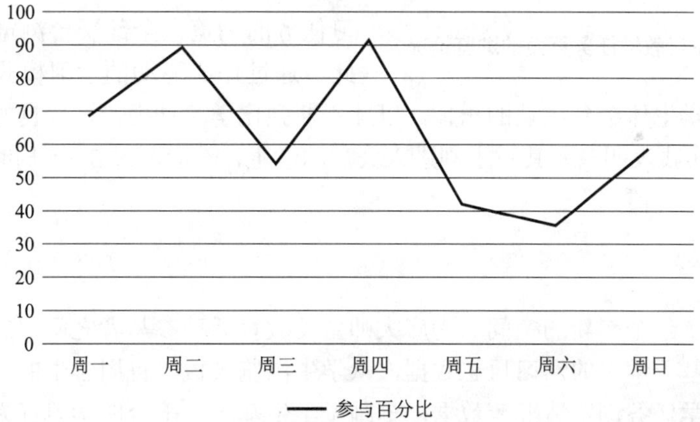

图 2　学生按星期参与云教学平台学习情况

2.3　教学资源使用情况

基于云平台的学习，是学生主动获取知识或技能的自主学习过程。对于不同资源的“浏览量”，反映了学生更倾向于以何种形式学习教学资源。本课程中提供的资源包括视频、PPT、参考文档、其他网络学习资源等。图 3 为云平台上学生浏览各类教学资源的情况。分析结果表明，学生更倾向于直观的教学视频，占整个资源浏览量的 53.6%。另外，又经过数据分析与走访学生发现，对理论性较强的

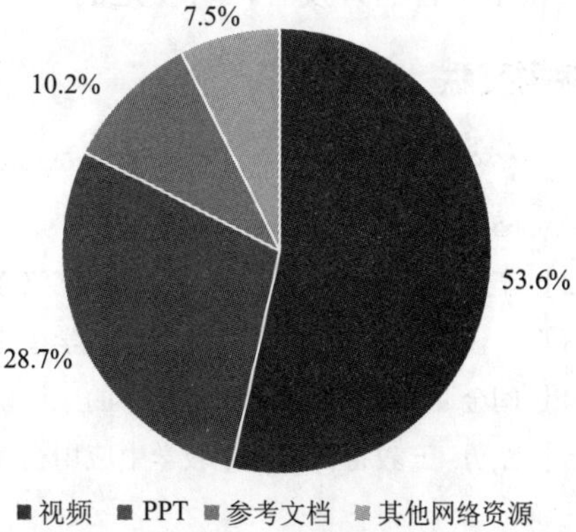

图 3　云平台上学生对各类教学资源使用情况

课程，如“建筑力学”“建筑结构”等，学生更倾向于观看在线PPT，学生有更多的时间思考，而遇到有疑问的内容，也可以通过网络查阅或询问教师获得解决。对操作性较强的课程内容，如“CAD”等，学生观看视频的时间明显要高于理论性较强的课程，学生遇到不熟悉的操作内容，一般会让视频暂停，然后动手实践，待得到验证后，再继续观看。

2.4 学生关注学习任务的情况

网络学习是一种打破时空限制的、主动的、个性化、开放式的学习，缺乏目标的学习，学生容易迷失方向，需要长期坚持才能完成一门课程的学习。为给学生创设体验实践问题的情境，构建学生探究、实践、思考、解决问题的能力，将所选取的样本课程分阶段设立了16个学习任务，包括本阶段的学习任务、实践要求、练习内容等。并且教师明确了作业或测验需要达到的目标，规定了学生提交作业或在线测试的截止时间。学生完成学习任务后，教师会在第一时间给予评分，以此来检验与反馈学生的学习效果。图4为云平台上学生对教学任务页面的浏览情况。经过统计发现，学生对学习任务的浏览占全部平台浏览量的31.2%。因此，通过任务驱动的学习模式，使学生完成各阶段的任务，让学生体会到成功的乐趣，以此不断强化学习动力，形成良好的自主学习的习惯。另外，通过实践表明，尤其对于刚进入大学的学生，一般通过3～5周时间，即可养成从云平台学习课程的习惯。

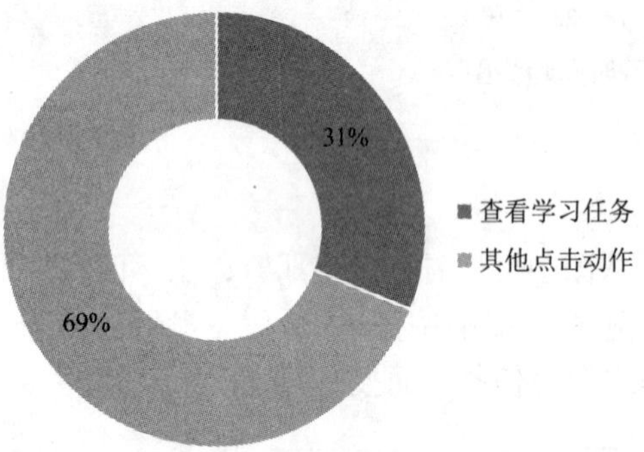

图4 云平台上学生对教学任务页面的浏览情况

3 小结

云教育开拓了一个崭新的空间，为广大师生及教育活动参与者之间信息共享创造了一个新的环境。本文基于学生的学习日志数据，从学生浏览人数、每周学生的参与度、教学资源使用情况以及教学任务浏览情况等数据，刻画了学生基于云平台的学习行为与学习习惯，用数据描述了各因素与学生学习的相关性，对于教师开展基于云平台的教学和学生管理，以及云教学平台的开发者，有一定的指导意义。

参考文献

[1] 杨金来，张翼翔，丁荣涛. 基于网络学习平台的网络学习行为监控研究［J］. 计算机教育，2008（11）：65–68.
[2] 李盛聪. 学习方式：成人学习在网络教育中转轨［J］. 现代远程教育研究，2006（2）：15–19.
[3] 李孟曦. 云教育平台下的高校教学模式探索［J］. 宿州教育学院学报，2014（10）：70–71.
[4] 闫金迎. 云教育在高职院校中的应用研究［J］. 计算机教学，2014（15）：59–60.
[5] 欧勇. 云教育在信息化教学中应用初探［J］. 计算机教学，2014（15）：59–60.

蓝墨云班课平台在中职“混合式教学”中的应用及感悟

邓清亮　杨梅珍　李志刚　新乡市职业教育中心

摘　要：近年来，随着信息技术和移动互联网的日益普及，随之中职教学模式也迎来了新的挑战。结合中职学生特点，本论文将蓝墨云班课平台与混合式教学融为一体，探讨这一教学方式在中职教学中的应用，并总结出应用感悟。

关键词：蓝墨云班课；混合式教学；中职

近年来，随着信息技术和移动互联网的日益普及，各类学校各种教学模式不断涌现。中职教育教学模式也迎来了新的挑战。中职学生来自文化基础和学习习惯较弱的初中毕业生，没有较好的学习方法，心理空虚，不清楚自己的人生目标和动力何在。每天只是无意识地拿着智能手机玩游戏、看视频、聊天、听音乐，和学习联系不大。若想调动中职生的学习积极性和提高课堂效率，依靠制度，禁止手机在课堂上的出现，这种做法是不科学的，也不符合学生自身特点。为此，本人将蓝墨云班课平台和混合式教学融为一体，探讨这一教学方式在中职教学中的应用，并总结出应用感悟，供大家探讨。

1　混合式教学

混合式教学是面对面课堂学习和在线学习两种方式的结合，是线上与线下的混合教学，是传统教学与网络化教学优势互补的一种教学模式，为学生提供个性化的学习环境，激发其学习兴趣，培养学习者自信，提升学生自主学习能力，提高学习效率，促进师生交流，实现特定的教学目标和理想的教学效果。

2　蓝墨云班课平台

蓝墨云班课平台是在移动网络环境下，利用移动智能设备开展课堂内外即时反馈互动教学的云服务平台。平台以教师在云端创建的班群和班课空间为基础，为学生提供移动设备上的课程订阅、消息推送、作业、课件、视频和资料服务。

蓝墨云班课平台主要包括资源、成员、活动、通知和详情五大模块。资源包括上传的各种学习素材（教案、课件、视频等）；成员模块可以实现课堂签到、了解成员学习班课资源的进度和所获取的经验值；活动包括测试、答疑/讨论、头脑风暴以及投票/问卷等；通知模块可以及时发布课程信息。详情包含班课邀请码、学习要求、学习进度、考试安排等；该平台在手机上操作简便、师生使用免费，不受时间、地点限制，因而在师生中得到广泛应用。

3 蓝墨云班课平台在中职“混合式教学”中的应用

本次实践研究以新乡市职业教育中心电商专业教学为例进行。蓝墨云班课平台的运用必须有智能手机和大范围无线网络覆盖的支持，新乡市职业教育中心学校具有研究的条件和环境，学生人手一部智能手机达到100%，这也充分证实此研究的可行性。

论文通过“混合式教学”方式，运用蓝墨云班课平台从课前、课中、课后三个阶段进行教学设计和实施，总结蓝墨云班课平台的运用重点和使用感悟。

3.1 从教师方面出发

设计思路要在分析学生的基础上，根据教学目标和教学重难点而设计出教学思路以及课堂实施办法，结合“混合式教学”模式和蓝墨云班课平台设计教学思路。

3.1.1 课程教学内容和时间安排

进行课程教学之前，分析学生特点和教学内容，制定具体的教学方案和时间，本环节将传统的教材分析和蓝墨云班课平台结合，该平台既为设计提供方便，又为调动学生学习积极性提供平台环境。在此，以“微信 微店”课程为例，蓝墨云班课平台上的教学详情如图 1 所示。

3.1.2 课前教学思路（线上、线下同步）

教师根据本节课教学内容，上传教学文件或视频资料，以备课堂教学引出本节课教学重难点内容，如图 2 所示。

（1）教师设计引导“教学内容”的问题（由易到难的顺序）如图 3 所示。

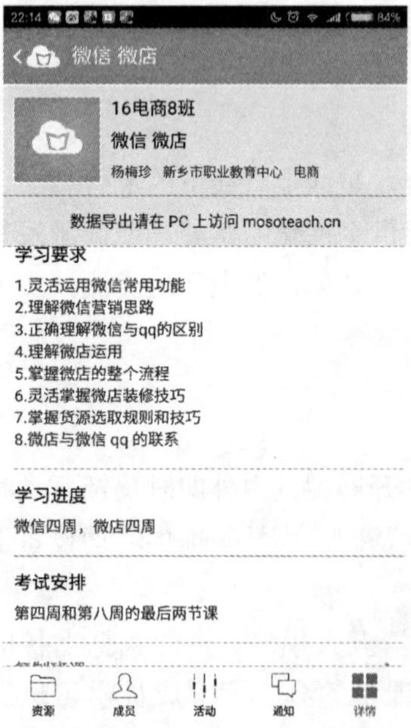

图 1

图 2

图 3

（2）根据教学过程中的“问题”特点，计划课堂上选择蓝墨云班课平台的不同活动方式（作业/小组任务、答疑/讨论、摇一摇等）进行教学，延长学生注意力时间，提高学生学习兴趣，如图4、图5、图6所示。

图 4

图 5

图 6

（3）课前教师根据课堂教学重难点，设计教学测试，考核学生知识点掌握情况。

（4）结合新乡市职业教育中心实行的学分制管理，将蓝墨云班课平台中的活动经验值与学分制建立联系，有助教师管理课堂组织和学分统计，同时也调动学生学习积极性和目的性。

（5）平行班教学，无须重设班级，仅需复制班课。

3.2 从学生的角度出发

课堂学习积极性和学习效率是重点，本论文从课堂实施的过程设计体现学生学习积极性和学习效率。具体方案和研究效果如下：

3.2.1 课堂实施过程

（1）蓝墨云班课签到将学生注意力集中起来（设迟到和请假）。

（2）观看视频，使用“摇一摇”功能讨论分析视频内容，引入新课。

（3）讨论过程中板书逐步罗列教学重点、难点。

（4）课堂教学结合学生日常分组进行线上讨论，进而完成项目任务。蓝墨云班课平台的“答疑/讨论”为学生添加互动环节，及时将学生注意力引入课堂。

在此实操中，手机、一体机同屏显示，大家随时看到屏幕上的操作内容，增加学生在课堂上的兴趣感和参与感。40人的班级学生参与度如图7所示，充分体现学生课堂学习积极性。

（5）教学过程以循序渐进的探究为主，课堂考核通过蓝墨云班课平台的“测试”功能进行，测试学生课堂掌握情况。鉴于中职学生特点，利用碎片时间进行评价和总结不适合中职生。建议此环节教师在课堂上进行，为下节课内容做具体调整，进而计划下节课教学内容和思路。

（6）课堂最终应归还给学生，让学生去讨论和评价本节课表现较好的小组和个人，并给予增加经验值的奖励。此环节可以放于课下进行。

3.2.2 教学评价与考核

教学评价和考核方案，依据知识重难点和教学要求基于蓝墨云班课平台进行。学生成绩和学分参考蓝墨云班课平台中的经验值，如图 8 所示。学生对学习情况通过此平台可以一目了然，起到时刻督促中职学生的学习、达到有效的课堂教学目的，为国家和企业培养符合社会需求的实用性人才。

图 7

图 8

4 蓝墨云班课使用感悟

运用蓝墨云班课平台进行线下的即时“混合式教学”模式教学，同样教学反思不可或缺，在此从蓝墨云班课和教学效果两方面总结几点感悟，供大家分享：

（1）运用蓝墨云班课平台进行即时线下课堂教学，是一种新型的“混合式教学”模式，适合在校教学过程使用。旨在改变教学思路、提高学生学习的积极主动性，吸引学生课堂注意力，进而提高课堂教学效果。

（2）教学方式要根据课程特点进行改变，频繁地使用一种教学方式，容易导致学生学习的麻木现象出现。因此，仅仅借助蓝墨云班课平台进行教学只能短暂地起到有效的教学效果，这不是调动学生学习积极性的永久方法。要想真正调动学生积极性和主动性，还需要了解学生特点的一线教师参与的“云教材”的开发，只有这样才能从根本上调动学生学习的积极性和主动性，同时也提高了教师的信息素养和专业素养。

（3）蓝墨云班课平台特点：根据上次教学思路方便下次教学过程改进，免去重新规划教学设计思路环节，节省备课时间。省去移动存储设备的资源存储，避免丢失。但课堂组织难以控制，为解决这一问题，在此研究过程中，我采取学生手机上架和下架措施，效果比较明显，但需要学生和教师的配合。

（4）蓝墨云班课平台适合于文化课和专业基础课的运用，实操性较强的专业课占用时间比率不高，相信这也是大家想要改革实操性较强的专业课教学效果的困惑所在，期盼蓝墨云班课平台给予我们大家更多的帮助。

由以上实践证明，教学效果比以往单一的线下或线上教学明显改观。在此感谢蓝墨云班课开发团队为一线师生提供此平台，同时也感谢校领导为本人提供研究的条件。

参考文献

［1］杨艳雯，王小根，陶鑫荣. 基于蓝墨云班课的混合式学习研究与设计［J］. 中国信息技术教育，2016（12）：106–109.

［2］王瑛. 基于蓝墨云班课的翻转课堂教学实践——以高职“信息检索”课程为例［J］. 中国信息技术教育，2017（1）：85–87.

［3］郝利娜. 基于蓝墨云班课平台的混合式教学模式在高职有机化学教学中的应用［J］. 职业，2016（14）：149–150.

［4］杨一翁，张欣瑞，尚会英. 微信与蓝墨云班课的应用——“互联网+”时代下的新型市场营销教学模式研究［J］. 中国集体经济，2017（1）：157–158.

［5］殷红梅，俞国红. 基于移动交互式数字教材的蓝墨云班课教学模式研究［J］. 电子商务，2016（12）：85–86.

［6］邱慈波. 混合教学模式在中职室内设计教学中的运用［J］. 课程教育研究：新教师教学，2016（14）.

［7］原凌燕. 基于互联网的教学模式改革——蓝墨云班课在《电工技术基础》教学中的应用［J］. 东方教育，2015（9）.

［8］周亦萍. 探析混合式学习在中职市场营销专业课教学中的实践［J］. 时代教育，2015（22）：166.

［9］左晓丽. 混合学习模式在中职校课堂教学中的应用研究——以语文教学中的多媒体应用为例［J］. 课外语文：下，2014（12）：110.

论移动互联网对高校思政课教学的挑战及其对策①

储水江　芜湖职业技术学院

摘　要：云教学是应对移动互联网对课堂教学严峻挑战的有效形式。在高校思政课运用云教学，可以把学生手中的手机变成学习的工具，主动占领互联网阵地，并能实现教学管理的大数据化和诊改的智能化，其利远大于弊。

关键词：高校思政课教学；挑战；云教学

1　移动互联网对高校思政课教育教学的挑战

1994 年中国终于获准加入互联网，并在同年 5 月完成全部中国联网工作。1995 年 5 月，张树新创立第一家互联网服务供应商——瀛海威，中国的普通百姓开始进入互联网，到 2007 年中国网民数量高达 2.285 亿，超过美国的 2.171 亿位居世界第一。2000 年前后，手机开始进入普通中国人的生活，并在短短几年内完成了从黑白屏、彩屏到智能手机的飞跃。智能手机的出现，使互联网与手机这两个原本互不关联的东西实现了“一体化”——手机成为移动终端，互联网则进入移动互联网时代。大概在 2010 年前后，随着大屏幕智能手机价格的迅速下降，越来越多的人成为移动互联网的用户，“移动互联网时代”似疾风骤雨“扑面而来”。据人民网研究院主编的《中国移动互联网发展报告（2014）》蓝皮书显示，截至 2014 年 1 月，我国移动互联网用户总数达 8.38 亿户，在移动电话用户中的渗透率达 67.8%；手机网民规模达 5 亿，占总网民数的八成多，手机保持第一大上网终端地位。我国移动互联网发展进入全民时代。今天，大学生无一不是移动互联网用户，这给高校的思想政治理论课教育教学带来了严峻的挑战：

（1）移动互联网时代的到来，使以前便已存在的学生沉迷于网络的问题更趋严重。在手机成为移动终端之前，互联网对教学的挑战主要表现为少数网瘾大的学生经常旷课去网吧。对此，除极个别者外，可通过加强思想教育和教学管理进行控制。在移动互联网时代，他们无须旷课，出勤率高了，但“抬头率”更低了，上课不看手机的“学霸”反而成了少见的“奇葩”。

（2）移动互联网使信息的传播更迅速，加之微博、QQ、微信、聊天室等即时聊天、交友工具的出现：一方面使学生接收信息更加便捷、更加芜杂，老师传统的“信息权威”形象不

① 基金项目：本文系教育部 2016 年度高校示范马克思主义学院和优秀教学科研团队建设项目“高职高专思想政治理论课建设评估研究（16JDSZK041）”、2016—2018 年安徽省高等教育振兴计划思想政治教育综合改革计划弘扬社会主义核心价值观名师工作室“基础课名师工作室（Szzgjh1-1-2016-28）”阶段性研究成果。

复存在；另一方面，虽然国家在不断加强对网络的管理，但对于思政课教学来说，泥沙俱下、鱼龙混杂的网络信息让我们常常产生“防不胜防”的无奈感。

2 以云教学创新思政课教育教学

面对移动互联网给高校思政课教育教学带来的严峻挑战，我们应该如何应对？习近平总书记在全国高校思想政治工作会议上指出：“做好高校思想政治工作，要因事而化、因时而进、因势而新。”这为我们创新思政课教育教学指明了方向，把新媒体新技术运用到我们的教育教学中，让思政课教育教学的传统优势同现代信息技术高度融合，增强思政课教育教学的时代感、亲和力和吸引力。移动互联网不应该单单是对思政课教学的严峻挑战，它同时更应该是我们提高思政课教学质量的绝佳机遇。教育部部长陈宝生在两会期间回答记者提问时，把“‘包装’不那么时尚”作为思政课“抬头率”不高的原因之一。怎么解决问题？陈部长指出：要“线上和线下相结合。线上就是运用好信息化手段，运用好网络阵地，给他们输送正确的营养、健康的营养。”

近年来，有不少技术公司开发出了很多思政课教学软件，有的基于局域网，有的是在线学习平台，微课、慕课、“空间”课堂、翻转课堂风起云涌。但是，这些教学形式，虽然也很大程度上实现了教学的信息化，却因为或给师生增加了过多的负担而遭遇很大的阻力，或价格昂贵使之不能得到普遍的应用，或无法掌握、监控学生的学习进程使之流于形式，更主要的是，它们大多没有把学生手中的手机融入教学过程，而无法解决“抬头率”这一困扰教师的问题。越来越多的老师在思考：能不能把学生手里的手机变成学习的工具，让思政课教学也进入移动时代？

2009 年第一款应用于课堂教学的手机 APP 诞生，大概是在 2014 年下半年起更多的移动教学助手成功地开发出来，蓝墨云班课就是其中的引领者。蓝墨云班课是国内第一款移动教学助手 APP，它利用移动互联网技术和云计算技术使课堂教学实现云教学化。教师通过在 APP 上创建自己的班课，可以轻松实现管理学生（如签到、查看学生的学习进度进而进行督促等）、发送通知、分享资源、布置批改作业、组织讨论答疑、问卷调查、开展课堂测试和各种教学互动等功能。学生“带着手机去上课”不再是令老师头疼的事，而成了老师的一项要求。云计算技术的应用，把我们的课堂教学带入到“云教学”时代。

所谓“云教学”，是指基于云计算技术所开展的教学活动，包括教学工具、教学内容、教学管理、教学监督与评价方面的全面云技术化和大数据化。云教学活动行为包括教师的教学行为和学生的学习行为，教学活动过程包括课前预习、课中授课和课后复习的教学全过程的组织与实施。

云教学能帮助我们有效占领互联网阵地，改变我们在互联网领域被动应对的不利局面。通过蓝墨云班课，我们可以把各种教学信息推送到学生的手机里，并指导、督促学生进行学习；通过蓝墨云班课，我们可以与学生随时进行讨论答疑，开展互动交流；蓝墨云班课的匿名问卷调查功能，可以帮助我们了解学生的思想状态，提高教育教学的针对性；云教学还可以使我们利用大数据技术实现课堂教学整改的智能化，帮助我们及时发现教学中存在的问题，帮助我们在改进中不断提高教学质量。总之，云教学技术手段的出现，让我们在应对移动互联网的挑战时，化被动为主动，使学生的网络生活发生积极的变化，给高校思政课的课堂教学、课堂教学管理及监督与评价模式带来根本变革。

3 思政课实施云教学与意识形态安全

作为一种利用移动互联网技术和云计算技术实施教学的APP，蓝墨云班课上的信息自然呈现在互联网上。有人担心，在当前社会思潮多样化、学生中存在个别认识极端者的情况下，极少数学生头脑中的一些模糊甚至错误的想法，可能被境内外别有用心的人所掌握，从而加以利用。这会对国家的意识形态安全带来危害。这样的顾虑是严肃的，必须认真对待。

我们对马克思主义、对中国特色社会主义理论体系充满自信。马克思主义是科学，是为实现全人类的解放和人的自由而全面发展的科学，用它教育、培养我们的青年学生，使之成长为具有正确的世界观、掌握科学的方法论的人，是光明磊落的事业，我们不惧怕任何敌对势力对此进行的任何攻击。如果敌对势力通过我们的云教学，思想上受到影响，被科学所“征服”，那就更让人“喜大普奔了”。

作为马克思主义的信仰者，我们要辩证地看问题。我们首先应该思考并明确：在思政课中实施云教学，是利大于弊还是弊大于利？第一，种种数据表明：大学生的主流是好的，其思想是健康向上的，他们拥护党的领导、拥护中国特色社会主义。思想认识模糊甚至存在错误认识的只是极少数。第二，要提高思政课教育教学的实效性、增强学生对思政课教学的获得感，就必须增强教育教学的针对性，而这有赖于准确把握学生真实的思想状况。如何才能了解学生真实的思想状况呢？传统的办法，如面对面的谈话，学生出于顾虑往往不会说真话，且现实中老师也不可能经常性地、普遍性地与学生进行这种谈话；问卷调查虽然可能获知一些学生中存在的错误认识，但是也不可能经常开展，导致调研的滞后性、片面性，在提高教学针对性上存在局限性。而蓝墨云班课平台上的投票/问卷（匿名）功能，可以帮助我们随着教学进度适时开展学生思想状况调查。对于暴露在蓝墨云班课上的极少数学生的模糊或错误认识，确实存在着被敌对势力掌握的危险，但这并不可怕。敌对势力对我们的青年学生进行渗透拉拢、分化瓦解的手段众多，可以说是无孔不入、无所不用其极，即使我们堵上了蓝墨云班课的“漏洞”，问题并不变得轻松。所以，利用云教学手段开展思政课的信息化教学，进而利用大数据技术进行精准的教学诊改，其利远大于弊。

当然，对于其中存在的上述风险因素，应该引起我们的高度重视，平台的开发者如能在技术上进一步完善平台的安全性能、网络安全监管部门如能在监管上做到“道高一尺，魔高一丈”，就更完美了。

在此前的高校思政课教育教学改革中，我们为如何创新信息化时代的教学方法手段、实现课堂教学的信息化投入了大量的经历，以至于陷入了“舍本逐末”的歧途。归根结底，决定思政课教学质量的是教学内容。陈宝生说：“思想政治理论课抬头率不高，人到了心没有到，什么原因呢？内容不适应他们的需要。”陈部长强调要改革思政课的内容，使之具有针对性。在找到了云教学这样好的“包装”后，我们可以也应该把我们的主要精力放到矛盾的主要方面——内容上来。要真正增强学生对思政课教学的获得感，必须从学生的思想需求出发，充分运用实践中群众的丰富创造，进行一场“供给侧机构性改革”，实现思政课教学的“有的放矢”。这是另外一个话题，本文不再赘述。

基于蓝墨云班课的职业院校教学质量监控体系的研究

姜晓洁　孙　志　威海海洋职业学院

摘　要：职业院校教学质量评价体系是促进教学质量不断提升的有效保障。通过对基于蓝墨云班课的职业院校教学质量评价体系的分析研究，就信息化背景下课堂教学质量即时反馈、教师以老带新教学工作的指导以及系部教学秘书开展督导工作等方面进行了探讨，以期构建一套切合职业院校发展需要且科学完善的教学质量评价体系。

关键词：蓝墨云班课；教学质量；监控体系

教育部《关于全面提高高等职业教育教学质量的若干意见》明确提出，高等职业院校要深刻认识到全面提高教学质量是实施科教兴国战略的必然要求，也是高职教育自身发展的客观要求。高职教育是一种实践性强、针对性强的高等教育形式，随着高职教育的快速发展对教学质量提出了新的要求、新的挑战。因此，提高教学质量，构建具有职业教育特色的教学质量监控体系，加强常态管理是高等职业教育教学发展的必由之路。

1　高职院校教育教学质量监控体系现状分析

教育教学质量是学校赖以生存的根本，在当前的教育环境下，如何提高职业院校教育教学质量、培养行业、企业等用人单位所需要的高素质技能型人才，以更好地服务区域经济发展是国内职业院校急需解决的重要问题。教学质量是“教学”与“质量”的统一。教学是教师“教”和学生“学”的共同活动，而质量则是一个综合而复杂的概念。影响教学质量的因素主要取决于教师工作质量和学生学习质量。因此，教学质量监控体系应由对教师工作的监控和学生的学习监控两部分组成。教学质量的监控主要表现在对教学目标的监控和对教学过程的监控。教学目标监控是指对各种教学文件进行有效监控，使培养过程科学、规范、合理、符合专业培养目标要求；教学过程监控是教学质量监控体系中最重要的环节，主要包括教学检查、教学测评、教学督导等。

在目前职业院校教学质量监控体系中，存在着质量管理理念认识不够、教学质量的信息反馈和处理滞后、教学质量监控只针对教学过程，忽略了对教学的源头质量和结果的质量监控、教务处及系部教学监控缺乏统一协调，缺乏系统的评价组织和科学的分析处理信息的能力，不能对教育教学质量的提高提供有力的支持。

2　威海海洋职业学院信息化背景下系部教育教学质量监控体系的构建

随着大数据、云计算、物联网等新技术的兴起，教育信息化发展迅速，作为助教学重要的手段，信息化技术在职业教育中已被广泛应用。作为一所新建高职院校，学院领导深知信息化教学对学院办学能力的提升、教学水平的提高等方面的重要性，因此，与北京智启蓝墨信息技术有限公司合作，建立威海海洋职业学院移动信息化教学平台。同时，为进一步推进学院教学信息化建设，建成了覆盖全院的无线网络，实现师生随时随地无忧上网；所有教室都建成了多媒体教室，安装同屏器，并配有高拍仪等设备，为信息化教学提供硬件保障。

在我院信息化教学的背景下，对教师信息化教学质量的监控尤为重要，本文以信息工程系教学质量监控为例，尝试利用蓝墨云班课构建信息化教学质量监控体系。

2.1 蓝墨云班课教学平台

蓝墨云班课是在移动网络环境下，利用移动智能设备开展课堂内外即时反馈互动教学的云服务平台。平台以教师在云端创建的班群和班课空间为基础，为学生提供移动设备上的课程订阅、消息推送、作业、课件、视频和资料服务。教师可以通过蓝墨云班课查看学生的学习进度和学习记录，期末还可以得到每位学生的学习评估报告。

蓝墨云班课平台的设计改变了传统的教学模式和方法，利用移动互联网和学生自带设备，使师生之间沟通更顺畅，使教学变得轻松、有趣、简单和高效。

2.2 基于蓝墨云班课的教学质量监控体系构建

在培养学生的过程中，教学质量起到至关重要的作用，同时，它对高职院校的发展也具有决定性的影响。教学过程的监控是教育教学质量监控的核心，我院现有教务处、系（部）、教研室三级教学管理机构和教学基层组织，同时，组建了学生信息员队伍，构成教学质量监控学生主体。通过教务处不定期的各项检查、期中教师同行间互评以及学生评教等形式完成对教学质量进行监控，这种方式在信息化教学的大环境下并不能很好地实现对教学过程的质量监控。

信息工程系现有电子商务、物联网应用技术两个专业，在校生 1 182 人，本学期共开设 20 多门专业课（专业基础课），在学院信息化教学精神指导下，我系 80%的教师采用了蓝墨云班课这一信息化教学平台组织教学。针对信息化教学过程中出现的教学质量监控漏洞，我系采用了以下方法进行监控。

（1）学生参与下的课堂教学质量即时反馈。系部要求使用蓝墨云班课的所有任课教师，在每次课程结束之前利用 5 分钟的时间，使用蓝墨投票问卷或开展头脑风暴的形式做好问卷调查。问卷调查的主要内容包括课前上传的各种素材资源是否符合学生学习要求；录制的视频资源是否符合学生学习规律；相关的学习指导书、电子教案及课件等文件学生是否能看懂；课堂开展的相关活动是否达到预期目标；教师设置的自测题目是否符合学生学习水平等。通过学生反馈的信息教师可以及时了解学生的学习需求，同时可以很好地指导任课教师制作课前视频、课件等素材资源。对课上各种教学活动的及时反馈可以调整教师活动开展的方式、方法，使课堂活动更符合学生的特点，提高学生参加课上活动的积极性。要求教师每周开展一次头脑风暴活动，总结一下学生反馈的各类问题，开展自我纠错，对学生反映较多的问题及时更改，使教师提供的教学资源及课堂活动更贴近学生需求。

（2）信息化教学下开展以老带新教学指导工作。按照学院教务处统一要求，各系部应开展老教师与年轻教师之间传帮带以老带新工作。在信息化教学下，我系要求老教师加入并指导新教师的蓝墨云班课，在教学知识点的难易把握，知识点的掌握数量以及课前上传各类教学资源是否满足本次授课需要，课上开展的各类活动是否得当，活动中提出的各类问题是否合适等各类教学问题上，可以对新教师提出指导性意见。同时对开展的答疑活动，老教师可以作为专家的身份，对新教师无法解答或解答不准确的内容进行更正或补充，更好地提升课堂质量。系部每周召开教研例会，每位老教师要从课程设置、教学方法等方面对指导的新教师提出有针对性的改善意见。

（3）系部教学秘书基于蓝墨云班课开展督导工作。前面提到的两个督导内容，是基于学生需求层面及以老带新教师指导层面的体系构建，作为教学系部教学质量监控的主要目的是教师信息化教学开展的情况，作为信息工程系的教学秘书，主要负责物联网专业10门课程的检查及督导工作。学期初加入物联网专业10门课程建立的蓝墨云班课，每周对这10门课教师上传的资源分类进行统计，要求上传素材资源量及视频等混合资源占到50%以上，其余文本、图片资源不高于50%，更方便学生学习。关注每节课结束时学生填写的调查问卷及头脑风暴内容，了解该教师的教学情况。针对调查问卷中学生反映较多的问题，给教师一周到两周的时间进行调整，根据教师的整改情况，采取不同的措施。如果教师在素材资源的提供、班课的组织以及活动的开展等方面没有明显的整改效果，学生反映仍不理想，则及时联系教师进行谈话交流，同时联系以老带新老教师共同指导新教师进步；对于多次教育未果的教师则有系部教学管理部门进行通报批评，更甚者停课处理。由此在系部层面可以更好地督促教师开展信息化教学工作。

基于蓝墨云班课的教学质量监控体系结构图如图1所示。

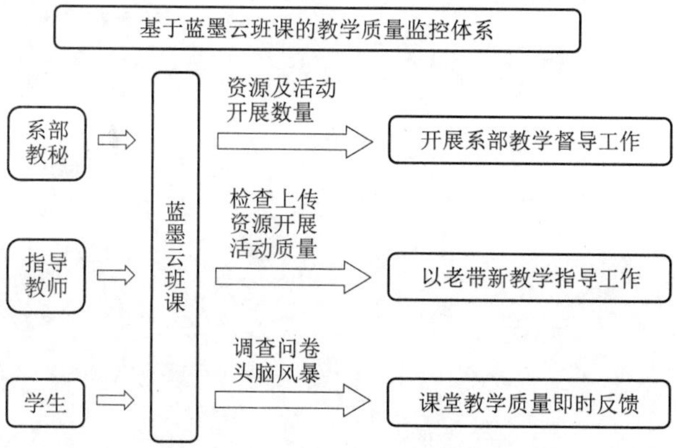

图1 基于蓝墨云班课的教学质量监控体系结构

3 系部教育教学质量监控体系的构建过程中蓝墨助力需求

在系部教学秘书通过蓝墨云班课开展教学督导工作中，对于上传资源的统计及活动的开展数量统计工作是一个难点。蓝墨作为大数据分析的平台，是否可以建设一个教学督导模块，从教务处、系部、班级、任课教师这几个层面对相关数据进行统计，对各系部、各专业信息化教学开展情况进行分析汇总，帮助教学部门找到信息化教学推进过程中，系部或者专业存在的薄弱点，在原有院校、系（部）、教研室三级教学管理机构和教学基层组织构成的教学质量监控体系基础上，借用信息化教学手段，更好地开展教学质量监控及督导工作。

参考文献

[1] 赵惠琳，葛天诗. 关于构建高职院校教学质量监控体系的思考[J]. 广东技术师范学院学报（社会科学），2009（3）.

[2] 王东. 关于构建高职院校教学质量监控体系的思考 [J]. 辽宁高职学报，2007（10）：1–3，13.

[3] 黄玲青，唐闪光. 高职院校教学质量评价体系构建研究 [J]. 教育与职业，2011，（29）.

[4] 尹爱军. 高职院校教学质量保障体系探究 [J]. 中小企业管理与科技（上旬刊），2009（11）.

基于蓝墨云班课移动教学大数据的高职“计算机硬件基础”课程学期分析与研究

俞 侃 苏州信息职业技术学院

摘 要：本文基于“互联网+教育”时代背景下高职教学模式的转变，以我院“计算机硬件基础”课程为试点，在云教学大数据分析的基础上，对计算机应用技术专业不同来源学生进行学情分析，发掘学生优势，提出诊改与展望，更好地指导教学实践，提高人才培养质量。

关键词：互联网+；云教学；大数据分析

1 “互联网+教育”时代背景下的高职教学现状与问题

2017 年 2 月，教育部长陈宝生在全国教育工作会议上所做的工作报告中明确提出：“在当前我国教育改革发展站在新的历史起点之际，如何有效应对大数据、人工智能、新技术新产业新业态等带来的新挑战，让教育变革跟上时代，让我们培养的人不落伍于时代？”，需要我们去面对、去研究、去探索、去解决。

高等职业教育强调的是培养学生的职业技术、应用能力和实践能力，人才培养方案中也提到培养的是高素质技术技能型人才。我院高职教育也经历了从基于工作任务系统化的课程体系、就业职业领域课程体系、工作过程系统化课程开发[1]、CDIO 工程教育模式[2]、基于 CDIO 的以学期项目主导的“533”课程体系以及多元发展、项目学习、协同创新的变革（图 1），但仍存在不能有效调动学生学习兴趣的现象，缺乏灵活性。同时，教师在“做中学、学中做”过程中的讲解和练习，一定程度上也会造成学生的思维惰性。[3]

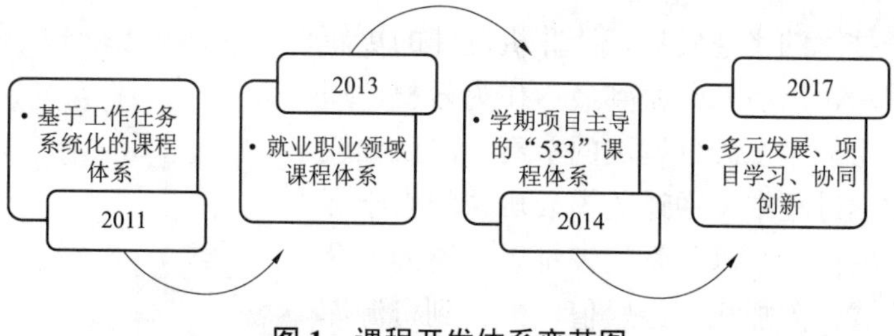

图 1 课程开发体系变革图

同时随着职业教育的普及，高职院校招收的学生整体素质普遍出现下滑，学习主观能动性低，缺乏学习的积极性，主要表现为：学习目标和学习计划不明确、精神状态涣散、缺乏求知欲和上进心、缺乏社会责任感等；当学习上遇到困难时，缺乏信心、恒心和毅力去攻克，转而更多地选择放弃，乃至放弃学业，经常出现上课无故迟到、旷课、旷考、考试作弊等现象。

2 “互联网+”环境下教学模式的转变

随着移动互联网的发展，云计算、大数据、人工智能、认知计算、区块链以及万物互联等技术与教育开始真正深度融合，传统的教学模式受到很大的冲击。通过“互联网+”与课堂教学深度融合，创建教与学的“五化”教学平台（图 2），让“互联网+”技术服务于学校，服务于师生，学生可以利用各种移动终端设备进行碎片化的学习，教师与学生可以进行互动化的各种教学环节的设置，教师可以通过数据分析得到可视化的教学管理和图形化的教学评价。教师的教和学生的学，已不再局限在传统课堂+黑板、演示文稿+投影仪。

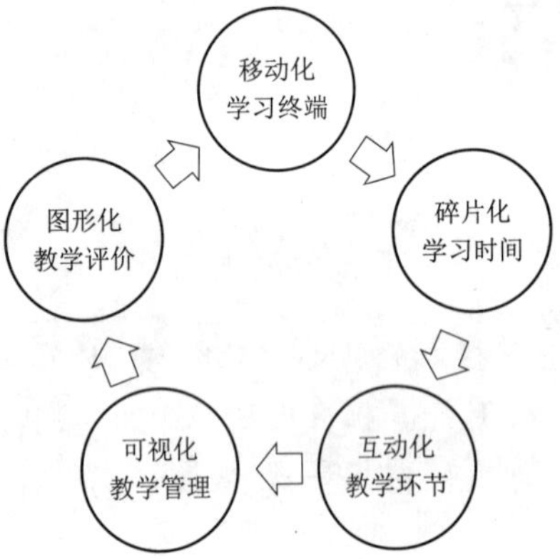

图 2 “互联网+”的五化教学平台

蓝墨云班课是一款移动教学助手 APP，教师可以在移动终端或者PC机上通过该平台管理相应课程的班课，包括学生、资源、作业、答疑讨论等。学生可以在蓝墨云班课中对老师开展的投票问卷、头脑风暴、作品分享等教学互动环节进行及时的反馈。更关键的是蓝墨云班课强大的云教学大数据分析功能，能将每个班课中学生查阅资源、参与活动和签到等明细数据自动汇总，产生囊括教学周报、资源报告、活动报告和学情分析等数据，用数据记录教学历程。这种先进的教育信息化工具大大降低教师的劳动强度，让师生在教和学的过程中，更多的是快乐的体验，保障人才培养质量的提升。

笔者以“计算机硬件基础”作为试点，以 2016 级计算机应用技术专业同学作为分析对象，开展“互联网+”环境下教学模式的转变。“计算机硬件基础”作为计算机应用技术专业一年级上学期的一门专业基础课程，为后续学习硬件设计及应用等内容做准备。

2.1 课前

随着现代电子技术的飞速发展，计算机硬件的更新周期短，教材的编写、出版、印刷到最后作为教材，周期相对较长，不一定能跟上硬件发展的节奏，滞后性较为明显。因此在教学过程中，通过蓝墨云班课的教学课前设计，将最新的硬件内容以及学生较难以理解的部分以微课小视频等形式，附加相应经验值，上传到资源库中（图 3），根据课程的进展程度，发布给学生。将“互联网+教育”以数据驱动的形式更新知识点、提高学生的学习兴趣。

图 3 “计算机硬件基础”资源库

2.2 课中

引入项目小组的概念，要求学生进行自由分组，以项目小组为单位，将教学内容以项目化的形式展现。通过项目小组的引入，学生体验项目成员的任务及分工，为后续项目化课程的学习提供保障。[4]

在学院“以赛促学、以赛促教”的指导方针指引下，穿插我院校企合作企业思科网络技术学院的 ITE 赛项内容，更侧重于实际应用与管理，促进学生的成长，不断提升学生的信心和能力。

在每个项目开展的过程中，将容易出现的问题设计课堂讨论、头脑风暴等活动形式，增强课堂的互动，激发学生学习的兴趣和动力。

2.3 课后

设立教学讨论答疑区，改善教师和学生的疏离感：一方面及时地回答学生的疑问；另一方面也可以及时地掌握学生的学习情况。设立教学互动区，学生之间也可以相互帮助和提高。同时将教学评价由传统的单一教师评价转变为“教师评价+学生互评”，使学生的参与度和归属感增强。

3 基于大数据的高职学情分析

学情，指的是学生情况和学习情况，包括对学生的基本情况了解和学习各方面的情况。学情分析就是把学情进行分解，寻找各个部分的关系以及学情作为整体和教学设计、教学实践的关系，在此基础上设计有效教学。[5]

本课程的试点专业共有两个教学班级，其中一个教学班级为高中毕业入学的学生，78 人（以下简称 A 班）。另外一个教学班级为中职毕业注册入学的学生，68 人（以下简称 B 班）。学生的基础、前段学习情况等各方面均存在很大的差异。

在课程进行的过程中，全程使用蓝墨云班课移动助手，通过蓝墨云班课强大的云教学移动大数据的分析，教师能更细致地对不同来源的学生进行分析，从而更好地进行教学设计。

本课程在蓝墨云班课中共发布 167 个课程资源，组织学生进行分组作业、头脑风暴、课堂测试、头脑风暴等教学活动，两个教学班级的对比基于蓝墨云班课的大数据分析可以首先得到图 4。

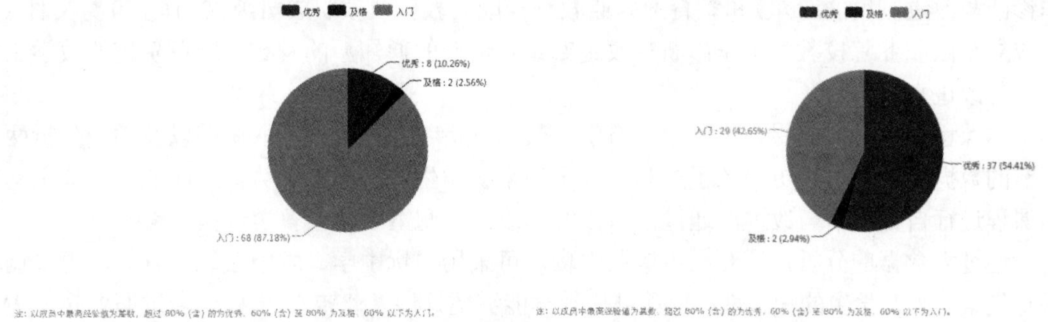

图 4 教学班级经验值分布图（左为 A 班，右为 B 班）

笔者发现，B 班（中职注册班）经验值分布饼图中，评价为优秀的占 54.41%，而 A 班（高中毕业生班）优秀率仅为 10.26%，通过基于蓝墨云班课的大数据对经验值较低的同学学情分析（图 5），可以发现 A 班学生对于课前资料的查阅平均完成度较低，而 B 班学生相对较高；讨论答疑的平均积极性也是 B 班高于 A 班。

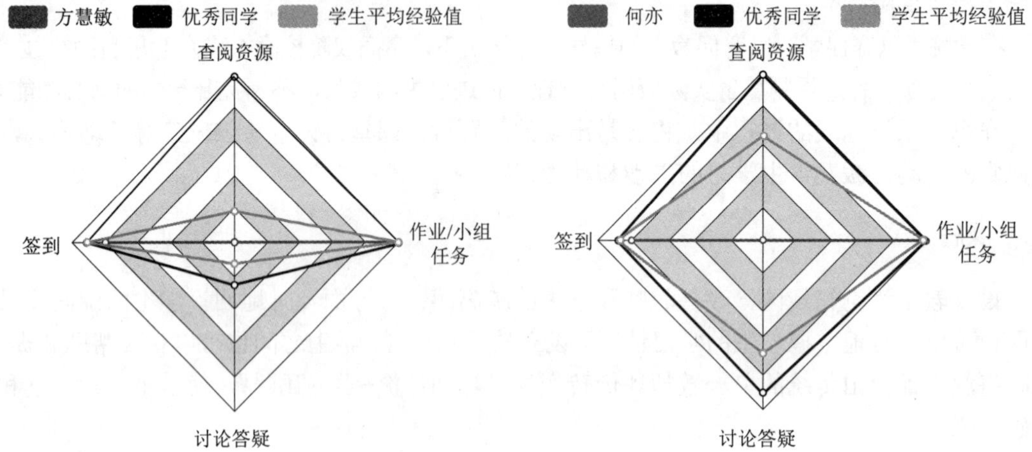

图 5 教学班级学情分析（左为 A 班，右为 B 班）

高中毕业生班虽然在入学阶段整体水平要高于中职注册班，但是由于所受的前段教育不同，进入大学后学习状态更为放松，学习态度也并没有适应职业教育的特点，因此在本次试点的大数据分析中得以论证，虽然及时进行了调整，但仍只有部分学生完成了讨论环节。而中职注册班的学生，由于经过了三年的中职职业化教育，对于职业教育的特点更为适应，技能、实践动手能力更强，也更能体现出查阅资源和讨论的优势。

值得欣喜的是，两个教学班级对于作业/小组任务都能较好的完成，项目小组的作用得以发挥，为后续学习项目管理等内容打下良好的基础。

同时，在 2016 年 7 月思科网络技术学院举办的“思科网院杯”ITE 赛项中，中职注册班的学生取得更好的成绩，获得全国比赛职校组一等奖 1 项，二等奖 2 项；华东二区职校组一等奖 1 项，二等奖 2 项，三等奖 1 项。

4 大数据分析后的诊改与展望

随着教育部办公厅教职成厅〔2015〕2 号文件《教育部办公厅关于建立职业院校教学工作诊断与改进制度的通知》和教育部职业教育与成人教育司教职成司函［2016］70 号文件《关于成立全国职业院校教学工作诊断与改进专家委员会的通知》的发布，职业院校的教学工作诊断与改进真正落实。

本课程试点针对蓝墨云班课中云教学大数据分析中的经验值获取饼图以及学情分析两个环节的数据分析，可以更好地了解和掌握不同来源学生的特点和优势，从而能更好地主动对本课程进行自评诊断与改进，通过常态化的诊改，更侧重于课堂教学过程的诊改。

通过大数据的分析，针对高中毕业生班，可采用“玩中学、学中改”等方式，更多调动课堂气氛，激发学生的积极性，使项目化教学能够更好地“翻转”，更好地通过职业技能大赛提升学生的信心和参与度；对于中职注册班，则需要更好地发挥中职注册来源学生实践能力强等特点，以点带面地提升整体教学班级的教学效果。

本课程只是在基于大数据分析的学情分析这一小块功能上进行试点，笔者相信，随着蓝墨云班课这类教学助手 APP 的引入和成熟，为今后不同来源、不同年级乃至不同专业的学生提供大数据分析基础，更好地进行教学设计，制定人才培养方案，为指导教学实践、提高人才培养质量带来更大的帮助。

参考文献

[1] 姜大源. 论高职教育工作过程系统化课程开发 [J]. 徐州建筑职业技术学院学报，2010（3）.

[2] 康全礼，丁飞己. 中国 CDIO 工程教育模式研究的回顾与反思 [J]. 高等工程教育研究，2016（04）.

[3] 周丹. 高职学生学习懈怠成因及对策研究 [J]. 教育与职业，2012（35）.

[4] 钱存阳. 项目化教学培养大学生系统实践能力 [J]. 高等工程教育研究，2015（02）.

[5] 姜大源. 当代德国职业教育主流教学思想研究理论实践与创新 [M]. 北京：清华大学出版社，2007.

项目来源

1. 2015 年江苏省高等教育教改研究立项课题“信息类高职院校中职-高职衔接培养中学生信息素养的培养模式研究”（课题编号：2015JSJG419）

2. 2017 年苏州市教育科学“十三五”规划课题《基于云平台“翻转课堂”模式下培养学生核心素养的研究》

3. 2014 年江苏省现代职业教育体系建设项目“苏州信息职业技术学院—江苏省苏州丝绸中等专业学校中高等职业教育‘3+3’分段培养”

4. 2015 年江苏省现代职业教育体系建设项目“苏州信息职业技术学院—江苏省苏州丝绸中等专业学校中高等职业教育‘3+3’分段培养”

5. 2016 年江苏省现代职业教育体系建设项目“苏州信息职业技术学院—江苏省苏州丝绸中等专业学校中高等职业教育‘3+3’分段培养”

云教学在职教教学中的优势论析

聂旭东　松原职业技术学院
常　烨　辽宁冶金职业技术学院

摘　要：随着教育信息化的不断推进，云教学以其创新姿态，在职业院校的教学中被广泛运用。因为它与职业教育的培养目标、教学模式高度契合：有利创新学习方式，切实提高教学效果；有利实现教学评价智能化，从而推进教学诊改。

关键词：云教学；职业教育；优势

随着信息技术的不断发展，移动互联网技术、云计算技术、大数据技术和以手机为主的移动终端在不断被综合利用起来，迅速地进入到职业教育的教学之中。形成了一种以师生自带手机、平板电脑等智能终端，依托互联网和移动教学 APP（如蓝墨云班课），实现以师生课堂互动为中心，集课内外、线上线下学习于一体的移动信息化教学模式。2015 年 6 月，北京蓝墨云教学大数据研究院院长商桑教授把这一新型的教学模式定义为“云教学”。

云教学有利于实现职业教育的培养目标，与职业教育的教学模式高度契合，能提高教学效率和效果，在职业教育的教学中大有用武之地。

1　适合职教人才培养目标和教学模式的需要

在职业教育的教学中，要不要实施云教学，从根本上说取决于职业教育“为什么教”，要“教什么”“怎么教”，即取决于云教学与职业教育的人才培养目标和教学模式是否适应。

职业教育主要培养应用型人才。所谓应用型人才是相对于学术型、研究型人才而言的，是指能将专业知识和技能应用于所从事的生产、建设和管理一线岗位实践的一种专门的人才类型，其根本特征是具有较强的职业实践能力。

“职业能力可以定义为个体将所学的知识、技能和态度在特定的职业活动或情境中进行类化迁移与整合所形成的能完成一定职业任务的能力。”就是把专业知识、专业技能和态度与具体的职业任务准确、灵活地联系起来，从而有效地完成职业任务的本领。其前提是具有相应的专业知识、专业技能和积极的工作态度，关键是要有把知识、技能、态度和具体的职业工作任务联系起来的“本领”。换言之，职业教育的教学要对学生进行专业知识教学、专业技能训练和专业态度的培养，并极力创设条件，培养和训练把专业知识、技能、态度与任务联系起来，使其得以迅速解决的“本领”。

“公认的教学模式的结构有：理论依据、教学目标、操作程序、实现条件、教学评价等五个方面。”[1]教学模式中的目标、操作程序、实现条件直接决定着教与学的方式。

首先说知识教学，有些人认为职业教育以培养实践能力为主，不需要进行知识教学。其实不然，因为实践能力也要以知识为支撑，但所需要的知识是有别于基础教育的基础文化知识和研究性高校的关于“是什么”“为什么”的陈述性知识，是关于“如何做”“怎么办”的程序性知识。这些程序性知识的学习、掌握和运用，可以采用向学生讲解，学生领会掌握后再去运用的方式。但更多的是要通过向学生形象化地展现岗位工作的情境，让学生在模拟的、仿真的情境化的条件下去感悟、内化知识，从而形成相应的职业实践能力。无论是传统的知识讲解还是形象化的情境展现，蓝墨云班课等云教学平台都有很强的数据与资源性优势。

技能的学习要遵循观察、模仿、尝试、独立完成的递进顺序来训练。在训练过程中需要一系列的示范、演示、模拟、仿真训练，云教学平台不但能在课堂上对此提供形象化的支持，而且学生还可以利用云教学的平台资源“时时、处处”进行自我训练，有着无可取代的优势。

培养学生职业实践能力，最为重要的环节是为学生创设把“知识、技能、态度”与“具体工作”联系起来的任务情境，从而训练把“知识、技能和态度”与要完成的工作任务迅速、恰当、灵活地联系起来的能力。职业院校必须在学生步入顶岗实习之前，通过多种方式，进行模拟的、仿真的、低成本的、安全的职业能力训练与培养，用尽可能接近真实的工作任务情境来培养学生完成“工作任务”的本领，即培养职业实践能力。

“个体职业能力的提高除了在实践中磨炼和提高之外，另外最有效的途径就是接受教育和培训。像我们所熟悉的职业教育、专科教育、大学本科教育、研究生教育等，学生通过对有关知识和技能的掌握，对以后更好地胜任本职工作会有极大的帮助。”也就是说，在真正的职业实践之前，职业院校要通过上述这种低成本、高效率、保安全的教学过程来培养职业能力，从而完成其为企业输送“准职业人”的任务。而云教学在这种训练过程中，能形象地创设任务情境，提供把知识、技能和态度与具体任务联系起来的学习锻炼机会，进而培养和提高学生的职业能力。

2 有利于创新学习方式，切实提高教学效果

据《新媒体联盟地平线报告（2016 高等教育版）》预测，“自带设备、学习分析、自适应学习、增强现实、虚拟现实、创客空间、情感计算、机器人技术等将成为未来 1～5 年内高等教育的新应用。”[2]以蓝墨云班课等教学 APP 为代表的云教学平台，优势主要体现在两个方面。

2.1 有利于全面实现混合式学习

云教学，如蓝墨云班课能把课内课外、线上线下的学习有机融合在一起，以课上的师生、生生现场和线上互动学习为中心，把课前的线上预备性学习和课程后的线上延伸学习完全整合在一起，全面实现混合式学习。突破传统课堂教学的时空界限，使学习发生在衔接课堂教学的其他空间，利用网络和现实资源来促进学习。在这样的教学模式中，借助移动互联网及智能终端实现了师生之间、生生之间、人与技术之间的实时连接，教师在课堂上布置的学习任务，学生可以在课内完成，也可以延伸到课外研究。学生独立或按小组使用智能手机、平板电脑等移动网络终端，在教室、宿舍、博物馆、餐厅、家里、车上等校内外一切场所搜集资讯，在线整理分析，并在课堂上进行讨论、分享和展示。

这种混合学习完全突破了在课堂教学中教师用课件辅助教学的局限，构建出了一种师生之间、学生之间，甚至是班外、校外学生之间；课上课下的所有时间；移动互联网连接起来的所有设备；传统书本、设施设备、网上多媒体所有资源的全方位的立体的混合学习方式。这种混合学

习能充分发挥互联网的连通性、交互性和个性化特点，让教与学都不再受场所、时间、情境的过多制约，最大限度地拓展视野，丰富体验，提高学习成效。这种移动的、互联的混合式学习极大地扩大了学习的广度、深度，极大地调动了学习的积极性，从而提高了教学效果。

2.2 有利于全方位实现共享式学习

以蓝墨云班课等为代表的云教学，可以使师生间、学生间甚至班外校外的师生之间，进行网上互联互动学习。如可以通过蓝墨云班课的课程圈、云教材、资源、活动等，在课堂或课后的任何时间发布问题或讨论主题，如上传文本、图片、视频等各种媒体资源，与其他学习者进行交流，相互回答和评论，集思广益，共享学习。

老师通过移动 APP、通过推送阅读、关注收藏、答疑、讨论、投票、问卷、点评、测试等功能，在课内外引导组织学生进行学习与交流。在这种互联互动的教学过程中，不仅能实现学习成果上的共享，也能实时共享学习过。如利用蓝墨云班课 APP 在课堂提出一个“头脑风暴”或给出一个“小组讨论”，老师和学生不但能最后分享到各自的学习研究成果，也能及时地分享到每个学生或每个小组的学习进程与研究状态，从而最大限度地给不同的学习者以学习启迪。也就是说，让学习者不但可以欣赏其他学伴思维之花盛开的结果，也能领略到其他学伴思维之花绽放的历程。有效实现了在传统的教学中根本不可想象也根本无法实现的，及时性、全覆盖、立体化的共享式学习，极大地提高了教学效果。

3 有利于实现教学评价智能化，从而推进教学诊改

教学评价是改进教学的重要依据。在传统教学中，更多的是成果性、终结性的评价。蓝墨云班课实现了课堂教学过程中教与学的过程、方式、成果数据的实时采集、储存和智能分析。通过数据持续记录学生的学习行为、学习状态和学习结果，并作出评价。使评价与学生的学习过程相伴随，在学生学习活动发生的同时自动采集、生成评价信息，为教师后续的教学提供科学的决策依据。

在教学过程中，通过大数据技术获取和挖掘学生在各种学习过程中的行为特征和数据价值，如学习者的兴趣趋向、交流倾向特点、参与在线活动的时间和频率等变量，对学生的学习情况进行综合分析，从而发现学习问题，调整教学对策，提高在线学习的绩效评估、过程检测和活动干预的成效，为教师的教与学生的学提供有利的数据支持和科学指导。

和传统教学过程中的终结性评价相比，这一评价技术更能体现人机互动的智能化、自动化、个性化和即时性，同时不会让学生产生被监视的厌恶感，或被考核的紧张感。数据产生是内嵌在课堂教学的每个环节中，使评价的结论更自然、全面和科学有效。这种评价的即时性、形成性和智能化对职业教育课堂教学质量标准体系的不断形成，对职业教育教学质量保障体系的诊断与改进必将产生重大推进作用。

参考文献

[1] 刁维国.关于对教学模式研究的再认识——兼论多元统一的教学过程模式观 [J]. 教育探索，2008 (12)：27–29.

[2] 金慧，刘迪，高玲慧，等.新媒体联盟“地平线报告”(2016 高等教育版) 解读与启示 [J]. 远程教育，2016 (2)：3–10.

高职土建类院校学生顶岗实习组织的实践

——基于蓝墨云班课移动云教学下顶岗实习过程的控制和评价

李浩洋　赵　楠　冯金钰　四川水利职业技术学院

摘　要：顶岗实习是学生职业能力培养的关键环节，也是高职实践教学的重要环节，是高职院校实施“工学结合”人才培养模式的有效途径。本文主要针对顶岗实习过程的控制难点，结合蓝墨云班课就作者学校顶岗实习组织的实践作简要的阐述。

关键词：顶岗实习组织；蓝墨云班课；过程控制和评价

顶岗实习是理论联系实际的教学活动，是高职土建类院校学生重要的实践性教学环节。通过顶岗实习实践，能使学生进一步巩固和加深理解所学的专业理论知识，开阔视野，扩大学生的知识面，并使学生具有综合运用所学的专业知识，独立完成职业岗位工作及解决工程实际问题的能力，为毕业后迅速适应职业岗位要求创造条件。

在顶岗实习期间，好的顶岗实习组织能够对学生的实习过程进行有效的监管。目前顶岗实习主要存在的问题在于：（1）学生参与度不高。某些学生认为顶岗实习就已经是走上工作岗位，已经脱离了学校，在实习单位的活动已经与学校无关，很少或者不愿意主动向老师报告自己的工作情况，以致老师很难对学生的顶岗实习过程有一个客观的评价。（2）忽视对实习生的管理。某些教师认为，学生一旦进入顶岗实习，学校就卸了担子，不用再去操心，学生的管理和指导应该由企业负责。而企业则认为，学生未毕业，实习期间仍是学生身份，并非企业员工，企业只负责其上班期间的管理，下班后应由学校管理。这样往往就会出现一段“两不管”的真空状态，给实习带来很多隐患，也容易产生一些矛盾和纠纷。（3）评价考核制度不够完善。目前，一些地方、学校没有专门的顶岗实习评价考核办法或办法不够完善，有的依然延续传统的考核办法，评价时侧重于终结性考核，缺乏有效的过程考核；评价主体单一，缺少校外实习基地管理人员的参与，或者参与也只是流于形式，难以保证评价的完整性；评价结果缺乏必要的反馈，不利于学生职业技能和职业素养的提高[1]。因此，如何对学生顶岗实习期间进行有效控制和监管，成为一个比较难以解决的问题。

现就笔者所在系部在基于蓝墨云班课移动云教学软件下，针对建筑工程技术专业学生顶岗实习的组织措施作如下介绍。

1　顶岗实习前期准备阶段

围绕如何有效控制学生顶岗实习过程，如何及时了解学生顶岗实习动态和工作状态，如何掌握学生顶岗实习期间对待工作的态度，以及如何帮助学生解决工作当中遇见的专业问题等情况，我们最终确定将蓝墨云班课作为顶岗实习组织的主要工具，贯穿于学生顶岗实习的整个过程中，以期望于让学生在校外实习期间能够“实际不懂找师傅，理论不懂问老师”，做到对学生顶岗实习过程的有效控制，最终获得一个中肯的顶岗实习评价考核办法。

首先，在专业负责人的带领下，各指导老师加入“毕业顶岗实习”班课，通过讨论、分享资源、问题汇总等活动确定顶岗实习组织方式，同时要求各指导老师在顶岗实习期间遇见问题通过班课及时反馈，大家讨论，寻找合适的解决办法（图 1、图 2）。

图 1　教师顶岗实习班课

图 2　教师班课活动

各指导老师建立各自的“顶岗实习”班课，让各自带领的学生及时加入到班课当中。通过发布通知、资源的方式提前告知学生顶岗实习的相关要求，如了解安全告知和顶岗实习守则，清楚顶岗实习记录和顶岗实习报告的提交要求等，让学生正确了解顶岗实习，认识顶岗实习，端正态度，做到心中有数，用平常心面对走出学校、走进社会的生活（图 3、图 4）。

图 3　顶岗实习相关资料

图 4　顶岗前的学习材料

2 顶岗实习过程阶段

由于顶岗实习是在校外进行，老师无法了解学生的实时动态，根据以往的顶岗实习情况，我们发现会出现以下无法判断的实习情况：

（1）学生是否在实习单位进行顶岗实习。有些不愿意工作或者没有工作意愿的学生，可能会出现在家待业或者在外居住、与学校和家庭不进行联系的情况。

（2）学生是否进行的是与本专业相关的顶岗实习工作。学生可能会出现参与与本专业相差很大的工作。

（3）某些学生由于单位不理想，中途更换了工作单位。

以上种种情况可能会影响学生顶岗实习的过程评价，进而影响最终的毕业成绩。对此，学生在充分了解和熟悉顶岗实习相关要求后，我们对学生顶岗实习作了如下几点要求，以尽可能地掌握学生在实习期间的实时动态，保证学生能顺利完成顶岗实习。

（1）签到（图 5、图 6）。签到的主要目的是掌握学生每周的实习动态，了解学生每周是否仍然在继续实习，防止出现失联等情况的出现。因此，我们要求老师每周三对所带学生进行统一的签到，签到情况可作为最终顶岗实习成绩的依据。也可采用头脑风暴、问卷调查的形式进行签到，以保证与学生之间的沟通和联系。

图 5 每周签到活动

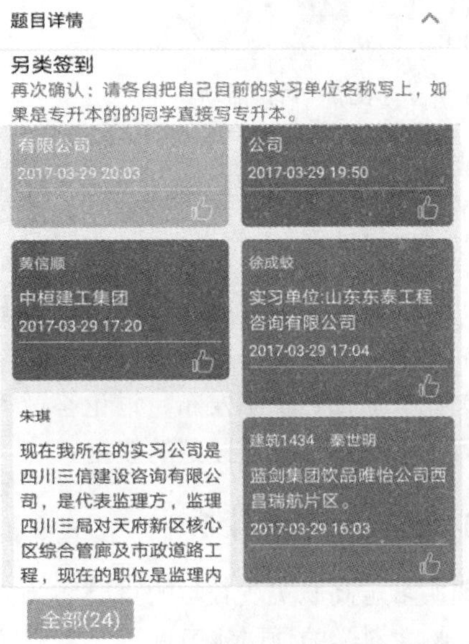

图 6 另类签到活动

（2）每周提交毕业顶岗实习记录表。顶岗实习记录表是用来记录学生每周在实习单位工作的具体内容、具体工作、参与角色的文件，是指导老师用来了解学生具体情况的必要性文件。为了防止出现乱编乱写、应付了事等情况，我们要求学生在蓝墨云班课上在指导老师规定的截止时间前提交各自的实习记录表，并要求指导老师及时、认真查看每个人的记录表，并进行评价，尽可能防止出现抄袭、乱写、应付了事等情况出现。发现问题及时提醒，及时整改，端正学生完成顶岗实习的态度。

（3）讨论、头脑风暴、资源分享活动（图 7、图 8）。为了让学生能够主动与教师进行沟通，解决学生在工作当中遇见的各种专业问题，我们会发布相关资源以供学生学习，会进行一些头脑风暴活动供大家讨论，调动大家的学习积极性，同时也掌握了学生在工作中存在的一些问题，以便于今后我们对学生顶岗实习的管理。

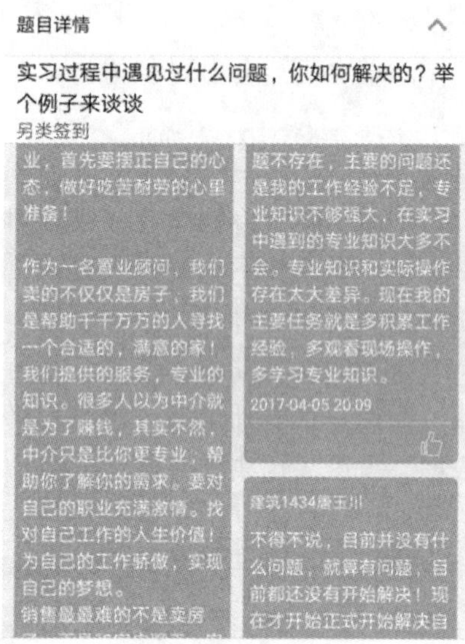

图 7　讨论活动

图 8　资源分享活动

综上，对于顶岗实习的过程控制，我们有以下具体要求：

（1）从实习第一周开始，每周三在蓝墨云班课上进行签到，具体签到时间由指导老师于前一天以通知的形式发布。

（2）从实习第二周开始，每周一在蓝墨云班课中以附件的形式上传一周的实习日志，汇报上一周的实习情况，每周的作业会在周一晚上 24:00 自动关闭。

（3）相关通知、资源发布、讨论答疑等活动均在蓝墨云班课上完成，实习结束时每位同学的学习报告将作为成绩评定的依据。

3　顶岗实习评价阶段

顶岗实习是高职实践教学的重要环节。对学生专业技能的培养和职业素质的养成起到关键作用。构建科学的顶岗实习评价体系有助于促进学生顶岗实习规范管理、保证顶岗实习质量，也是完善高职教学评价体系尤其是专业技能评价体系的基本要求[2]。

本阶段主要是指学生顶岗实习完成之后，返校提交相关资料并参加毕业答辩的情况。指导老师主要的工作为再次检查每个学生的顶岗实习资料是否完整，填写是否符合要求，并指导学生将在顶岗实习期间形成的每周顶岗实习记录表和顶岗实习总结报告汇总成册，予以评价，以此作为毕业答辩成绩的依据。

毕业答辩成绩组成主要包括：① 签到；② 资源查看情况；③ 每周顶岗实习记录提交及评价；④ 顶岗实习总结评价；⑤ 毕业答辩。

顶岗实习在实施主体、教学环境、组织方式等方面与课堂教学存在着本质区别，它具有利益相关者多、教学参与面广、教学过程难以监控等特点。一方面，各利益相关者都或多或少地对顶岗实习的教学质量具有发言权；另一方面，单一评价主体很难掌握顶岗实习的全面情况，无法对顶岗实习的教学质量作出全面、客观的评价[3]。因此，我们针对顶岗实习的特点，结合蓝墨云班课，对顶岗实习的组织作了以上的实践，力求让教师参与到学生顶岗实习的过程当中，了解每位学生实习过程，并给予一个客观公正的评价。

参考文献

[1] 夏栋，谢淑润. 高职学生顶岗实习存在的问题与对策［J］. 教育探索，2012（5）.

[2] 张雁平，成军. 高职学生顶商实习评价体系的研究和实践［J］. 中国职业技术教育，2008（5）.

[3] 易兰华. 高职院校顶岗实习教学质量多元化评价指标体系构建——基于利益相关者视角［J］. 国家教育行政学院学报，2014（7）.

基于“大智移云”的信息化教学设计

李英辉　郝敏钗　邵英秀　石家庄职业技术学院

摘　要：以大数据、智能化、移动互联网和云计算为代表的新一代信息技术驱动了教育教学的深度改革。本文介绍利用蓝墨云班课、云教材等基于“大智移云”技术的信息化教学设计，包括开放式教学理念、混合式教学模式和诊断式教学评价三个方面，充分展示了利用“大智移云”技术开展信息化教学的优势，有效转变了传统的教学理念、优化了课堂的教学模式、完善了科学的教学评价。

关键词：教学设计；大数据；智能化；移动互联网；云计算；蓝墨云班课

1　前言

现阶段，“大智移云”成为信息技术新时代的特征。“大”是指大数据，“智”是指智能化，“移”是指移动互联网，“云”是指云计算[1]。“大智移云”是产业互联网的重要技术载体和推动力，云计算、大数据等信息技术交融渗透，不仅改变着人们的生活，也有望掀起新一轮产业变革[2]。同时，“互联网+教育”的发展趋势也给教育教学利用“大智移云”技术进行深度改革带来机遇和挑战。教育部有关文件提出：推动信息技术与教育教学深度融合，促进优质教育资源应用与共享，全面提高教育教学质量。当前，慕课、微课等课程形式聚集了丰富的教学资源，翻转课堂、混合教学等教学模式开启了新颖的教学形式，智能终端、无线 Wifi 等信息技术支撑了移动的学习方式。信息化教学已成为现代教育教学的热点，本文借助北京蓝墨公司的云班课和云教材从开放式教学理念、混合式教学模式和诊断式教学评价三方面介绍利用“大智移云”等技术手段进行信息化教学设计的经验。

2　“大智移云”引领开放式教学理念

开放式教学的核心是完成教师和学生在教学活动中角色的转变：教师从知识的传输者变为指导者，学生从知识的被动接受者变为知识的主动构建者[3]。因此，转变传统教学理念，充分发挥信息技术在教学中的优势，开展基于“教师主导、学生主体”的开放式教学成为趋势，“大智移云”等信息技术为开放式教学提供了支持和保障，主要体现在以下几个方面：

（1）蓝墨云班课中大数据记录了学生的学习动态和教师的教学历程，班课汇总/明细数据包括学生查阅资源、参与活动及签到汇总数据和明细数据，学习报告包括经验值积分明细、数字教材学习进度等，如图 1 所示。教学报告包括教学周报、资源报告、活动报告和学情分析等数据，教学周报如图 2 所示。大数据助力教师及时掌握教学情况和学习动态，适时引导学生进行自主学习。

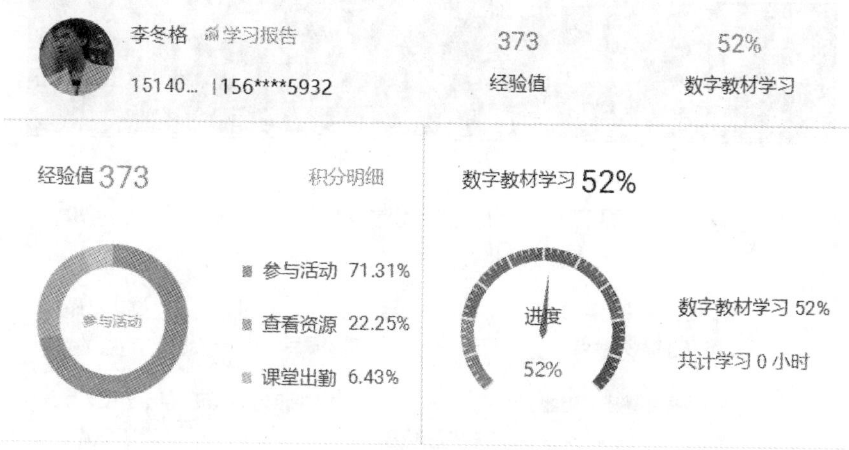

图 1　经验值积分明细、数字教材学习进度

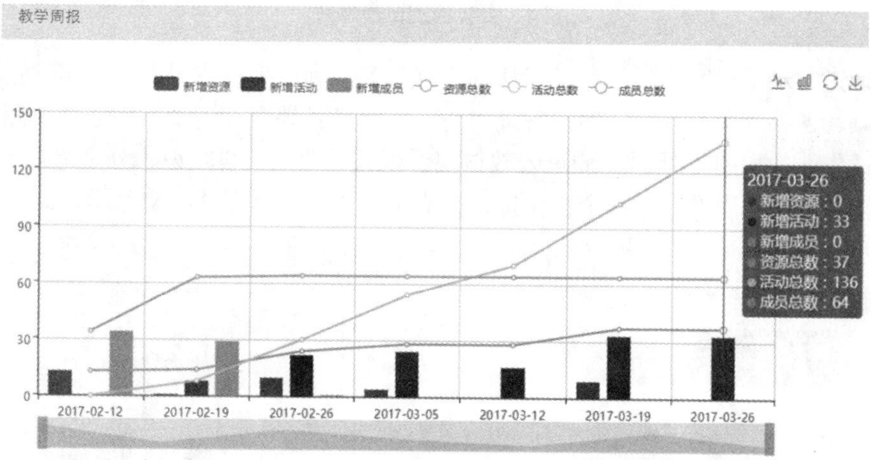

图 2　教学周报

（2）蓝墨云班课和云教材均具有智能化功能，蓝墨云班课中具备学习资源的定时推送及提醒、头脑风暴的智能标签等功能，如图 3 所示。另外，云教材中自我检测具有自动评判等功能，如图 4 所示。智能化方便教师定时开展相关教学活动，便于学生按时自主检测学习效果。

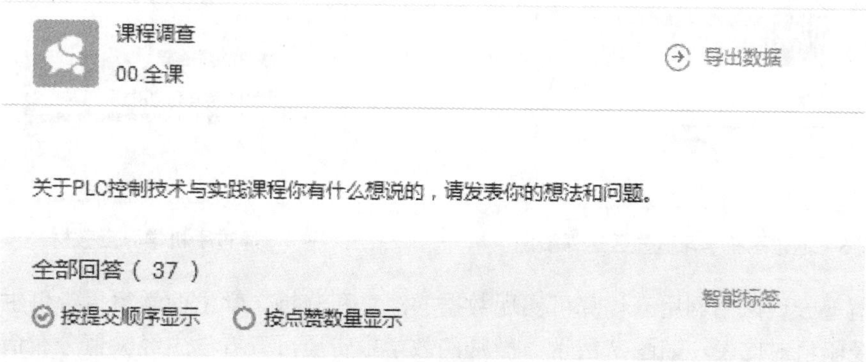

图 3　头脑风暴智能标签

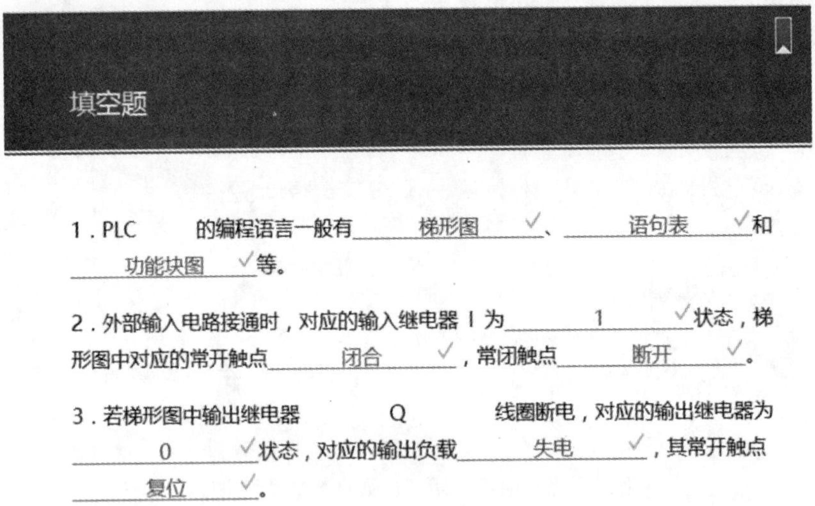
填空题

1 . PLC 的编程语言一般有 梯形图 √、 语句表 √和 功能块图 √等。

2 . 外部输入电路接通时，对应的输入继电器 I 为 1 √状态，梯形图中对应的常开触点 闭合 √，常闭触点 断开 √。

3 . 若梯形图中输出继电器 Q 线圈断电，对应的输出继电器为 0 √状态，对应的输出负载 失电 √，其常开触点 复位 √。

图 4　自我检测自动评判

（3）通过移动互联网，学生可进行移动交互学习，利用手机或平板电脑等通过蓝墨云班课查看视频、课件等学习资源、参与答疑讨论、头脑风暴等交互活动，完成自我测试、作业任务等测试作业，如图 5 所示。通过云教材观看视频微课、百科知识、分享笔记等，如图 6 所示。移动互联网实现教师远程个性化指导，满足学生自主泛在移动交互学习。

图 5　通过手机学习蓝墨云班课资源

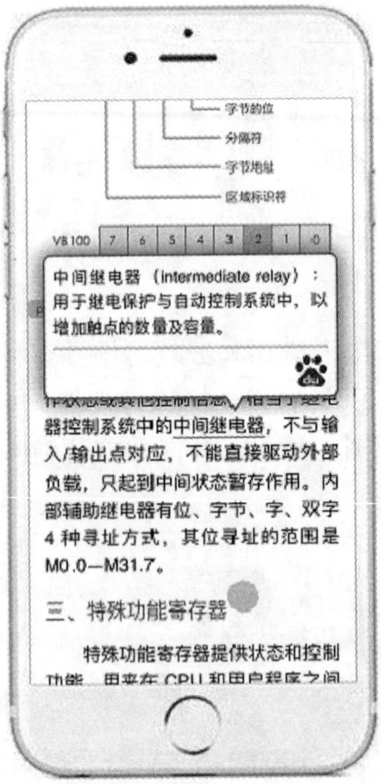

图 6　通过手机学习云教材

（4）蓝墨云班课中利用云计算可实现数据的汇总和分析，学生的学习报告可生成其经验值报表和经验值对比表，如图 7 所示；教师的教学报告还可查看学生经验值分布情况及学生的学情等。另外，自我测试可自动计算学生答题情况，如图 8 所示。云计算帮助教师进行针对性差异化教学，督促学生自主规划学习进程。

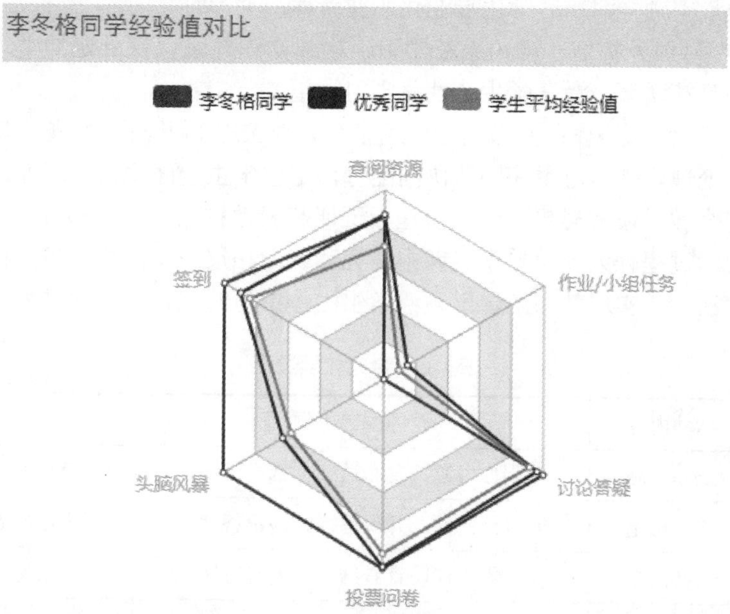

图 7　经验值对比

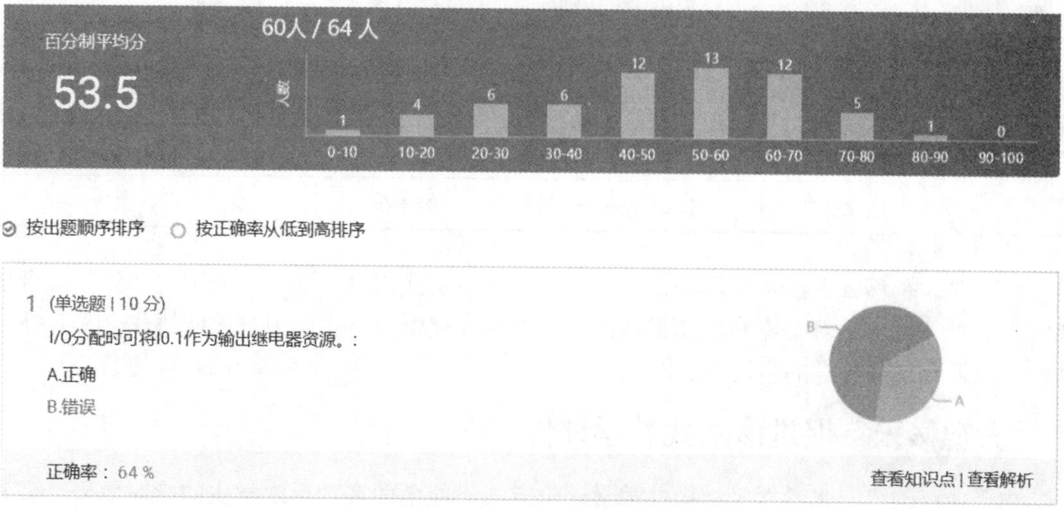

图 8　自我测试答题分析

3　“大智移云”驱动混合式教学模式

混合式教学模式把传统教学方式的优势和网络化教学的优势结合起来，既发挥教师引导、启发、监控教学过程的主导作用，又充分体现学生作为学习过程主体的主动性、积极性与创造性[4]。本文提出的混合式教学具有更广泛的含义，其具有线上线下结合、理论技能融合、课内课外联合、自主团队配合的特点。

（1）线上学习+线下内化：线上自主学习，教师全程指导、线下探究内化，教师及时辅导，线上和线下有机结合，适应学生差异化学习需求。

（2）理论学习+技能训练：加强理论学习，夯实专业基础、强化技能训练，增长专业才干，理论和实践紧密融合，培养学生专业化职业素养。

（3）课内学习+课外拓展：课内系统学习，构建知识体系，课外延伸学习，拓展思维空间，课内和课外互补联合，激发学生个性化学习欲望。

（4）自主学习+团队协作：具备自主学习能力，独立分析和解决问题，培养团队协作精神，合作探究和处理难题，自主和团队协同配合，定位学生全面化人才培养。

基于以上混合教学模式思想，借助蓝墨云班课和云教材的“大智移云”技术开展混合式教学改革，将教学过程分为课前自学、课中探究和课后拓展三个阶段，各阶段根据教学需要设计相应的教学活动，实现教师主导引领，学生主体参与的混合式教学过程，具体见表 1。

表 1 混合式教学过程

教学阶段	活动内容	教师主导引领	学生主体参与
课前自学	发布资源	制作资源、发布通知、推送资源	查看通知、学习资源
	答疑讨论	设计问题、开展答疑、评价答案	提出问题、回答问题
	投票问卷	问卷设计、查看结果、调整方案	投票选项、查看结果
课中探究	自我测试	设计内容、开展测试、分析结果	参加测试、查漏补缺
	课堂表现	提出任务、筛选学生、评价考核	提交成果、分享经验
	头脑风暴	提出问题、查看答案、点评分析	思考问题、整理思路
课后拓展	推荐资源	搜集资源、推送发布、提醒学习	学习新知、发散思维
	答疑讨论	设计问题、开展答疑、评价答案	提出问题、回答问题
	作业任务	提出任务、查看作业、评价考核	设计方案、上传作业

利用“大智移云”技术实现线上自主学习，线下实践探究，强调专业理论知识与综合技能素养并重，课内学习必需够用知识，课外拓展专业视野，自主学习与团队协作交叉互补，从而完成混合式教与学的全过程。

4 “大智移云”促进诊断式教学评价

由于传统的“一张卷”等结果性教学评价方式不能全面客观反映学生的学习效果，多元形成等过程性教学评价更能真实体现学生的学习水平，诊断式教学评价是基于过程性教学评价的方式之一。诊断式教学评价侧重过程和能力考核，及时反馈教学效果，科学诊断学情及成因，从而促进教师定时查看教学数据、适时调整教学计划，督促学生按时完成学习任务，及时进行查漏补缺。“大智移云”技术促进了诊断式教学评价的实施，为设计全面、客观的考核方案，进行科学的教学评价提供保障。

大数据导出班课汇总和明细数据，实现了学生的学习轨迹的全程记录和跟踪，如图 9 所示，为实施诊断式教学评价提供了数据参数；智能化汇总分析教学信息，实现了教学信息的自动生成与分析，如图 10 所示，为实施诊断式教学评价节省了时间精力；移动互联网支持远程教学和泛在学习，实现了学生学习动态随时查看和监督，如图 11 所示，为实施诊断式教学评价提供了技术手段；云计算高效全面分析学情，实现了学情状况的及时反馈和提醒，如图 12 所示，为实施诊断式教学评价提供了参考依据。

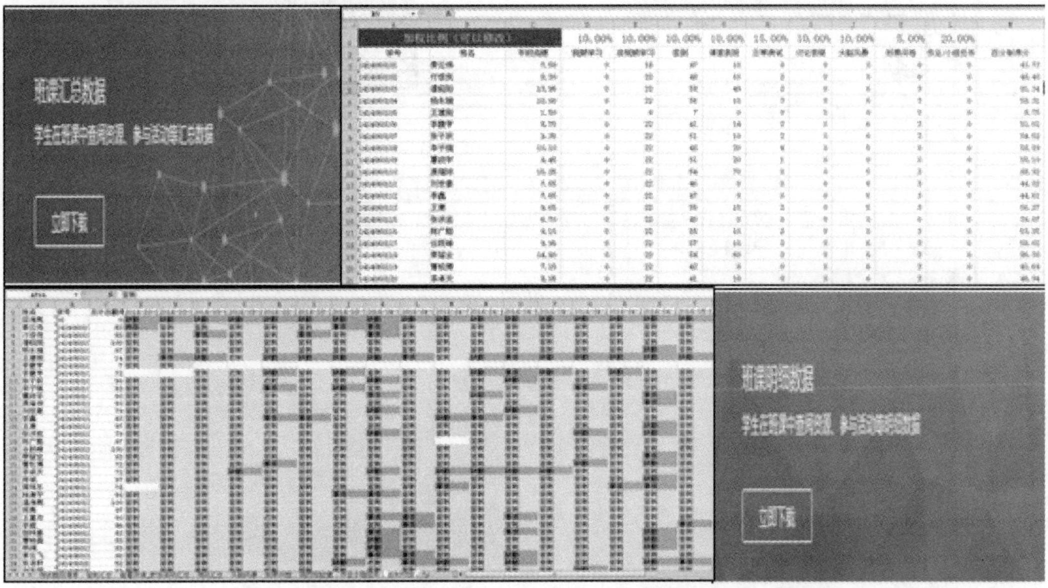

图 9　大数据导出班课汇总数据和明细数据

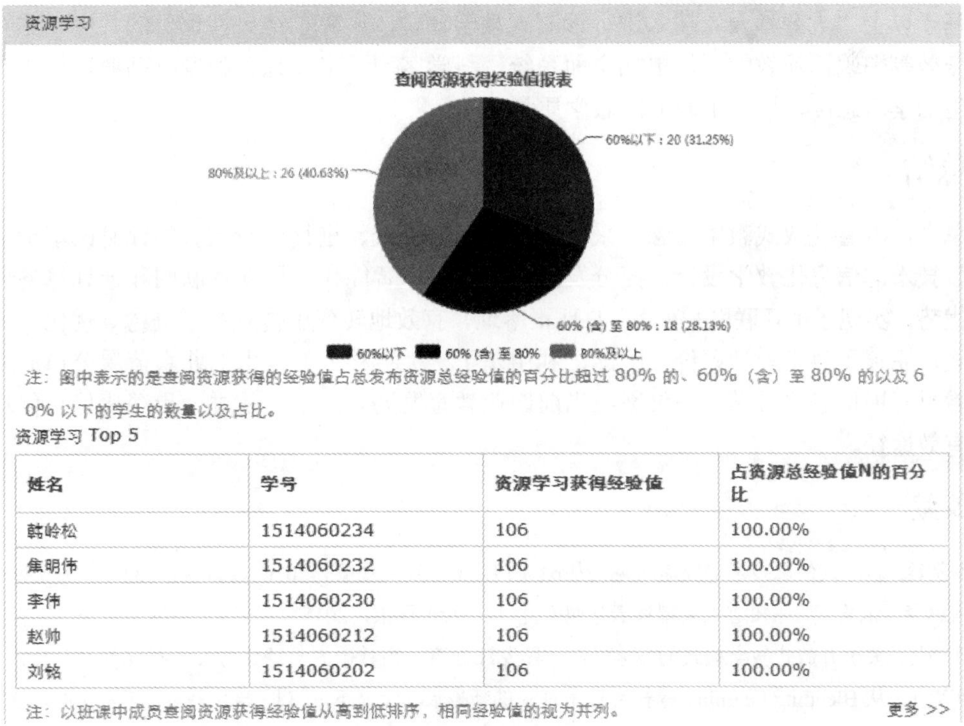

图 10　智能化汇总分析教学信息

图 11 移动互联网支持远程教学

图 12 云计算高效全面分析学情

基于以上“大智移云”技术进行诊断式教学评价，避免了结果性评价的片面、主观、单一和低效等弊端，使教学评价更加全面系统、科学客观、多元综合和及时高效，极大地端正了学生的学习态度，提高了教师的教学质量。

5 总结

总之，本着开放式教学理念、采取混合式教学模式、进行诊断式教学评价的基于“大智移云”技术的信息化教学设计，充分发挥了大数据、智能化、移动互联网和云计算各自的特点和优势，实现了“互联网+教育”的真正落地，有效地转变了传统教学理念、优化了课堂教学模式、完善了科学教学评价。因此，利用基于“大智移云”技术的北京蓝墨公司的云班课和云教材开展信息化教学，不仅适应当前职业教育发展方向，也是进一步深化信息化教学改革的有效途径。

参考文献

[1] 邬贺铨. 新一代信息技术的发展机遇与挑战 [J]. 中国发展观察，2016（2）：11–13.
[2] 喻思娈，范思翔. 你知道“大智移云”吗？ [N]. 人民日报，2015，1（23）：020.
[3] 陈晓男. 关于开放式教学模式的探索 [J]. 黑龙江教育（高教研究与评估），2008（6）：54–55.
[4] 何克抗. 从 Blending Learning 看教育技术理论的新发展（上，下）[J]. 电化教育研究，2004（3）：1–6.

蓝墨云班课平台大数据的高职院校学生管理实证

霍仁杰 辽宁轨道交通职业学院

摘 要：随着云教学大数据技术的大规模发展，基于蓝墨云班课平台数据的教学管理的相关研究在研究问题、理论基础和研究方法等方面有待全新的探索、突破、发展与完善，这就要求班导师转变学生管理理念与方式：深入解读蓝墨云班课平台特点；探究平台与经典学生管理实证研究框架的关系；加强平台对学生管理实证研究中的数据支持的应用，聚焦云教学大数据理论与实践的研究本身，把蓝墨云班课平台变为培养全面、均衡、可持续发展的高素养人才的有力助手。

关键词：蓝墨云班课；学生管理研究；大数据；个性化管理

近年来，大数据技术的不断进步对于社会发展产生深远影响，有专家认为，“大数据”是人们获得新的认知，创造新的价值的源泉[1]；其中，尤以“云教学”受到教育界广泛的关注，其显著影响主要涉及教学设计、教学模式、学生管理等诸多方面，展现了通过学生管理研究以助力管理水平提高的路径和美好蓝图，高等职业教育界对此寄予厚望。但是，使用基于移动云教学大数据平台——蓝墨云班课属于新鲜事物，进行学生管理尚处于探索阶段。那么，新时期使用蓝墨云班课平台呈现怎样的特点？基于云教学大数据的学生管理对策如何体现？针对平台数据的挖掘和分析如何进行学生管理理论、应用与实践的实证研究？本文将对此进行初步的探讨与分析。

1 新时期教学管理工作中存在的问题

专任教师在进行学生管理过程中存在一定的问题：第一，教学工作与学生管理工作在时间上、空间上的兼顾存在一定的难度。专任教师在时间上需要进行备课、研究和进修，在空间上需要实时进行项目化教学和实训室建设，这就决定了学生的日常管理工作往往在时间上和空间上不能够协调进行。第二，班导师在高职院校学生“育人”方面起到的关键性作用存在瓶颈。目前高职阶段的学生普遍是95后，思维活跃、追求个性化，但缺乏团队意识、合作精神，自律性不足。在日常管理中，班导师受到传统管理模式的制约，很难对学生的个性化问题进行有效的管理。虽然如今“微时代”的到来产生了大量的移动互联手段，例如QQ、微信，能够有利于班导师在一定程度上提高学生管理效果[2]，但没办法站在宏观的视角上，全面而详实地对学生行为动态进行统计与分析，从而无法根本地解决学生管理问题。

2 蓝墨云班课相关研究概况

蓝墨云班课是一款基于移动互联环境，满足教师和学生课堂教学互动与即时反馈需求的移动教学 APP，以激发学生在移动设备上自主学习为目的，实现教师与学生之间的即时互动、资源推送和作业任务，通过云平台实时记录学生的学习行为，游戏化的经验值激励学生学习，老师可以点赞给予经验值奖励，实现过程性评价和个性化教学。蓝墨云班课应用在学生管理工作中产生深远影响：传统的学生管理主要包括学生管理的过程和结果，区别主要在于数据分析的不同角度和方法，例如聚类分析和依据定义的数据比例结算等，蓝墨云班课的研究同样得到类似的结果；不仅局限于此，学生不同的模式的行为体现了学生需求的多样化，这无法用单一的指标来涵盖，蓝墨云班课应对学生管理的这一问题给出了卓越的应对策略。

（1）蓝墨云班课平台能够通过“投票/问卷”“头脑风暴”和“答疑/讨论”等活动体现学生在日常活动中的投入程度，包括参与各类教师在线日常管理活动的范围和深度，对于学生持续参与程度的统计有显著的作用。

（2）蓝墨云班课“资源”模块提供课件、视频、案例等涵盖了学生自主学习和管理的所有形式，并通过经验值奖励吸引学生进行资源整合，更是完善了全面监控学生日常活动的重要手段，盘活了教师手中的碎片化资源，推动了学生的个性化管理。

（3）蓝墨云班课能够通过“激励与评价”“教材学习行为评价”“班课行为全记录”等模块对成员进行过程性激励和形成性评价。

此外，蓝墨云班课还包括点名签到、通知、课程圈、作业/小组任务、随堂测试等模块，助力教育教学的改革和学生管理的创新。

3 蓝墨云班课与经典学生管理实证研究框架的关系

利用蓝墨云班课平台数据进行有关学生管理的研究，不应脱离学生管理研究的基本问题，在宏观层面上关注学生管理的组织管理和运行，结合蓝墨云班课平台的实践状况，探讨经典学生管理实证研究和基于云教学大数据的蓝墨云班课平台数据研究的关系。

在学生管理研究中，理论既是主要的研究主题之一，也是重要的理论基础来源。其中，教育心理学是代表学科，理论大致分为行为主义、认知主义、构建主义和人本主义等，不管采取怎样的视角，不同的理论在学生管理问题上还是存在一些共同点的。对于蓝墨云班课平台来说，也是以一定的理论为支撑，并非无缘源之水，无本之木。蓝墨云班课对于所在班级成员提供了自我管理和个性化管理的条件。研究表明，学生的自我管理和个性化管理是自我驱动、自主选择的，管理策略是自己调节的，学生能够主动营造有利于学习的物质和社会性条件，并能够对管理结果做出自我判断和评价，那么，学生的管理就是充分自主的[3]。基于这样的观点，学院大力宣传推广学生公寓的个性化寝室，志同道合的学生，依据共同的兴趣爱好，以个性化的爱好自主命名，如“音乐社”“排球社”“All star”“异乡聚点”等，颇具个性气质。每个寝室也都是学生以个性化理念为出发点进行布置。然而，这就为班导师的个性化管理提出严峻的要求。蓝墨云班课平台能够帮助班导师构建一个以学生寝室为中心的平台来服务学生，通过“谈论/答疑”，随时随地的师生互动把握学生管理规律；“投票/问卷”便于班导师对学生管理更高效，结果更即时，组织更便捷，结合学生个性特征的基础上体现管理者的智慧，对学生寝室进行个性化管理。个性化寝室文化无形中推动了学生优良行为习惯的养成，个性化管理体现出学校生活的快乐与和谐，有效发挥班导师的“育人”作用。

4 蓝墨云班课对学生管理实证研究中的数据支持

蓝墨云班课平台为学生管理工作提供了非常丰富而便利的数据支持。一方面，在线记录使得数据的收集更为全面、便利和通透，处理起来也相对便捷，易于保存和调用分析，大数据技术为学生管理效果多元化的分析、个性化管理提供可能。例如，班会属于最典型的学生日常管理工作，传统的班会以班主任说教为主，班导师与学生实现深层次沟通；而通过蓝墨云班课平台，大数据技术支持班会以图片、PPT、视频等形式开展。"头脑风暴"加深了班导师与学生，学生与学生之间可以通过"头脑风暴"，实现背对背独立思考发言，思想碰撞，增进了师生之间的沟通与交流，同时也提高了学生之间的团队合作精神。

传统的学生日常管理工作中大多都是量化的指标，例如行为和成绩类，最终形成操行成绩，缺少了背景信息类的数据，有关动机、态度和情感等方面的研究受到了极大地限制，而这些因素又是学生管理研究中不可回避的关键性的话题。蓝墨云班课平台基于移动网络云教学大数据技术，形成了以"图文资源发布—创建题库—随堂测试—数据导出—学情分析"的形式，以一键导出的具有过程性考评数据特征的班级和学生的学情档案为内涵的分析数据，从而实现班导师利用客观的行为数据来挖掘学生行为状态的动机和意图等主观要素的可能。

大数据技术对蓝墨云班课平台上的学生管理评价和测量研究带来了深远的影响。平台开放条件下大规模的个性化数据精确跟踪并定位了学生发生的行为，不受时间和空间的限制和束缚，放大了学生个体之间的差异，例如增进了师生之间在假期的远程互动，学生可以通过"作业/小组任务"上传假期动态，成员之间可以轻松开展小组互评，并获得经验值，有利于班导师更全面客观的评估学生动态。

5 结论

蓝墨云班课是基于云教学大数据平台，为学生管理的实证分析提供了大量的、准确的数据资料，有助于相应领域研究的探究、扩展、深入与贯彻实施。研究重点在于深入解读蓝墨云班课平台特点；探究平台与经典学生管理实证研究框架的关系；加强平台对学生管理实证研究中的数据支持的应用。

参考文献

[1] Mayer-Shcönberger V, Cukier K. Big Data: A Revolution That Will Transform How We Live, Work, and Think (in Chinese)[M]. Sheng Y Y, Zhou T, eds. Hangzhou: Zhejiang People's Publishing House, 2013.

[2] 陈冬瑞."微时代"高职院校学生管理工作的新思考 [J]. 中国职业技术教育，2016（35）：80–81.

[3] 庞维国. 论学生的自主学习 [J]. 华东师范大学学报（教育科学版），2001，20：78–83.

展示亮点解决痛点开拓移动教学新路

蒋治国　江苏省无锡交通高等职业技术学校

摘　要：移动教学启动三年多，也在学校搞过数次培训，可应用的老师还是不多，我们是不是走到了再次提升的拐点。本文在如何建立适合的内容、如何解决痛点、展示亮点、电子产品如何防止滥用等方面作了一定探讨，让我们来共同开拓移动教学新路。

关键词：亮点；痛点；移动教学；蓝墨云班课

现在人们越来越离不开手机，通过移动终端可以学习，大家已有共识，据初步调查，普及较早的学校，移动教学普及率达到近四成，怎么做能进一步开拓移动教学呢？让我们分以下几方面一一来探讨。

1　当前应用状态的认识

大家应用还不太积极，也可能正好体现了技术应用的一个规律：从引起重视到大力发展、遇到困难，反思提高，再稳步发展（图 1）。我们当前应该走到了再次提升的拐点，建立起适合的内容、解决流量和手机管理等问题，将会走出移动教学新路。

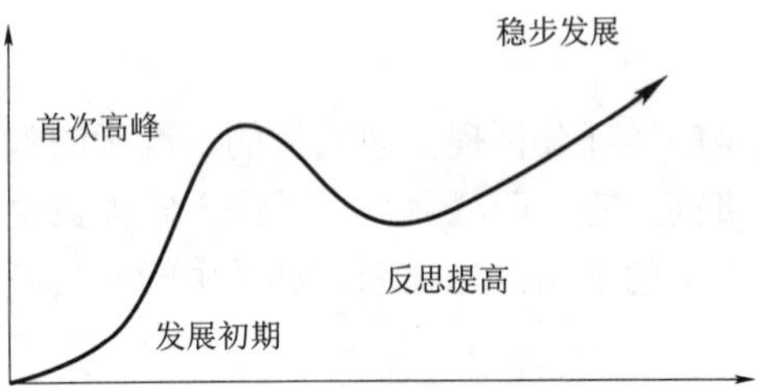

图 1

我们的再认识：

我们教育机构，特别是职业学校需要移动教学，要构成移动学习全生态系统来再次起飞：

（1）信息化环境 APP 的广泛应用，如蓝墨云班课。

（2）信息资源类平台的丰富，如云教材。

（3）智能硬件控制防滥用软件或方案，让学生自觉使用手机。

（4）适用的媒体硬件和流量方案，让师生方便使用。

（5）有大量应用基础软件支撑，如问卷星等第三方平台的支持。

以上部分共同发力，特别是蓝墨云班课能迅速搭建一个移动教学环境，好用、易用的引领作用不可小看。

当然移动教学不是万能的，蓝墨云班课虽方便教学，但不能取代原来的教学方式，而只是一种辅助教学工具，可以帮助教学开拓一些新型教学模式，如微课教学、翻转课堂教学、JITT 教学等。

2　让我们先制造亮点

如何积极尝试，改进模式来应用蓝墨云班课呢？我们先改善一下教学气氛，制造亮点：

2.1 收作业、拍照上传

任课老师：让学生定时作业。

班主任：每天记录学习 30 分钟以上笔头作业。

2.2 调动气氛

用蓝墨云班课游戏拉近距离，兴趣是最好的老师。从激发学生学习兴趣出发，巧妙安排课堂实施步骤，让学生在课堂爱上使用手机的移动教学方式。

2.3 开展趣味性点名签到活动

为了让你今后的课堂点名签到顺利实施，你可以和学生们反复玩两次用蓝墨云班课 10 秒钟点名签到；50 人以内小班签到不是目的，是进入学习的号角。

2.4 开展调查问卷投票

为了让你马上要实施的新型教学法被学生顺利接受，你可以用蓝墨云班课开展一次关于实施新型教学法的调查问卷，获得学生最大程度的支持；

职业学校学生有较强独立和参与意识，通过问卷投票你还可以关心学生以下问题：学生喜欢去哪里户外活动、选举课代表或班级干部、看看学生业余时间喜欢做什么……拉近与学生的距离。

2.5 开展测验，PK 排行榜，发现学霸

为了提起学生对你的教学专业内容的兴趣，你除了可以给学生分享各类知识、资源，还可以用蓝墨云班课做一些学科趣味测验或比赛，内容与专业相关但又有趣味的、具有一些挑战性的、让学生琢磨不透答案的、引发要探索结果的……

学生学业测试、技能鉴定有不少客观题，我们可以大力采用蓝墨云班课来练习。

2.6 开展课堂辩论

有些和你的课非常相关的话题，你也可以用蓝墨云班课“答疑讨论”互动开展“无声”的课堂辩论，让正方和反方充分运用文字在活动中表达观点，对于思考有深度、表达优秀的即时点赞，最后你再做高大上的回顾总结，一切尽在你的掌握之中……

2.7 开展小组活动

有些课堂会一整个学期都用小组教学的模式，就可以开展一次趣味的小组活动，用蓝墨云班课“小组任务/作业”功能给学生小组下达趣味任务，比如拍一个趣味的小组合照、为小组起名和起口号等，这些任务结果都可以记录在蓝墨云班课中，为提升学生活动参与性助力。

2.8 比经验值

“分数是学生的命”虽然夸张，我们如果将经验值作 50%平时成绩就有了含金量，更促进了学习竞赛。

2.9 开展翻转教学试点

将要求学习的资源分为“必学”“选学”，对“必学”内容坚持不论是链接、视频、PPT等资源，其后一定接一个活动（评论+投票或测试），并开展翻转教学来检验学习成果，让“资源”内化为学生知识或能力。

3 移动教学的不断提升

移动教学应用可以分多个层次，老师们可以一步一个台阶，不断提升。

3.1 基本套路

从微信注册用户9亿、人人爱用启发，我们移动教学要创造三个多（深度）对学生保持持久吸引力：资源多、活动多、扩展课程多，并且不断增长。蓝墨云班课多深度有助学生保持热度，让学生感觉“好玩”。时常版本升级也会带来许多惊喜。

3.2 进阶手段

（1）掌握制作微课、屏幕录像、格式工厂转换视频等方法，了解只有MP4格式，才能方便安卓和苹果打开。

（2）蓝墨云班课过程性考核。第一堂课就作考核说明，给学生们一个获得平时成绩的地图，以免到学期末产生师生纠纷。

（3）常激励、学会点赞。在蓝墨云班课的各个活动中，都有点赞加分功能，头脑风暴活动中有、答疑讨论活动中也有，课堂表现活动更是一个常规的加分渠道。不要吝惜你的“经验值”，大方地给学生点个赞、加两分，他们会为此“疯狂”！

3.3 提高阶段，成为墨客

（1）通过问卷星等第三方工具，丰富调查内容，实现填空题、连线题。

（2）随堂记录分数充分用，摇出精彩。

（3）移动手机共享到投影上，深入学生中间上课。

（4）通过课程包快上手：

① 加入乐意共享的老师班课，在Web端共享资源。

② 利用课程圈，借用资源。

③ 创建和分享课程包。

有许多课程圈、QQ群可以交流，让蓝墨云班课“老鸟”带你飞。

4 解决云班课痛点

移动教学有不少劣势——如何解决痛点？

4.1 学生不完成作业

对不够自觉的，明确提出要求说三次，给学生一定时间，做得快的达80分的可以类似考试一样提前下课，不做好的不让走。

总量控制：要求经验值必须是最高值的 80%以上。

4.2 学生没流量怎么解决网络

蓝墨云班课 APP 本身很小，参与互动的流量使用也非常少，可以放心大胆地使用。

4.3 制定使用规则

除了“吸引”和“兴趣”，用手机在课程中开展教学，不能不设定一些“规则”。无规矩不成方圆，在第一堂课把规矩立好将是随后一个学期教学质量的保证。建议手机使用五状态管理法。

（1）随意用。未上课时（多人在教室时要戴耳机或静音）。

（2）不能打游戏和看电视剧、低俗小说。自修课时、晚自修后半时间，课堂上非老师主导时间（戴耳机或静音）。

（3）老师让用才能用。老师主导课堂上课时（不可用时手机屏幕向下、不拿出来或锁屏。不可戴耳机，并静音）。

（4）手机放在台下或口袋。老师主导课堂不用手机上课时、晚自修后半时间（手机关机或静音，闹钟取消）。

（5）手机集中台前存放。

5 如何推进移动教学的应用

（1）第一堂课要展示基本功。开学第一堂课，千万别急着上正课。别以为时间紧，教学任务重，就急着给学生传授新知识。欲速则不达。学生第一堂课上存在着各种情绪问题，放假返校的心理不适感、对老师的兴趣大于对教学内容的兴趣的心理等，如果不把这些问题解决，开展教学的效果不会好，而且会对整学期的教学带来影响。第一堂课，师生之间好好交交底，取得学生的信任和爱戴最重要。

第一堂课尽量不用电子手段，要演讲、板书，用人格、知识面和活动组织吸引学生。要展示自己的基本功，在下课前可进行蓝墨云班课下载安装签到比赛。

（2）老师不断吸取新知识：扫描二维码，关注蓝墨官方公众号。

（3）学校鼓励移动教学，支持手机进课堂，作为信息化教学大赛辅助手段。

（4）组织应用比赛比赛、魅力值 PK。

（5）加大投入：广泛建立无线 wifi 网，添置笔记本电脑和教学设备。

（6）部署学校移动云教学大数据平台，掌握数据和指导各系部应用。

（7）开发电子教材，将成熟的蓝墨云班课资源开发成云教学。

（8）送出去，请进来，开展广泛培训：① 教学引导师培训；② 翻转课堂培训；③ 微课培训。

（9）各种场合推广应用，全校性活动积极应用。课题研究、安全知识竞赛，徒步活动美照评比，都可以在云端进行。

大家都是被蓝墨云班课强大功能吸引，通过以上方式一定会激发起更多老师应用移动教学手段，从而提高教学质量。

云教学大数据促进教学诊断与改进

杨万得　吴晓进　刘艳萍　江苏省南通中等专业学校

摘　要：通过移动云教学 APP 端采集的全校教学数据，试图对全校到个体教师的教学数据进行不同数据变量之间的相关性挖掘，通过不同教学风格、学习行为的聚类陈列分析，从而判断教师与学生之间教与学对接中施教者的行为对学习者知识习得习惯的正负向影响，以图建立可视全校教学分析数据智能分析规则，使学校决策层对教学过程中的问题能做出清晰明了的判断，使学校在提升教学质量与校本培训的政策、制度的顶层设计时更合理、科学。

关键词：移动云平台；大数据采集；教学风格；学习行为；过程化评价；混合式学习

“每十年，总是有极少数的书，能改变你看待一切的方式。”这是哈佛大学法学院教授对畅销商业科技书《BIGDAT（大数据）》的书评，也宣示了一个新的、由数据资料主宰时代的兴起。随着世界网民人数的增长与云端运算技术的成熟，巨量数据的取得与分析为人们带来新的思维，颠覆了许多领域的理解与运作模式，从电子商务、社交生活、公共行政、健康医疗……而教育逐渐被认为是大数据可以大有作为的一个重要应用领域，有人大胆地预测大数据将给教育带来革命性的变化。

2016 年 9 月新学期伊始，我校引进支持移动教学的蓝墨云班课，一年来，在校领导的重视下，全体教师积极参与移动教学的常态应用，现将平台 APP 端采集的云教学数据做一分析，对来年我校信息化教学的方向及校本研训工作提供科学合理的指导依据。

1　平台功能概介

基于云计算的蓝墨云班课分为两个部分：一是基于 PC 机 Web 端的后台管理系统；一是基于移动 APP 的教学平台。数据采集渠道来自于移动 APP 终端，采集方式灵活、多样。对老师、学生课程教学、学习数据如课程基本信息、课程资源、课程作业、师生交互信息、课程考核结果等数据分门别类进行采集。平台支持多种教学资源的发布；学习者学习过程参与度与效度的自动评价；“课程圈”功能打造基于校本教研圈与学习圈的资源链接与共享。另外“教学数据”对教师教学情况与学生学习情况进行全过程记录，并可以一键导出生成 Excel 表格（具体功能见图 1）。

2　全校整体情况

已有 80 余位老师展开常态化的移动教学，占全校教师人数比为 41.2%。开设涉及 58 门课程的 189 个移动教学班课，累计参加学习学生 2 522 人次，一学期以来共建设课程资源 3 450 个，在线题库试题数达 1.4 万，师生、生生互动数达 1.4 万次。一学期以来，在校长室及教务处、各系部的推动下，信息化教学手段与移动学习已渐入日常教学、技能实训，技能大赛集训队的线上线下教学与学习，平台互动数据的数量足以说明这一点（图 2）。

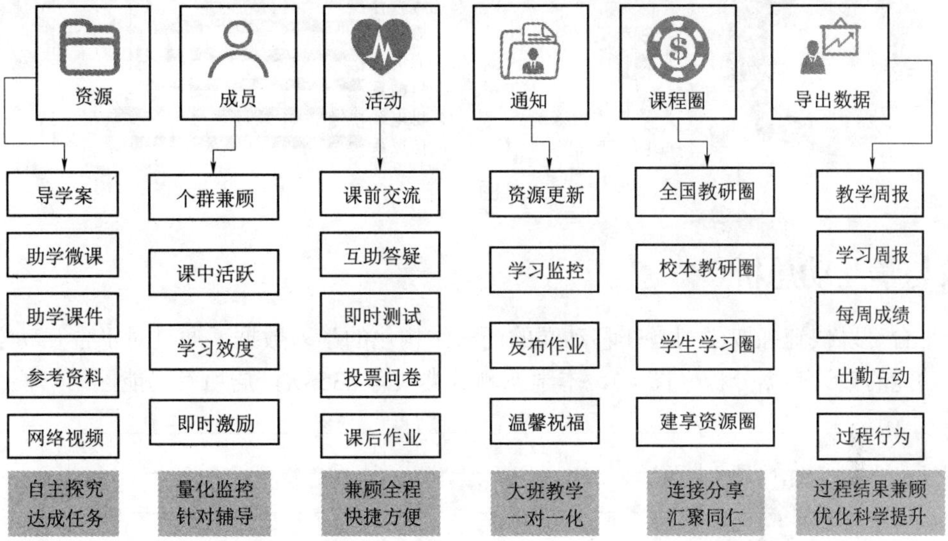

图 1

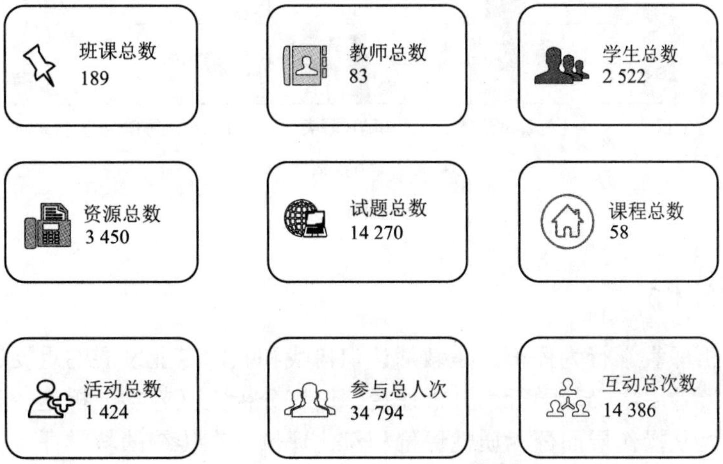

图 2

3 课程资源建设

云平台教学的核心之一是数字化课程资源的建设。学校教务处先后组织微课制作培训班、微课制作提高班、信息化教学技能培训班、数字资源开发策略等线上与线下结合的校本研训，全校先后多达 350 人次参加线上培训。校领导率先垂范，一线教师紧跟其后并快速成长为数字资源开发能手：全校共开发视频资源 1 000 余个；图片资源 990 个；课件、学案、教案类 911 个。通过察看全校各系部课程资源可以直观地看出各教学系部的资源建设情况的差异，确定来年我校工作重点。同时对于各系部不均衡的云平台应用也需要制定制度来保障与推广（见图 3）。

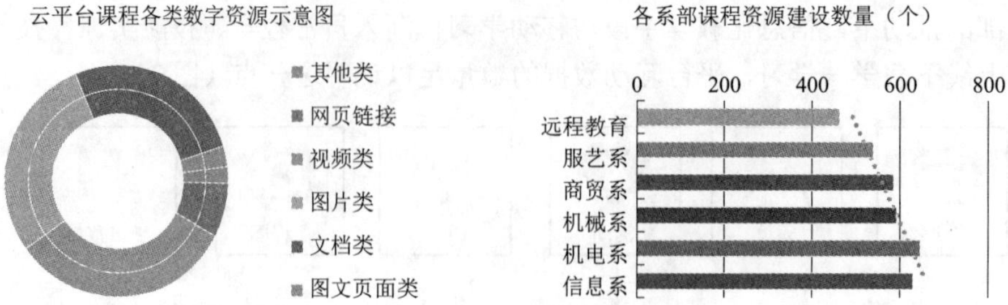

图 3

4 教与学互动总析

云平台可以快速抓取学习者在移动端的尚未结构化的学习数据，通过对平台互动学习几种主要功能的累计数据分析（图 4），本学期测试类共有 635 次，居所有功能区第一位。

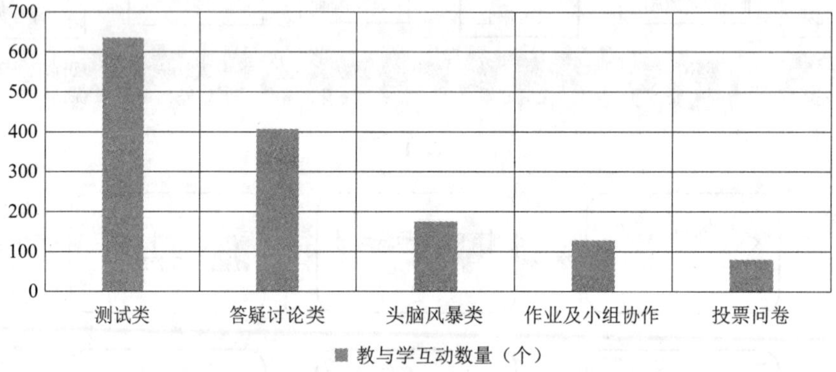

图 4

5 教学行为分析

教学行为分析即教学行为评价，是教师认识自我和教师专业发展的重要途径。它存在三个基本分析途径：效率主义教学行为分析途径、语言分析主义教学分析途径和行为主义的教学行为分析途径。从操作层面分为质性评价和量化评价。在传统的教学评价时多运用质性评价。通过观察、访谈、问卷及描述等方式对真实的教育情境、教育现象进行发展性评价。而现在立足于平台数据的量化结构呈现，我们依据平台数据来做简明、精确的量化分析，以数据的结论减少认知主观推论，而产生的结论直观，具有极强的指导意义。图 5 显示，平台采集的魅力值会将日常教学中应用程度较好的老师自动按照规定的顺序进行排序显示，魅力值生成依据是教师日常教学活动的总统计，它涵盖了课程资源建设、线上线下各种互动活动设置与发布（各班课内学生人数、作业、测试、讨论答疑、小组协作任务发布、投票问卷）等。

郑老师的魅力值达 1 816，而创建的班课数只有 4 个，可以判断这位老师云教学常态化做得非常好。再从累计学生数、资源发布数来看，他的教学应是实训教学为主，对课堂的互动活动开展较多，质量高是其魅力值的主要得分点，虽未进入详细班课，但根据平台魅力值得分规则可以快速判断他的活动集中在测试类。而杨老师的班课、学生、活动、资源数四个信息总体都比郑老师高，而魅力值却没有明显差距，判断他的教学中资源发布与互动性的“答疑/讨论”、课堂提问开展活动较多。从两位教师的云教学总体行为数据来看，基本反映我校信息化教学常态课堂中的实际情况。

郑老师教学档案 系部：机电系 魅力值1 816 创建班课数4 累计学生124 开展活动182 发布资源169	1405机电	资源13个	成员37个	签到15个	测试52个	头暴3个	答疑3个	作业2个	投票0个	课堂1个
	1505机电	资源76个	成员30个	签到14个	测试95个	头暴1个	答疑1个	作业3个	投票2个	课堂0个

杨老师教学档案 系部：服艺系 魅力值2 144 创建班课数8 累计学生136 开展活动295 发布资源215	1508服艺	资源71个	成员30个	签到4个	测试3个	头暴8个	答疑54个	作业8个	投票0个	课堂55个
	1603机电	资源57个	成员47个	签到6个	测试13个	头暴7个	答疑31个	作业3个	投票2个	课堂45个

图 5

6 学习者行为分析

云平台统计的量化数据直观明了，让教师快速直接地判断某个学生的周、月、学期的学习过程性数据，快速分析他的学习行为。这些学习行为与平台的过程性评价结果“经验值”数据最终生成过程性评价。有助于老师快速发现学生不良学习习惯，查错补漏，一对一辅导。

图 6 中这位 1 553 班王晗宇同学共参加了本学期五门云平台课程，所获得的总经验值达 733 分，共查看资源 217 个，其中视频学习 137 个，累计时长达 668 分钟；在五门课程的学习中，经验值排名基本在前 6 名，虽积极参与活动、查看资源，但获得教师与同学的点赞数只有 5 个，还有需打破整个学期参与“讨论解答”仅为 15 次的现状——教师在平时要提醒他积极参与平台中同伴协作，共商解决问题的能力，在与别人交流中加强自身的思维大综合。

王晗宇学习档案 学号：13 教师：王伟 课程：物理 班级：1553 经验值：733	加入班课 5个	出勤率 97%	查看资源 217	视频学习 137	视频学习 668分钟	参与活动 103	讨论解答 15	获得点赞 5

图 6

7 结论

云平台数据从移动端获取的数据正在成为智慧校园的重要组成因素。借助云教学大数据，笔者坚信会达成四大功能：

（1）预测——具备判断教师与学生之间教与学对接中施教者的行为对学习者知识习得习惯的正负向影响，从而达成正向指导意义的科学化，提升优化线上学习，线下教学组织。

（2）聚类——从平台对教学过程自然集中起来的数据点分析，有助于把不同学习行为的学习者集中分析，快速寻找出造成不利学生发展的习惯，并进行分析纠正。

（3）相关性挖掘——通过不同数据变量之间的关系，并对其进行条块固化的智能分析（解码），以便提供给教务部门规范快速的分析，使教务部门在教学管理中做到快速反应，有的放矢地指导教育教学。

（4）升华人的判断——建立可视全校教学分析数据智能分析规则，使学校决策层对教学过程中的问题能做出清晰明了的判断，使学校在提升教学质量与校本培训的政策、制度的顶层设计时更合理、科学。

一个学期的云平台教学工作回顾中，我们发现通过大数据进行学习分析能够为每一位学生都创设一个量身定做的学习环境和个性化的课程，为学生的多年学习提供一个富有挑战性的学习计划。因此，有识之士经预言未来的学习将是大数据驱动的新时代。我们应该积极迎接这个新时代，通过大数据来分析学习，进一步改善教学的方式与方法，进一步促进学生学习成绩的提高。

基于蓝墨云班课的“一体两翼”信息化教学构建与实施①

闫国新 黄河水利职业技术学院

摘 要：根据信息化在当前教育教学改革中的重要性，基于蓝墨云班课提出了“以教学设计为核心，以资源推送和活动开展为两翼”的信息化教学设计构建思路。通过实践取得了良好的教学效果，以期对信息化教学设计提供一种模式。

关键词：信息化教学；蓝墨云班课

1 方案的提出

随着“互联网+”在教育教学中的应用，根据目前高职学生的学情分析，以及教学模式、教学方法的转变和职业能力培养的需要，信息化教学是处在当前教育教学改革风口浪尖的最强音。但是在实际教学中出现了下列现象：

（1）课堂就是资源的展示区，为了信息化而信息化，不明白资源的教学功能。

（2）课前、课中和课后玩“手段”，QQ、微信、飞信、各种平台玩得很酷，但也令学生很眩晕，没有把教学活动集中到一个平台。

（3）教学过程杂乱，主线不明确，没有按照学生的特点和认知规律设置教学环节。

基于此，本人提出了“一体两翼”信息化教学构建方案。如图 1 所示，以合理的教学环节设计为核心，以蓝墨云班课开展的教学活动和推送的教学资源为支撑的“一体两翼”解决方案。

图 1 “一体两翼”信息化教学模型

① 项目来源：全国水利职业院校移动云教学大数据研究中心。

2 方案“一体两翼”的构建

2.1 教学环节设计——“一体”

信息化教学的核心是教学环节设置，它是信息化课堂的主轴和灵魂，只有教学环节设置恰当才能达成既定的教学目标。根据完整的职业行动理论和布鲁姆理论，一般把课堂教学过程设置为四个环节，如图 2 所示。

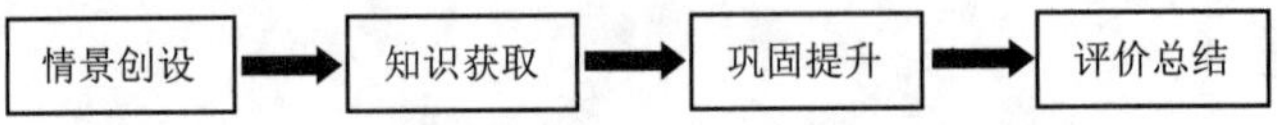

图 2 课堂教学过程设置

根据不同行业专业和课程特点可以做适当的调整。比如“水利工程施工技术”课程设置的教学环节如图 3 所示。

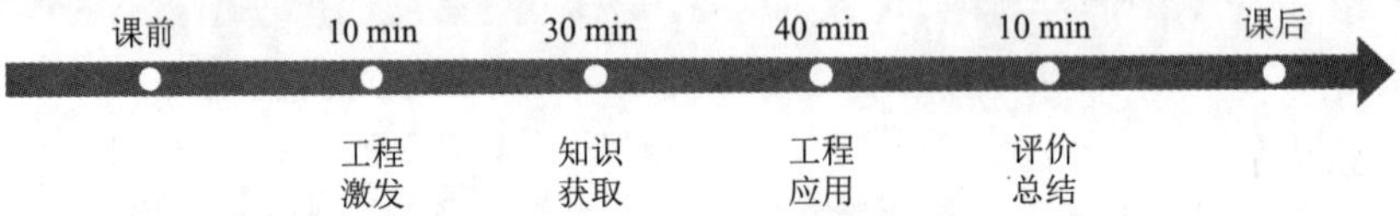

图 3 “水利工程施工技术”课程设置的教学环节

2.2 教学资源——“一翼”

教学资源有文本类、图片类、音频、视频类、课件类、动画类、仿真类、交互组件类和实体模型等。不同资源在不同的教学环节中发挥不同的作用，因此必须了解教学媒体的教学功能。不同资源用作不同的教学功能，如图 4 所示。

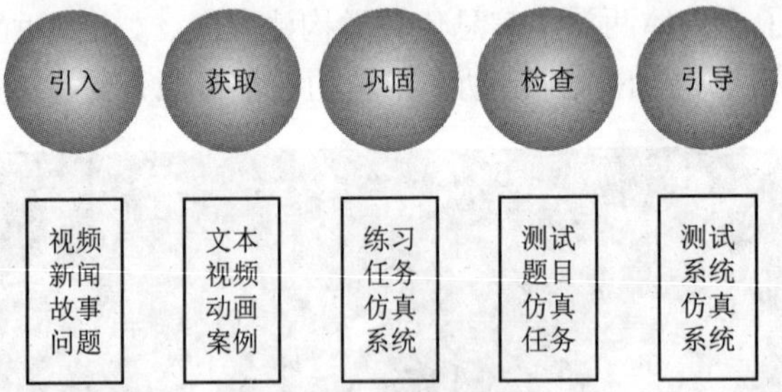

图 4 媒体教学功能

2.3 教学活动——“另一翼”

信息化教学除了丰富的教学资源外，还必须有强大的教学活动。蓝墨云班课可以开展手势签到、投票问卷、头脑风暴、讨论答疑、测试活动、小组任务、课堂表现、作业任务等八项活动。要根据不同的教学环节教学任务设置不同的教学活动，分类如图 5 所示。

资源推送和教学互动设置从云班课中自动生成教学报告，如图 6 所示。

课前准备	课堂实施	课后拓展
投票问卷 测试活动 头脑风暴	手势签到 投票问卷 头脑风暴 小组任务 课堂表现 测试活动	投票问卷 作业任务 测试活动 讨论答疑

图 5　活动设置

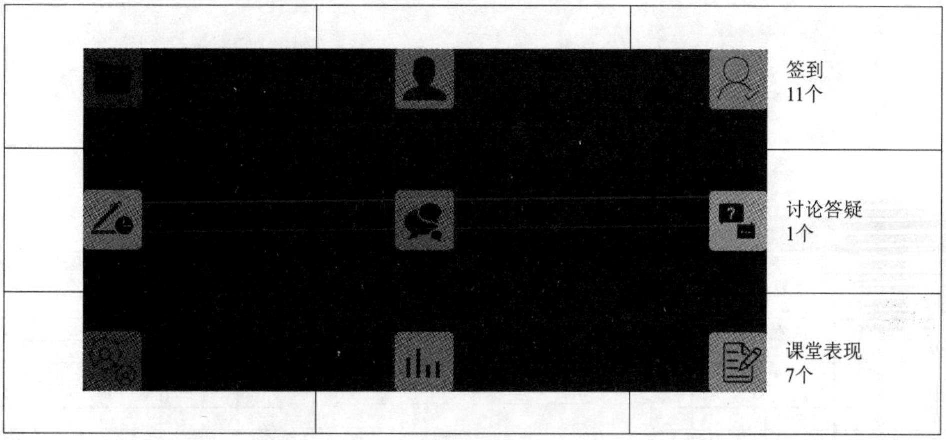

图 6　课程资源和教学活动统计

2.4　方案构建

以蓝墨云平台为基础，以教学设计为核心，以教学资源和教学活动为支撑，就可以构建出高效信息化课程，从而实现学生职业行动能力的培养目标(图 7)。

图 7　方案构建图

3　方案的实施与效果

根据“水利工程施工技术”课程的特点，结合上述“一体两翼”信息化教学的构建思想，具体实施如图 8 所示。

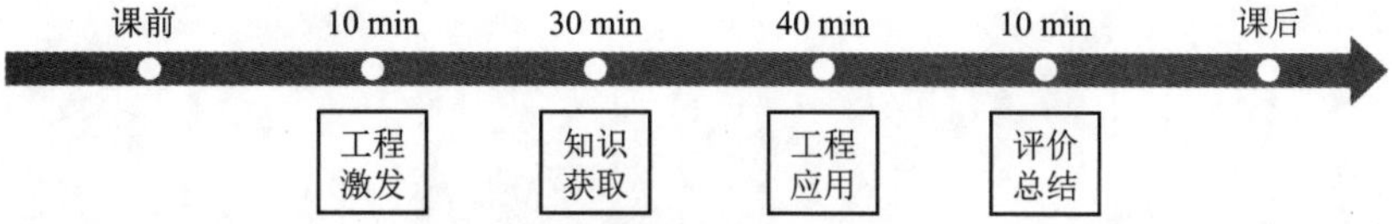

虚拟项目部	导流视频	教学动画 过关小游戏	分组任务单 导游案例	测试题目	教学微课
问卷调出 头脑风暴	推送资源	推送资源 课堂表现	小组任务 推送资源	快速组题 测试活动	推送微课 答疑讨论

图 8　信息化教学设计

通过信息化手段进行的教学大大提高了学生的学习兴趣，提高了课堂的效率；由于蓝墨云班课实时给出学生的经验分值，鼓励学生不断通过学习资源、课堂表现和课后推送视频及作业来提高自己的分值，大大提高了学生上课的积极性和主动性。学生的出勤率由原来的80%左右到最后的满勤（图9）；平台自动统计学生的成绩（图10），学生的学习成绩100%合格，且大部分集中在80～100分。

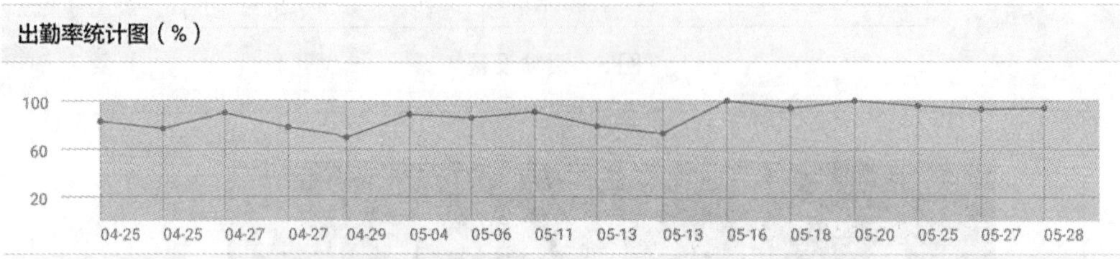

图9　出勤率统计

加权比例（可以修改）			10%	10%	10%	10%	15%	10%	10%	5%	20%	
学号	姓名	平时成绩	视频学习	非视频学习	签到	课堂表现	日常测试	讨论答疑	头脑风暴	投票问卷	作业/小组任务	百分制得分
20141030428	郝丹舟	15.85	14	8	18	2	43	8	0	8	20	74.07
20141040907	闫文龙	15.65	14	8	22	2	36	8	3	11	20	73.13
20141070101	侯盟柯	18.65	4	8	26	3	62	4	3	11	20	87.15
20141070102	沈小亭	20.05	14	8	32	4	56	8	3	11	21	93.69
20141070103	闫贺贺	16.20	14	8	24	2	37	8	3	11	21	75.70
20141070105	王茜	15.65	14						3	11	21	73.13
20141070106	龙焱	17.55	14						3	11	21	82.01
20141070107	卢晗	14.95	14						3	8	21	69.86
20141070108	王俊超	16.00	3						3	7	22	74.77
20141070110	姚文豪	18.40	11						3	11	21	85.98
20141070111	袁明奇	19.50	14						3	7	20	91.12
20141070112	徐文超	17.25	9						3	11	18	80.61
20141070113	马东旸	17.65	14						3	11	20	82.48
20141070114	乔耀民	17.15	9						3	11	21	80.14
20141070115	郭红波	19.70	14	8	26	2	57	11	3	11	21	92.06
20141070116	任纪锋	17.45	14	8	28	2	44	8	3	11	20	81.54
20141070117	孙志勇	15.60	11	8	20	2	41	8	0	11	20	72.90
20141070118	代壮壮	16.35	11	8	30	2	44	8	3	7	16	76.40
20141070119	李浩海	17.85	11	8	26	2	54	8	3	11	17	83.41

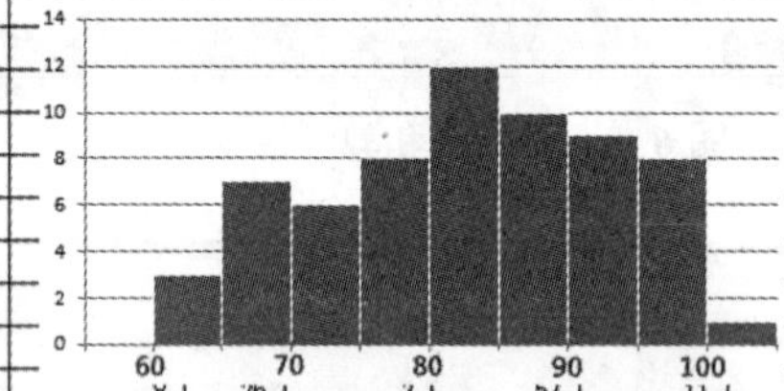

图10　学生成绩表

4　总结

信息化教学是顺应时代发展，符合学生认知规律，旨在解决教学中的重点和难点的教学模式。蓝墨云班课为实现信息化教学提供了完美的解决方案，“一体两翼”的思想是其在教学应用中的具体体现。

基于蓝墨云班课的高职移动教学的研究与实践①

颜珍平　颜谦和　刘志成　湖南铁道职业技术学院

摘　要：移动学习已成为一种新型学习方式，使用蓝墨云班课平台开展移动教学的组织与实施，能有效地引导学习者学习，让教与学更轻松、自由、有趣。

关键词：蓝墨云班课；翻转课堂；教学模式

0　引言

随着以计算机、网络技术、通信技术为代表的移动互联网技术的迅猛发展，知识传播的手段和方式也悄然无声地变化着，"互联网+"时代能够随时随地地满足用户的学习需求，让生活更加立体化，使移动学习成为一种新型学习方式，学习者不再被限制在电脑桌前，可以自由自在、随时随地进行不同目的、不同方式的学习，也增强了师生交互的频率和及时性。那在这种"互联网+"时代如何让我们的教与学更轻松、自由、有趣，如何进行移动学习的有效组织与管理，并及时利用大数据对课程教学质量进行科学诊断，将是一线教师面临的一个重要的现实问题。

1　蓝墨云班课

蓝墨云班课是一款基于移动网络环境的教学 APP 软件，教师可以利用它开展一系列的教学活动，实现教学互动与即时反馈交流，提高课堂中师生交流互动的频率，激发学生利用移动设备进行自主学习，真正实现教师与学生之间的教学互动、反馈交流、资源推送、教学反馈、评价诊断等活动，能有效地推动教学活动的开展与实施。

教师使用蓝墨云班课创建一个班课，课程创建后会随机生成一个课程邀请码，教师下发班课邀请码给学生，学生就可通过邀请码加入对应的课程班课，师生通过这个蓝墨云班课立即连接为一个可以实时交流反馈的教学互动网络，蓝墨云班课的主要功能如下。

1.1　随时开展教学互动

利用蓝墨云班课，教师可以随时随地发送课程教学通知；教师可以推送教学课件、微视

① 基金项目：1. 2015 年湖南省哲学社会科学基金项目：基于微课的"翻转课堂"教学模式的研究与实践（课题批准号：15YBA293）。

2. 2015 年高等职业技术教育研究会"十二五"规划课题：互联网+时代高职学生移动学习现状及其引导研究（课题编号：GZYLX2015018）。

频、图片、音频、文档、网络 URL 资源到学生的移动设备上，并能提醒学生进行学习与参与；教师可以随时开展投票、问卷、头脑风暴、答疑讨论、作品分享、计时测试等互动教学活动，让教与学的过程更加生动有趣、更容易组织与管理，体现教学诊断的有效性和实时性，以实现教学资源与教学活动的不断更新与动态调整。

1.2 有效激发学生自主学习的兴趣

教师利用蓝墨云班课，可以将发布的所有课程教学信息、学习要求、教学资源免费实时传送到学生的移动设备或 PC 上，并设置不同的经验值、活动完成时间、课堂表现奖励经验值等活动，激发学生自主学习的兴趣，提高学生查阅资源的积极性和参与活动的互动频率，能有效引导学生进行自主学习。

1.3 教师轻松管理班课

教师可以在任何移动设备或 PC 上轻松管理自己的班课，一键查看学生信息、组织学生签到、发送教学通知、上传教学资源、查看学生成绩等，轻松高效地实现对教学过程的管理。

1.4 实现学习进度的实时跟踪与评价

蓝墨云班课根据学生的线上学习和参与活动情况实时生成学生的学习报告，通过学习报告可实现对每一位学生学习进度的实时跟踪和学习成效的评价，这不仅是学生的学习记录的反馈，同时方便教师对学生学习进行过程性评价和终结性评价，帮助教师对教学过程进行科学有效的教学诊断，方便教师对教学内容、过程和活动进行实时调整。

2 移动教学的组织实施

下面具体以高职院校物联网应用技术专业基础课程“物联网技术概论”为例，探讨利用蓝墨云班课进行教学的组织与实施，引导学生进行移动学习。

2.1 以市场需求为起点确定学习目标

设计的课程内容无缝对接职业岗位（群）的任职要求，从分析和相关的职业资格标准为依据，以企业产教融合办学为契机，以校企专家合作开发课程为途径，确定出物联网相关工作岗位的职责、任务、过程、对象、方法所需要的知识、能力和职业素养，再对课程体系和教学内容进行重构设计，以突出对学生职业能力培养，特别是物联网创新项目开发与应用能力的培养。

2.2 遵循学生的认识规律进行课程设计

课程内容设计过程中遵循学生的认识规律，从感性到理性，由浅入深，按照“体验物联网技术—认知物联网技术—分析物联网技术”三个不断递进提升的层次来划分知识技能点；以智能家居、智慧物流、智慧交通、智慧城市四大应用领域为主线，将物联网关键技术融入典型案例中，以应用案例引领关键技术，便于学生对抽象技术的理解，增强学生对物联网产业的兴趣，让学生对物联网的应用现状、发展前景、相关概念、结构组成、相关技术等有本质的认识。

“物联网技术概论”课程内容设计如图 1 所示。

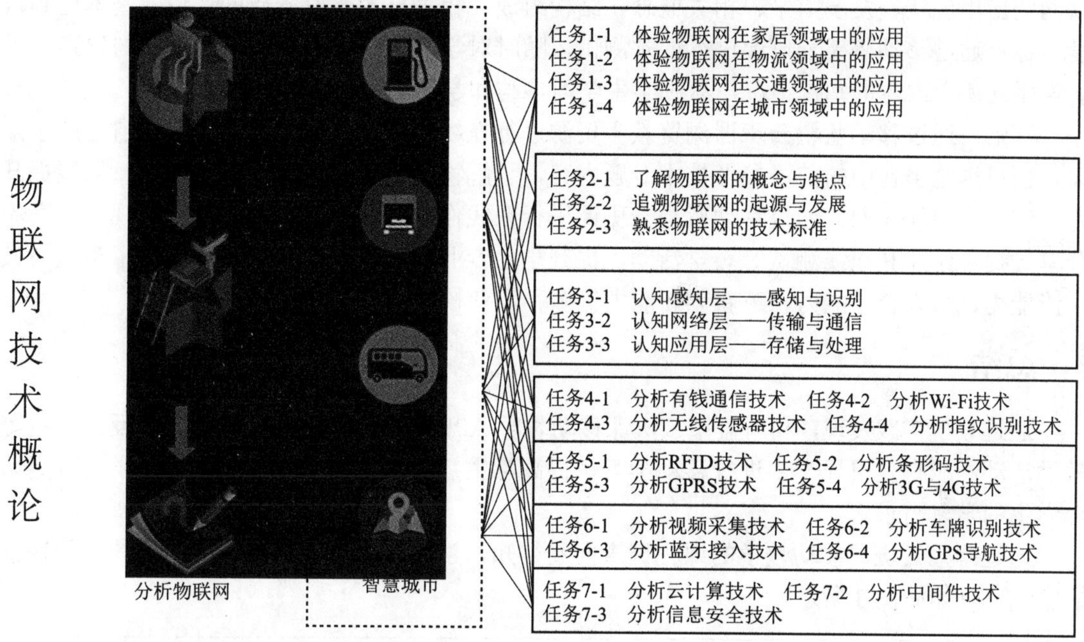

图 1 课程内容设计

2.3 构建适合移动学习的教学模式

针对学习者的特征和现有条件，构建适合移动学习的教学模式，实现课堂集中教学和在线自主学习的相结合，营造课前引导学、课中指导学、课后自主学的学习氛围。移动学习的教学模式如图 2 所示。

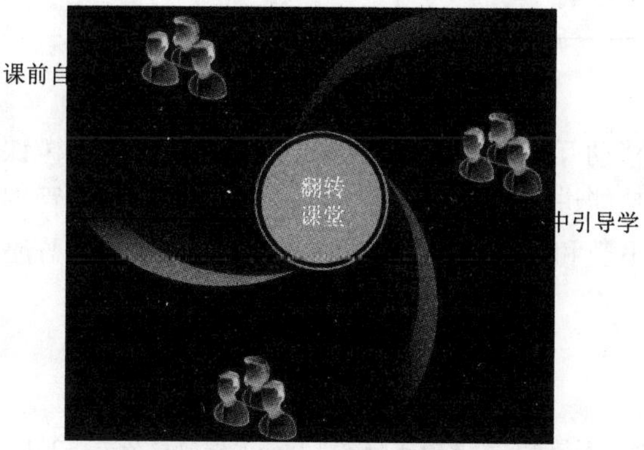

图 2 基于“微课”翻转移动教学模式

课前：学生通过移动蓝墨云班课观看微课视频和学习视频，了解物联网的基本概念，对物联网技术有初步的认识，提出自己的疑问或问题，通过蓝墨云班课平台、QQ、微博、微信等方式与老师进行在线交流。

课中：学生带着课前的疑问或问题，通过老师课中的案例分析与讲解、学生的汇报交流、分享展示、头脑风暴、定时答题等手段，培养学生解决问题、分析问题的能力，让学生对物联网的应用现状、发展前景、相关概念、结构组成、相关技术等有本质的认识，基本达到教学目标；通过移动蓝墨云班课进行课堂测试，随时对学生所掌握的内容进行检测与评定，了解学生对所学内容的掌握情况，激励学生学习参与和学习的积极性。

课后：通过移动蓝墨云班课浏览教学资源进行在线自主学习，不断内化提升自己所学知识，也可浏览平台中的前沿参考技术专题内容，了解物联网技术最新动态与发展，拓展提升专业综合应用知识面；通过移动蓝墨云班课进行在线作业、在线考试、观看微课视频、交流分享、提交作业和在线测试等教学活动，提升学生专业知识技能的同时，也培养了学生与人交流能力、与人合作能力、革新创新能力等多种职业核心能力。

3 总结

通过教学实践发现，利用蓝墨云班课移动教学 APP 进行教学资源推送、即时反馈交流等教学活动，能有效引导学生进行移动学习，提高学生参与学习积极性，使课堂教学内容更切合学生的学习需求。

通过蓝墨云班课移动教学的课程调查问卷得知，学生对蓝墨云班课移动教学的组织评价非常高，具体如图 3 所示。

第4题：你觉得“蓝墨云班课”的教学组织活动怎么样？ [多选题]

选项	小计	比例
很新颖，可以直接在手机或PC上回答、讨论问题、提交作业	39	95.12%
加强课堂互动，提高同学们课堂参与的积极性	35	85.37%
完成教学活动还可以获得经验值	34	82.93%
很实用，设置经验值便于老师进行成绩统计	36	87.8%
数据分析功能强大，方便教师了解学生即时学习的状态	28	68.29%
不怎么样	0	0%
本题有效填写人次	41	

图 3 蓝墨云班课移动教学反馈

蓝墨云班课是当前移动互联环境下基于翻转课堂教学、利用微课教学的好助手，还可帮助教师利用大数据统计功能进行教学的诊断和分析，促进教学与管理向信息化发展。蓝墨云班课是专门为移动环境下教和学而设计，拿出您的手机下载安装蓝墨云班课，开启全新移动教学体验，让学习轻松一点、有趣一点。

参考文献

[1] 张金磊，王颖，张宝辉. 翻转课堂教学模式研究 [J]. 远程教育杂志，2012，(4)：46–51.

[2] 朱宏洁. 翻转课堂及其有效实施策略刍议 [J]. 电化教育研究，2013，(8)：79–83.

[3] 丁建英. 翻转课堂研究及其教学设计 [J]. 中国教育技术装备，2013，(21).

[4] 杨九民. 基于微视频资源的翻转课堂在实验教学中的应用研究 [J]. 现代教育技术，2013，(10).

[5] 李海龙，邓敏杰，梁存良. 基于任务的翻转课堂教学模式设计与应用 [J]. 现代教育技术，2013 (09).

[6] 王长江，胡卫平，李卫东. “翻转的”课堂：技术促进的教学 [J]. 电化教育研究，2013 (08).

数据挖掘技术在学生形成性评价中的综合应用
——基于蓝墨云平台数据的 K-Means 聚类分析

常宁宁　张雨迪　哈尔滨广厦学院

摘　要：随着“互联网+教育”时代的来临，呈现出越来越多的与学生相关的非结构性数据，在如此海量的数据下利用聚类分析法根据学生特征构建分类模型，不仅有利于学生修正自己的学习行为，从被动、依赖、统一的传统型学习模式，转变为个性化学习、终身学习和按需学习的现代化学习模式，也有利于教师完善教学设计，及时调整教学结构和教学方式，优化教学环节，在不同层次为学生提供匹配度更高的优质教学资源。

关键词：教育大数据；数据挖掘；聚类分析；形成性评价

大数据时代，单一的期末成绩不能够描述学生的学习行为，学生的学习过程与学习结果同样重要，在培养职业综合能力为基础的能力本位教育中，对学生评价的作用不再单一地为检验其学习效果，而是从学习行为中分析和评价学生的关键能力，通过对学生职业能力、专业能力和综合能力的多方评价，不仅可以促进学生的职业能力发展，为以后的工作和学习奠定良好基础，同时可以也为教育教学改革提供新的方向。

1　挖掘模型

本文以哈尔滨广厦学院财经学院2015级财务管理3班全体同学在成本管理会计蓝墨云班课中的明细数据为基础，根据职业能力需求制定形成性评价指标体系，利用聚类分析法，构建和完善该门学科的形成性评价，用以提升学生的关键能力。

根据德国设计导向基于工作过程的职业教育人才培养模式（DCCD）对学生职业能力的要求，按一般职业能力、专业能力构建形成性评价指标体系，以期通过形成性评价结果为导向，指引教师为学生制定有针对性的个性化学习任务，来弥补学生职业能力的不足（表 1）。

表 1　基于职业能力的形成性评价指标体系

一级指标	二级指标	考核形式	考核内容
一般职业能力	学习能力	视频与非视频资源 学习讨论答疑	相关案例、教材、课件
	文字和语言运用能力	头脑风暴	课堂 ORID

续表

一级指标	二级指标	考核形式	考核内容
一般职业能力	人际交往能力	小组任务	沟通能力（交流是否充分、融洽）
	团队协作能力		成员完成分配给的任务的质量成员完成任务的执行效率、进度
	计算机应用能力	案例呈现	PPT 版面是否美观、色彩搭配是否得当
	方法能力	案例分析	专业知识、技能掌握的熟练程度技能运用是否灵活合理、表现是否多样
专业职业能力	专业水平	测试	测试成绩
	实践能力	实训	实训成绩

2 挖掘实现

2.1 建立数据库

通过蓝墨云班课平台导出学生个人信息及学习结果和行为表现数据，包括：

（1）学生基本信息：姓名、班级、学号。

（2）学生的学习结果：测试成绩、作业及小组任务成绩。

（3）学生的行为表现：课堂表现、投票问卷、头脑风暴、讨论答疑、案例分析。

（4）数据处理：剔除掉成绩不全、出勤过少的样本。最终筛选出符合条件的 45 个样本数据，数据的表述统计量见表 2。

表 2 描述统计量

学习能力	N	极小值	极大值	均值	标准差
	45	42.00	84.00	69.511 1	8.894 90
文字和语言表达能力	45	60.00	84.00	74.755 6	6.650 89
人际交往和团队协作能力	45	18.00	92.00	76.888 9	15.359 66
计算机应用能力	45	32.00	87.00	74.133 3	11.434 80
方法能力	45	74.00	92.00	79.511 1	4.993 73
专业水平	45	49.00	80.00	67.177 8	7.655 33
实践能力	45	70.00	90.00	78.066 7	5.202 27
有效的 N（列表状态）	45				

2.2 K-Means 聚类原理

K-Means 算法适用于处理学生基于职业能力的形成性评价中的连续性数据对象，在聚类的相异度衡量中采用欧氏距离计算，在建立的数据库中，聚类个数为 k，向量 $\boldsymbol{x}=(x_1, \cdots, x_p)$ 与 $\boldsymbol{y}=(y_1, \cdots, y_p)$ 之间的距离或相似系数为

$$欧氏距离=\sqrt{\sum_i (x_i - y_i)^2}$$

欧氏距离统一递推公式为

$$D^2(k, r)=\alpha pD^2(k, p)+\alpha qD^2(k, q)+\beta D^2(p, q)+\gamma|D^2(k, p)-D^2(k, q)|$$

如果 $D(k_i, p_j)<D(k_i,p_m), i=1, 2, \cdots, n, m=1, 2, \cdots, n, j\neq m$，则将 k_i 归到类 p_j 中，否则将 k_i 归到类 p_j 中。

2.3 K-Means 聚类分析的应用

将基于职业能力的形成性评价成绩运用 K–Means 聚类分析法进行处理，依据职业能力的要求，选取聚类数 K 值为 7，将学习能力、文字和语言表达能力、人际交往和团队协作能力、计算机应用能力、专业水平、实践能力分别对应的考核成绩作为变量，个案标记依据为姓名，选择迭代与分类方法，最大迭代次数为 10，收敛性标准为 0，以初始聚类中心，输出每个个案的聚类信息，并且按列表排除个案。每个聚类中的案例数见表 3。

表 3　每个聚类中的案例数

聚类	1	10.000
	2	8.000
	3	4.000
	4	2.000
	5	3.000
	6	8.000
	7	10.000
有效		45.000
缺失		.000

通过表 4 可以看出每个同学的具体分组以及数据值之间的欧式距离。

表 4　聚类成员

学　号	姓　名	聚　类	距　离
1511113101	李　泽	6	14.936
1511113102	马述江	6	14.827
1511113103	李天翊	3	18.054
1511113104	刘嘉斌	6	17.609
1511113105	佟明鑫	7	11.086
1511113106	张玮轩	6	11.730
1511113107	陈新鹏	3	15.458
1511113108	孙金鹤	6	14.373
1511113109	聂朝军	4	13.611
……			
1511113246	张新宇	5	7.401

3 K-Means 聚类结果评价

根据表 5 可以看到分类标准排名前三的分别是学习能力、文字和语言表达能力、人际交往和团队协作能力，数值表示每个聚类下的成绩中心值，每一个聚类的案例成员的成绩围绕成绩中心值波动，聚类的划分就是以成绩中心值作为划分标准，避免了因成绩判定标准不统一导致的对学生评价的偏差。通过此聚类分析结果，可以有利于学生对自己的成绩有一个客观的评价，知道每项成绩在整体成绩中的水平，并可以以此为标准，有针对性地选择课上及课下活动去提高自己某方面能力的不足，均衡发展各项职业能力。

表 5 最终聚类中心

能力	聚类						
	1	2	3	4	5	6	7
学习能力	62.00	75.25	56.50	69.00	74.00	76.75	70.60
文字和语言表达能力	80.00	71.50	74.00	78.00	72.00	77.50	70.40
人际交往和团队协作能力	87.00	85.75	58.00	23.00	76.00	79.25	76.40
计算机应用能力	72.70	82.00	78.00	66.50	43.33	83.00	71.40
方法能力	79.70	77.50	79.75	87.00	77.67	82.88	77.20
专业水平	70.90	62.13	64.25	78.00	54.33	73.75	65.10
实践能力	76.20	73.38	82.75	85.00	74.33	81.38	78.90

4 基于 K-Means 聚类结果的教学策略

根据最终聚类中心的聚类结果数据，绘制出各聚类对应的能力水平，我们将能力水平在 80～100 分归类为优秀，将能力水平在 60～80 分归类为良好，将能力水平在 40～60 分归类为中等，能力水平在 20～40 分归类为不及格（图 1）。

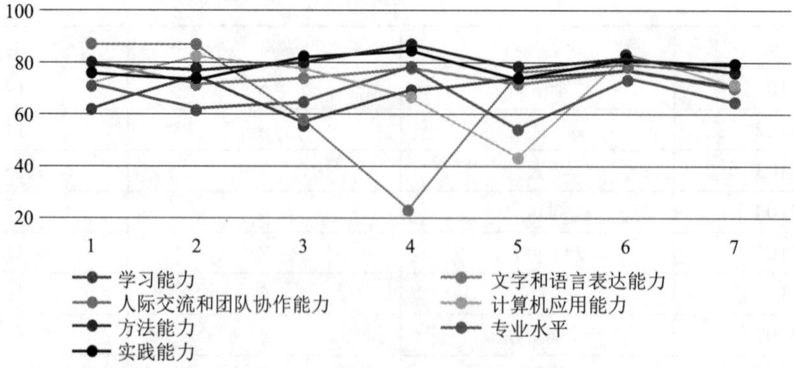

图 1 各聚类对应的能力水平

在表 6 中可以直观地看到各聚类学生的形成性评价结果，第 1 聚类、第 2 聚类和第 6 聚类的同学各方面能力较为均衡发展，并且较为优秀，对于这部分同学应多注意综合能力水平的提升，在各项活动中取长补短；第 7 聚类同学属于各方面发展均衡的一组，这部分同学应该多注意发现自己的优势，在日积月累中更进一步；第 3 聚类同学的实践能力特别强，但是学习能力、人际交往能力和团队协作能力中等，对于这类同学，教师应该在培养学生的学习能力方面入手，同时多鼓励这些同学积极参加团体活动，或在课堂中的小组讨论及小组任务环节对这些同学加以鼓励和引导；第 5 聚类同学在专业水平和计算机应用能力上有所欠缺，应加强专业学习，同时注意锻炼计算机应用能力；第 4 聚类同学在实践能力和方法能力上较为优秀，但是人际交往能力和团队协作能力极为欠缺，教师应分析原因，并且在课上及课下经常和这些学生沟通，多采用肯定和夸奖的方式，在开展的小组任务环节让这些同学负责，培养其责任感与自信心。

表 6　各聚类学生的形成性评价

能力 \ 聚类	1	2	3	4	5	6	7
学习能力	良好	良好	中等	良好	良好	良好	良好
文字和语言表达能力	优秀	良好	良好	良好	良好	良好	良好
人际交往和团队协作能力	优秀	优秀	中等	不及格	良好	良好	良好
计算机应用能力	良好	优秀	良好	良好	中等	优秀	良好
方法能力	良好	良好	良好	优秀	良好	优秀	良好
专业水平	良好	良好	良好	良好	中等	良好	良好
实践能力	良好	良好	优秀	优秀	良好	优秀	良好

5　总结

在“数据驱动学校，分析变革教育”的大数据时代，教学策略和教学评价受到数据驱动已成为必然，对学生的评价已从事后评价转为教学前对学生的学习行为进行预测、了解和评估，为学习补救和学习干预提供了数据支持。本文采用的是本校 2015 级财务管理专业 3 班同学在成本管理会计蓝墨云班课中的相应成绩作为数据挖掘对象，以职业能力作为判断基础，运用聚类分析法对学生学习的过程形成评价，并按聚类分析结果进行分析，及时修正每个聚类下同学的课程、教学和评价，运用多种多样的教学方法和教学策略，对各方面能力有所欠缺的同学进行干预，做到有针对性的、个性化的教学。

参考文献

［1］Paulo Fernandez, Sandra Mourato, Madalena Moreira, et al. A new approach for computing a flood vulnerability index using cluster analysis［J］. Physics and Chemistry of the Earth, 2016.

［2］Laura Neri, Antonella D Agostino, Andrea Regoli, et al. Evaluating dynamics of national economies through cluster analysis within the input-state-output sustainability framework［J］. Ecological Indicators, 2017, 72.

［3］Márton Novák, Dóra Palya, Zsolt Bodai, et al. Combined cluster and discriminant analysis: An efficient chemometric approach in diesel fuel characterization［J］. Forensic Science International, 2017, 270.

［4］沈泓，刘顺. 基于 K-means 聚类算法的数据分析模型应用研究［J］. 软件导刊，2017，（03）：103–107.
［5］李珊珊，李权. 基于 R 软件因子分析与聚类分析法的学生成绩评价［J］. 电脑编程技巧与维护，2016，（01）：41–43.
［6］孙永辉. 聚类分析在学生成绩分析中的应用［J］. 中国管理信息化，2016，（06）：229–230.
［7］赵宇，赵义武，穆圣华，等. 模糊聚类分析在成绩管理系统中的应用［J］. 信息与电脑（理论版），2016，（04）：81–82.
［8］张贵元. 基于 K-means 聚类算法成绩分析的应用探究［J］. 科技创新导报，2016，（03）：90–92.
［9］赵凡. 聚类分析在成绩评价中的应用［J］. 电脑知识与技术，2016，（21）：256–258.
［10］齐宗会. 主成分聚类分析法在综合评价学生成绩中的应用［J］. 太原城市职业技术学院学报，2016，（08）：182–183.
［11］黄莹. 聚类技术在学生成绩分析中的应用［J］. 无线互联科技，2016，（19）：135–136，141.
［12］张麟，潘红岩. 聚类分析算法应用研究［J］. 数字技术与应用，2016，（10）：143，145.
［13］胡祖辉，徐毅. 大数据背景下高校教育数据的分析与应用研究［J］. 现代教育科学，2017，（01）：109–114.

基于蓝墨云班课的生理学课程考核改革

毛双法　肖　骞　陈志颜　四川卫生康复职业学院

摘　要：“生理学”是高职高专护理、助产专业的核心课程。考试制度作为重要的教学环节，是对学习成果考核的有效形式。现有的考核形式过于僵化，不利于对学生方法能力及社会能力的培养。我们在“以学生为主体”的办学理念指引下，借用蓝墨云班课的教学平台对本校护理助产专业的“生理学”课程进行课程考核改革，有效提高生理学的教学效果，为具有现代信息意识的创新型医学人才培养奠定了基础。

关键词：蓝墨云班课；考核改革；生理学

“生理学”是高职高专护理、助产专业的核心课程，学生通过掌握机体正常的生命活动规律进而去理解机体异常的生命活动及规律。这不仅要为后续专业基础课程和素质课程的学习及今后的工作打下知识和技能基础，还要有助于培养学生的观察能力、解决问题能力、基础理论应用于临床的能力及有助于学生职业实践能力的早期培养和职业素质的早期养成。考试成绩是检验学生学习成果的一个有效的形式。而老师怎么考决定着学生怎么学，考试方式又制约着学生的学习态度，行为习惯、价值取向等。所以，一种科学、合理的考核形式具有重要意义。

1　传统考核形式

传统的“生理学”课程的考核形式由平时成绩（20%）+半期成绩（30%）+期末成绩（50%）构成，其中：平时成绩主要由考勤、实验报告组成；半期考试题型单一，由 50 个单项选择题组成；期末考试则由名词解释 15 分、填空题 15 分、简答题 10 分和单项选择题 60 分构成。

这样考核形式偏重知识的记忆，能体现学生口头表达能力、实践操作能力的形式少，考试内容主要为概念、原理等基本知识和理论点，标准化的客观题多，分析题、综合题等主观题少，难以考核学生的创新思维、分析解决问题及理论应用于临床的能力；成绩的构成以笔试闭卷为主，难以体现学生个性化的学习过程，教与学双方活动都必然会忽视学生综合能力的培养和提升。这样的形式显然不利于“生理学”课程目标的达成，也不能培养学生具备适应现代社会的能力。

2　新形式

因此我们依据“全程营造紧张教学过程”的指导思想，以过程性考核与终结性考核相结合的方式评价学生学习效果。将过程性考核和终结性考核并重，既考核学生的专业能力，也考核学生的方法能力和社会能力，并借此逐步转变教与学的双边活动。

其中过程性考核：占课程总成绩的 60%，包括：① 学习状态，5%；② 知识掌握度，20%；③ 逻辑表达、交流合作、独立分析问题等能力，15%；④ 知识应用、理解解决问题、理论联系实际、自主学习等能力，20%；

终结性考核：占课程总成绩的 40%，包括：① 期末理论考试，30%；② 期末技能考试，10%。具体考核内容及所占分值如表 1 所示。

表 1　考核内容及所占分值

考核项目	内容和要求	百分比
学习状态	根据理论和实验课堂表现评分。包括出勤情况、学习积极性、实践能力等。要求听课认真、思维活跃、参与教学活动积极，实验态度严谨、操作认真、观察仔细、思考积极；迟到、早退一次扣 0.1 分，旷课一次扣 0.3 分，旷课三次取消本项成绩，履行请假者不扣分	5%
知识掌握度	根据课后网络题目测试的正确率计分。考核课堂知识的学习和掌握能力，每题 0.1 分。要求在规定时间内按时按量完成	20%
逻辑表达、交流合作、独立分析问题等能力	根据独立完成及团队合作完成作业共 4 次的情况计分。3 次独立完成实验报告（反射弧分析、ABO 血型鉴定、呼吸运动的调节）每次 2 分，1 次以小组为单位完成作业计 4 分。要求按时按量上交、记录准确真实、分析逻辑清楚、结论简洁明了、文字布局清楚合理，鼓励提出自己的思考和见解	10%
知识应用、理解解决问题、理论联系实际、自主学习等能力	根据每个教学单位结束时的综合案例分析的答题情况评分，共 4 次，要求答题思路清晰，语言组织流畅，分析要点明确，知识应用灵活	20%
期末理论考试	根据期末统一笔试闭卷的答题情况评分。试题类型有填空题（着重考核学生对基本知识点的掌握程度）、名词解释（着重考核学生对概念的理解程度）、选择题（着重考核学生对知识的识别程度）、判断题（着重考核学生对知识的理解程度）、简答题（着重考查学生对知识的理解和掌握程度）	35%
期末技能考试	根据实验理论考试+实验操作考核的情况评分。要求相关理论知识正确，实验操作规范，有合作意识	10%
总分		100%

3　考核手段

新考核形式对考核手段提出了严峻的要求。传统的考核工具使教师的工作量大大增加。为了将老师从繁杂的工作中解放出来，我们以移动网络借助手机终端，利用蓝墨云班课的多元评价、多形式课堂活动及课堂数据化管理等功能，轻松支撑课程的过程性考核。

具体环节操作如下：

（1）学习状态考核。利用蓝墨云班课对学生进行十次不定期签到的方式来的考勤，通过期末的统计结果来进行评判。而学习积极性则通过蓝墨云班课经验值的比拼来评价。这大大降低学生的缺勤率，增加了学习的动力，形成你追我赶学习氛围。蓝墨云班课考勤与经验值界面如图 1 所示。

此外，能利用蓝墨云班课的数据化管理追踪学生的学习情况，以便于针对该学生进行有效的个性化辅导，如图 2 所示。

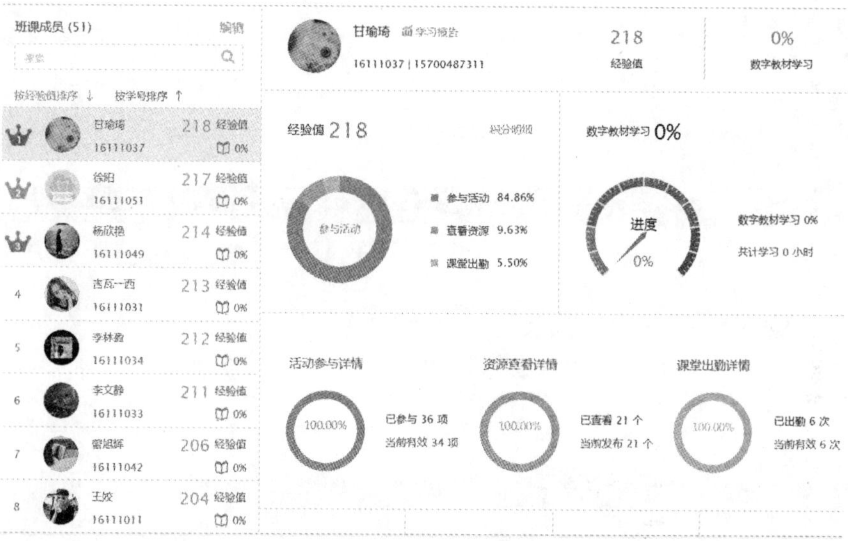

图 1　考勤及经验值界面

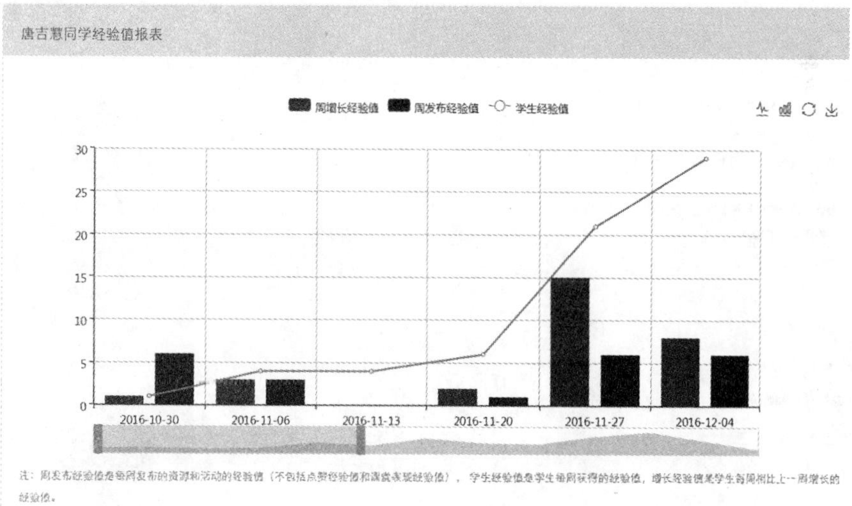

图 2　学习情况追踪

（2）知识掌握度的考察。通过蓝墨云班课的测试活动来进行。我们按照每一章节在教学大纲中所占比例进行出题，每题 0.1 分，共 20 分。在每一次新课结束后对学生进行随堂检测。通过蓝墨云班课的即时统计功能，即时课堂诊断，调整教学策略，如图 3 所示。

（3）知识应用、理解解决问题、理论联系实际、自主学习等能力的考核。将四次临床案例通过蓝墨云班课的作业活动完成，如图 4 所示，并将评价形式设置为师评和学生互评共同进行。通过互评让学生转变为教师的角色，使学生从教师的角度完成了知识的再学习，达到以教促学的目的，如图 5 所示。而师评又能同时起到监督及控制的作用，避免出现不合理的评价现象。这既减轻教师工作量，又能使知识获得巩固。

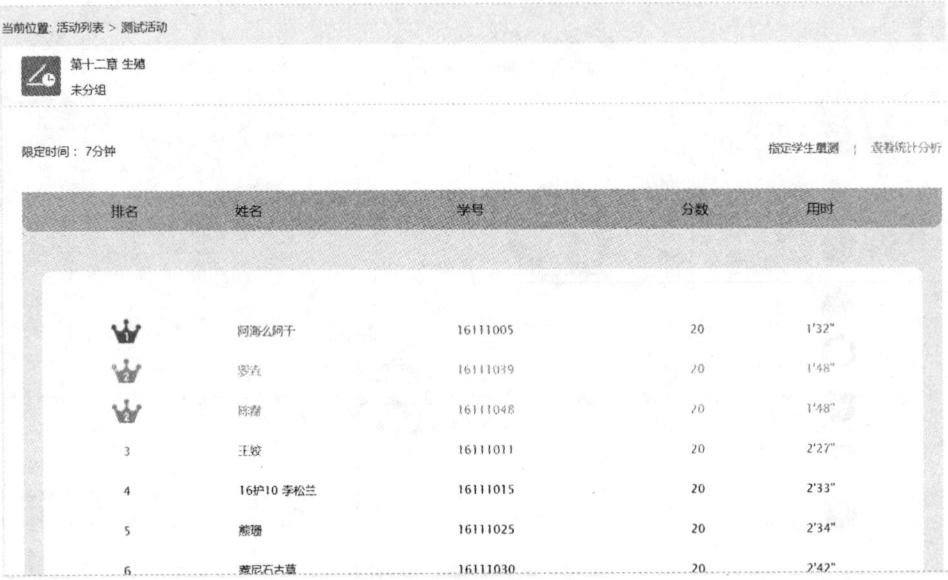

(a)

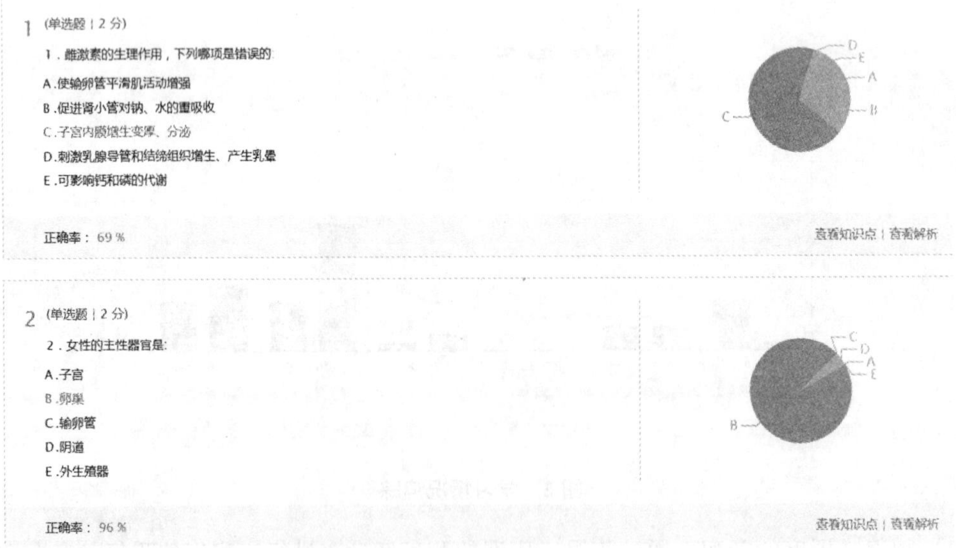

(b)

图 3　随堂检测

任务详情

单元检测四（20分）
请同学们从肾上腺皮质功能角度来分析这道题。
案例分析：7岁男童，3年来无明显原因发胖。1年前，出现阵发性腹痛，双膝以下间歇性水肿，气喘不能上楼。发病以来，智力发育正常，身高增长迟缓。查体：体形肥胖，面色红；前额皮肤可见数个米粒大小痤疮，有细胡须，眉毛浓黑，体毛较多；颈短粗，肩背皮下脂肪增厚隆起呈"水牛背"；腹隆起呈球形，血胆固醇和三酰甘油均升高。
问题：
1.你觉得最可能的诊断是什么？为什么？（16分）
2.按你的诊断，患者的饮食护理要注意什么？（4分）

图 4　小组作业任务

当前位置：活动列表 > 作业/小组任务

第四次单元检测
未分组 | 学生互评 - 不分组　　导出数据

已提交（52）

阿海么阿干	16111005	0 条评论	1人评分 / 总体评分 20 分	查看作业
吉瓦一西	16111031	0 条评论	2人评分 / 总体评分 19 分	查看作业
甘瑜琦	16111037	0 条评论	2人评分 / 总体评分 18 分	查看作业
杨阳	16111018	0 条评论	3人评分 / 总体评分 18 分	查看作业

（a）

第四次单元检测
未分组 | 学生互评 - 不分组

阿海么阿干 的作业结果

一，1 答：最有可能的诊断，肾上腺皮质功能亢进症
一 2 答：因为 肾上腺皮质可分为（1）球状带（2） 束状带 （3）网状带这三种。（1）球状带是分泌盐皮质激素醛固酮，有保钠保水作用，分泌过多可引起水钠潴留
（2）束状带是分泌糖皮质激素，糖皮质激素的作用促进脂肪分解，并且使脂肪重新分解出现血脂升高等症状。糖皮质激素可使蛋白质分解，容易引起骨质疏松。
（3）网状带是可分泌少量雄激素，雄激素分泌增多会出现胡须，体毛增多。
2答：患者饮食需要注意低盐 ，低糖 低脂 高维生素， 高蛋白饮食，并且注意多吃高钾 高钙食物，如香蕉 ，橘子， 牛奶等。

上一名　　下一名

总体评分 当前得分 20 分 / 你尚未评分　　评价下一份作业

☆☆☆☆☆ 1.(1)最有可能的诊断肾上腺皮质功能亢进症。（4分）

☆☆☆☆☆ 1. (2)肾上腺皮质分为球状带、束状带、网状带。①球状带-分泌盐皮质激素--醛固酮，有保钠保水作用，当分泌过多，会引起水钠潴留，双膝以下间歇性水肿。（3分）

☆☆☆☆☆ ②网状带-分泌少量雄激素。当雄激素分泌增加会出现痤疮、细胡须、眉毛浓黑、体毛较多。（3分）

☆☆☆☆☆ ③束状带-分泌糖皮质激素，糖皮质激素作用促进脂肪分解，并使脂肪重新分布，出现血脂升高，水牛背，向心性肥胖，等典型症状。（3分）糖皮质激素促进蛋白质分解，易引起骨质疏松，出现身长发育迟缓的现象。（2分）

☆☆☆☆☆ 2.患者饮食需要注意：低盐、低糖、低脂、高蛋白饮食， 并且注意多吃高钾、高钙食物，如香蕉、橘子、牛奶等。（5分）

（b）

图 5　学生互评

（4）期末技能的理论考核则以蓝墨云班课对全年级学生进行统一检测，保证了考核的公平度，降低了人力、物力的浪费，如图 6 所示。

整个考核过程中蓝墨云班课的运用贯穿始终，在考核项目如此烦琐的情况下，蓝墨云班课强大的数据统计功能便体现得淋漓尽致。我们将班课数据导出，并将数据导入考核模板，如图 7 所示。这样既保障考核数据的真实性又大大降低了统计难度，使过程性考核的结构组成更清晰。

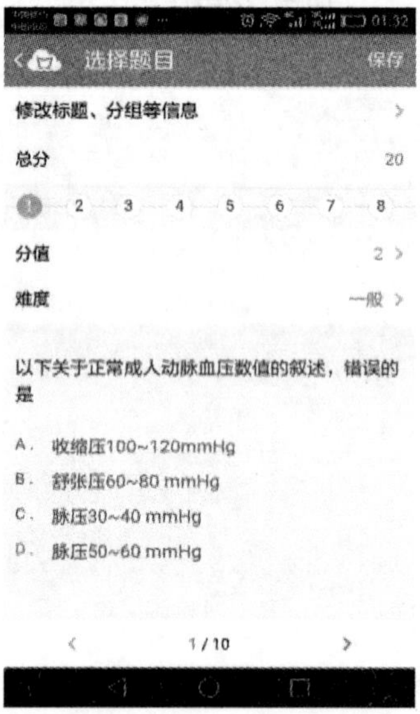

图 6　技能理论考核

四川卫生康复职业学院生理考核表

图 7　期末总成绩统计模板

4　考核成效

2014 年级、2015 年级、2016 年级“生理学”课程成绩的分布如表 2 所示。

表 2 3 个年级"生理学"课程成绩的分布

年级 \ 成绩分布	<60	60～70	70～80	80～90	90～100
2016	5（0.8%）	103（17.6%）	276（47.4%）	192（32.9%）	6（1.03%）
2015	28（0.4%）	129（18.9%）	385（56.4%）	131（19.2%）	10（0.15%）
2014	19（0.33%）	129（22.3%）	326（56.2%）	104（17.9%）	2（0.03%）

三个年级学生期末考试平均成绩无明显差异，但成绩总体更向中间靠拢，中等成绩占最多数，向两侧逐次降低，成绩呈更成正态分布。但在考试题中案例分析得分率明显增高，说明学生的综合分析能力得到了提高。

5 实验组学生对新考试制度满意度调查结果

我们利用蓝墨云班课对实施新考核制度的试验组学生进行问卷调查，结果如表 3 所示。结果显示，大多数学生认为新考试制度有助于调动学习积极性及理论联系实际能力，有利于对理论知识的理解和灵活应用。

表 3 试验组 582 名学生对新考核制度的满意度调查

调查项目	同意	基本同意	不同意
将考勤、课堂检测、单元检测及课后作业情况等计入总评成绩，你对此的看法是	88.10%	11.37%	0.30%
关于"加强过程性考核能督促平时学习，增加知识积累，使知识掌握更牢固"的说法，你的看法是	85.86%	13.28%	0.80%
关于"案例分析题能提高知识应用、理论联系实际、收集处理信息等能力"的说法，你的看法是	79.83%	19.13%	1.03%
关于"加强考勤能利于管理课堂秩序，并能培养学生遵守规则的意识"的说法，你的看法是	86.72%	12.59%	0.69%
实验报告、自学辅导练习及 PPT 制作能培养观察分析、语言表达、自主学习及计算机应用等能力，你的看法是	83.79%	15.00%	1.21%

这项改革，我们通过过程性学习改变了以往一考定终身考核方式，采用多种评价形式，把终结性评价和过程性评价有效结合起来，改变了学生临阵磨枪不快也光的学习态度，改变了学生妄图通过抄袭及格的侥幸心理，树立了正确的的价值取向，使学生更注重学习过程的获得。同时，将蓝墨云班课融入考核各环节，不仅减轻了教师负担，简化了考核统计程序，还有力地支撑了考核改革。同时，培养了学生学会学习的能力，将信息意识融入整个教学中，使学生具有数字化生存能力，能主动适应"互联网+"等社会信息发展趋势。为培养具有创新能力及现代信息技术的医学人才奠定基础。

参考文献

[1] 贾雪梅，吕正梅，陈晓蓉. 基础医学专业的组织学与胚胎学教学改革 [J]. 解剖学杂志，2006，29（2）：229.

[2] 于晓丹，吕淑霞，马镝，等. 基础生物化学教学体会 [J]. 考试周刊，2013（92）：144.

[3] 赵利军，门秀丽，吴静，等. 定期病例分析性检测提高学生病理生理学考试成绩 [J]. 齐齐哈尔医学院学报，2013，34（8）：1189–1190.

[4] 程虹. 高等院校考试现状与改革探析 [J]. 淮海工学院学报：人文社会科学版，2013，11（13）：135–137.

[5] 马永平，宋方洲，易发平，等. 七年制医学分子生物学教学与考试改革初探 [J]. 山西医科大学学报：基础医学教育版，2003，5（5）：453–455.

[6] 张晓芹，张红，王丽萍，等. 从考试成绩谈病理生理学教学改革 [J]. 现代医药卫生，2013，29（15）：2376–2378.

[7] 陈兴书，姚忠祥，李成仁，等. 对八年制医学生组织胚胎学教学内容改革的思考 [J]. 医学教育探索，2009，8（9）：1058–1060.

[8] 杨艳萍，周鑫，刘福，等. 病理生理学考核模式改革的实践与思考 [J]. 基础医学教育，2014，16（8）：601–603.

[9] 杨艳萍，李夏青，许瑞龄，等. 病理生理学考试改革的思考 [J]. 基础医学教育，2013，15（5）：476–478.

[10] 余日安，郜艳辉，赵新华，等. 预防医学专业课程考试改革的探索和实践 [J]. 基础医学教育，2012，14（10）：751–754.

[11] 田鹤，王雅光，穆长征. 组织学与胚胎学理论考试改革探索 [J]. 解剖科学进展，2015，21（2）：221–222.

大数据时代背景下思想政治理论课改革路径分析与探索

解雅梦　辽阳职业技术学院

摘　要：随着移动互联网、云计算、大数据、人工智能与教学过程的深度融合，课堂教学模式正在发生深刻变革。这是时代向我们一线思政课教师提出的挑战，也是我们进行改革与创新的重大机遇。为了更好地提高思政课教学的针对性与实效性，提高思政课对学生的吸引力与感染力，需要利用新技术的力量，探索出符合当前学情发展的新的教学方法与教学模式，切实把握住高校意识形态主动权。本文通过对传统教学困境与新技术使用的优势进行对比，对新时期的思想政治理论课的改革路径进行了分析和探索。

1　大数据时代大学生思想政治教育面临的新特点

这是一个信息的时代，也是一个创新的时代。新媒体的广泛应用使大学生与以微博、微信、移动APP的新媒体传播方式联系密切，大学生对于信息的需求也呈现出日益多样化与多元化的趋势。随着新媒体传播方式的层出不穷与便捷新颖，大学生从网络上获取各种信息资源的方式日益增多，成本越来越低，思想意识极度活跃而又难以把握，扩散与传播的速度超乎想象。在这种形势之下，很容易造成教师与学生思维方式的脱节。教师很难把握学生的所需、所想、所求，而学生又很难了解教师的所教、所授、所导。当教师与学生思想之间的链接被打破的时候，教育、教学效果自然大打折扣。

当前的高职高专院校学生广泛地出现了手机依赖现象、网络依赖现象、图像依赖现象、视频依赖现象，碎片化的信息纷纷涌入学生的生活，占据了学生大量的时间和精力。这种快速便捷取得的信息往往没有经过认真的处理，也很难给学生留下深刻的印象，更不用说激发学生的思考和培养学生的理论思维能力。这种对于图片和碎片化信息的依赖，对思政课教学的理论思维训练任务提出了严峻的考验。但是大数据技术的出现很好地缓解了这一问题，可以有效地帮助思政教师通过合理的引导和科学的设置，占领学生网络领域的意识形态阵地，引导学生将更多的时间和精力放在更有价值、更有意义的事情上面。例如，在蓝墨云班课的使用过程中，学生可以充分利用自己碎片化的时间解决思政课上的问题和学习各种形式的思政教学资源，参与各种思政课教学的环节和活动，比如头脑风暴、答疑讨论、在线投票等。这些活动的设置充分调动了学生参与的积极性，形式上灵活多样，内容上引导性强，很好地满足了学生对于网络参与的需求、对自身课程目标的需求、对表达平台的需求。而通过大数据技术的强大支持，学生可以随时随地查看自己在班级中的排名情况，查看自己参与课堂的情况，从而了解自己在这门课程中的表现，进而查漏补缺，及时改进。避免了学生在不能准确把握自己表现的情况下，草草了事地结束一门课程、荒废一个学期的情况。

2 大数据技术的出现带来的思政课教学新思路

大数据时代的来临给各行各业都带来了方方面面的冲击，其中最重要的是思维方面的冲击。在大数据时代背景之下，思想政治理论课如何更好地开展，如何与时代要求相结合，如何更好地抓住大学生的心，是我们每一个一线思政工作者需要研究与探索的课题。传统的师生座谈形式、抽样测评形式都不能满足当前大学生的实际需要，也不能满足教师准确把握学情的需要。大学生的思想是最活跃的，也是最需要引导的，但目前又是一个信息时代，仅仅依靠课堂很难抓住大学生的心。随着越来越多“手机族”“低头族”的出现，如何吸引学生参与课堂是最关键的问题。如果学生一点兴趣都没有，那教师讲得再好又有什么意义呢？

智能终端、网络技术、云计算等新技术为我们自动采集、分析和整理数据提供了高效、快捷、准确的技术手段。通过大数据分析，我们可以及时、高效、准确地收集和整理大学生的思想动态，准确把握大学生群体的需求与意见，从而根据大数据分析结果调整思政课教学，使其更有针对性、实效性和感染力。与传统的抽样调查法相比，大数据分析的数据收集、数据处理、数据分析与数据整合的功能更加强大，而且突破了抽样调查法的固有限制，避免了样本的不全面性，降低了由于样本抽取不科学、不规范而造成的误差。同时，大数据分析由于具备强大的网络技术支持，能够更加有效地吸引大学生参与其中，便于教师通过此项技术了解大学生方方面面的想法，在大数据收集基础上的数据分析可以帮助一线教育工作者、教育管理者准确把握实际，避免因为不了解具体学情而引发的认识偏差。

蓝墨云班课大数据平台提供的资源学习获得的经验值分布分析如图 1 所示。

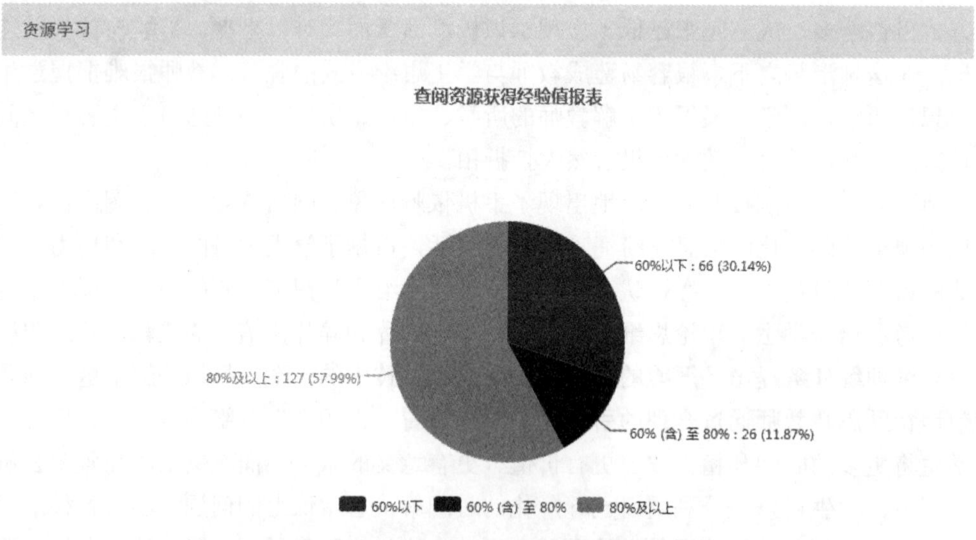

图 1　蓝墨云班课大数据平台提供的资源学习获得的经验值分布分析

注：图中表示的是查阅资源获得的经验值占总发布资源总经验值的百分比超过 80%的、60%（含）至 80%的以及 60%以下的学生的数量以及占比。

蓝墨云班课大数据平台提供的经验值较低的同学学情分析如图 2 所示。

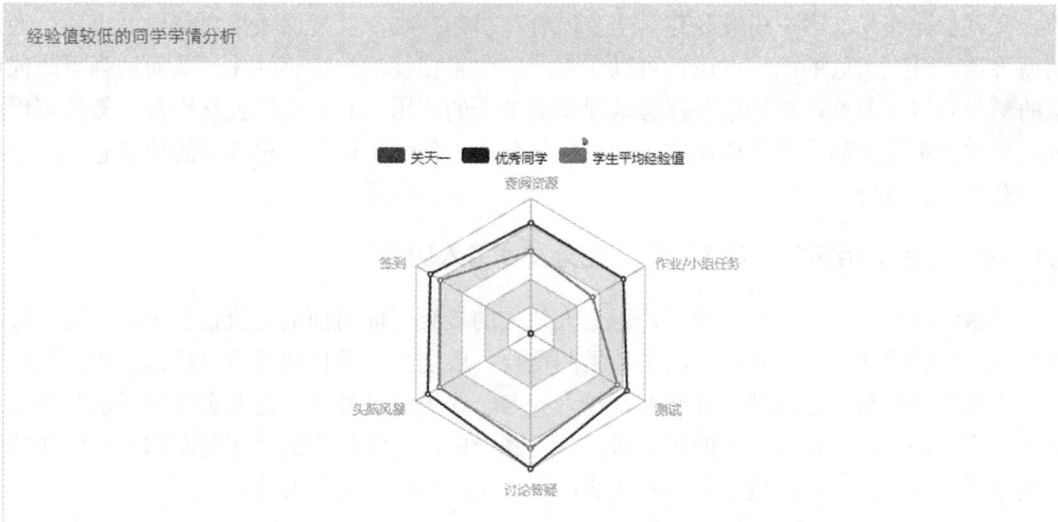

图 2 蓝墨云班课大数据平台提供的经验值较低的同学学情分析

思想政治教育工作区别于其他专业学科，具有很多独特的学科特点。比如，思想政治教育课程通常是大合班上课，一位任课教师对应的是上百人的学生群体，在课堂管理方面、教学质量把控方面、教学信息收集与反馈方面，面临的困难要更大一些。任课教师很难准确地把握班级的整体状态，或者需要很长时间才能熟悉整个班级的同学。这对于思想政治教育课程的顺利开展非常不利，也使思想政治教育的效果大打折扣。在利用了蓝墨云班课这样的大数据分析在线平台之后，大大解决了思政课教师在课堂管理和学情把握方面的问题。其功能的设置与便捷的操作，使教师和学生都深受其益。在线班级管理、在线一键签到、在线发布教学资源、在线安排活动与设置作业，还可以创立网上调查问卷，进行头脑风暴和答疑讨论，每一项功能的设置都能让学生和老师参与其中，将教师和学生的距离拉近。通过这些功能的操作，既能让老师准确把握学生的学习状况和思想动态，又能够让学生及时了解教师的教学资源和方向引导，师生联合，一举多得。

3 对如何将大数据技术与思想政治理论课相结合的几点思考

3.1 优质的内容才是根本

与丰富多彩的形式相比，内容是否优质显得更加重要。虽然强大的大数据技术给当前的思想政治理论教学带来了很大便利，但是教师的作用依然不可忽视。在技术的支持下，教师更应该提升专业水准，在素材和资源的挑选方面、在活动的设置和问题的设计方面应该多花心思、肯下功夫去琢磨和钻研。如果失去了优质的内容，再好的形式和再强的技术都不能实现良好的教育教学效果。

3.2 讲好思政故事，先“通情”再“达理”

理论知识的传播不一定是生硬的、枯燥的，理论知识的传播效果如何与老师的授课风格与表达方式有很大的关系。围绕教学主题，通过讲故事的方式把理论潜移默化地传递到同学们的头脑中、内化于同学们的心里也是一种很值得探索和尝试的方式。故事的表达方式有情节、有细节，容易使学生引发联想，丰富内容，引起共鸣，其授课效果自然要好很多。通过循循善诱、引人入胜的故事讲述，可以在无形之中将理性的知识感性化，从而增强思政课课堂的感染力与实效性，更好地发挥思政课堂塑造人的作用。利用在线教学平台，教师可以将优质的学生实践活动和教师微课堂进行传播与分享，使学生产生对思政课的依赖感，从中获得收获感与满足感。

3.3 线下与线上相结合，互为补充，充分发挥育人功效

技术的使用为我们提供了便利，但是人与人的接触、面对面的交流依然不可忽视。参与网络活动、利用在线平台是提升教学效果的重要手段之一。具体问题应该具体分析，教师与学生直接的交流与沟通依然十分必要。作为一名一线思政课教师，在业余时间通过与学生座谈等形式可以更好地把握学生的思想状况，遇到一些比较深层次的思想问题和心理问题能够准确地了解和掌握，从而进行引导和疏通，充分发挥思政课的育人功效。

4 小结

大数据信息时代的来临给思政课教学带来了新的挑战，也带来了变革与创新的机遇。时刻把握时代脉搏，紧跟时代变迁步伐，一切为了学生，为了学生的一切，为使思政课的育人理念充分发挥，探索之路永不止息。

蓝墨大数据在统计课程中的应用实例分析

王　琼　江苏信息职业技术学院

摘　要：信息技术、大数据的发展在不断推动高职教学改革。在此背景下，本文将目前应用范围最广、最受教师欢迎的蓝墨云班课与应用统计教学改革相结合，以课程中的一次任务（常见经济指数 CPI）为例，探讨蓝墨大数据在统计课程教学设计中的应用。

关键词：教学改革；蓝墨；大数据

大数据时代，统计学在生活中变得越来越不可或缺，统计学的思想和各种统计数据对政府、社会乃至我们的工作和日常生活都产生着直接的影响，这种影响可能远远超乎想象。随着经济社会的发展、各学科相互融合趋势的发展和计算机技术的迅速发展，统计学的应用领域也将不断发展，在所有领域展现它的生命力和重要作用。但现实教学中，统计学难教，学生难学，学生甚至认为统计学是虐待学，传统的课堂的教学很难激发学生的学习兴趣。翻转课堂、慕课、混合式教学等教学方法、各种助学助教软件的兴起，推动了统计学的教学改革。随着社会化媒体的兴起，针对互联网用户数据的分析、营销、挖掘产品越来越多，大部分是在为企业服务，或者用来做自身产品推广。蓝墨云班课正是一个为广大学校师生服务的大数据平台。现在，蓝墨云班课的信息越来越多样化，文本、图片、语音、视频、问卷调查、测试、各种数据分析等，使用频率非常之高，蓝墨云班课数据更完整和更生动地描绘了一个班级课堂教学的轨迹。笔者借助蓝墨云班课，将信息技术与课堂教学改革进行有效融合，探讨蓝墨大数据在课堂中的应用。

1　教学内容

本次课选自“应用统计”课程中的“常见的经济指数”，以常见经济指数 CPI 为例，传授给学生基本的数据检索、数据调查、数据计算以及数据分析的知识与技能。

2　教学设计

以实践任务为驱动、建构主义学习理论为指导、行动研究法为手段，将蓝墨云班课融入具体课程的教学过程中，实现“自主学习”与“课堂学习”、“线上”与“线下”、“同步学习”与“异步学习”相结合的混合式教学。

课时主要分为八个部分：

问题引入激发探究热情，课堂汇报自学研究成果；

小组讨论提出具体问题，教师讲解梳理疑难知识；

数据检索解决实际问题，上机操作巩固提高认知；

头脑风暴延伸问题思考，布置作业拓展课外成果。

课前、课中、课后共分八个环节展开。

3 蓝墨大数据在教学实施中的应用

3.1 课前：引导自学

课前，教师将提前在蓝墨云班课上推荐统计网站、发布课程任务、共享课程资料，主要引导学生完成三项课程准备工作，具体包括：① 预习教材；② 观看教师微课；③ 完成教师布置的2010—2015年衣、食、住、行价格调查表（分小组进行)。对每一项发布的资源，蓝墨云班课数据自动统计查看人数、未查看同学的具体名单，方便教师掌握学生预习情况，并可提醒未查看学生及时查看资源。

3.2 课中：强化练习

课中强化练习主要通过课堂汇报、小组讨论、教师讲解、数据检索、上机实践、头脑风暴六各环节展开。其中小组讨论、上机实践、头脑风暴可以充分利用蓝墨云班课大数据展开。

（1）小组讨论。小组代表汇报后，在云班课上设置讨论活动；请全体同学将每组数据放在一起进行讨论：如何综合所有物品的价格，计算得出综合物价指数（即CPI指数）？蓝墨云班课的讨论活动界面就像一个聊天室，学生畅所欲言，教师从中引导。每一位学生的回答、同学间的点赞情况、教师的经验值奖励情况都自动储存为云数据并成为学生整个课程学情分析数据的一部分。

（2）上机实践。教师将上机实践操作录制成小视频放在蓝墨云班课上，设置不能拖动，要求学生必须观看完毕才能获得经验值，鼓励学生线上学习。课堂上跟不上的同学课后可以反复观看教师操作视频。视频资源学习经验值也成为学情分析数据的一部分。

（3）头脑风暴。根据上机实践中分析好的数据，在蓝墨云班上提出具体实践问题，引导学生结合生活实际理解CPI的功能，以及如何分析解决现实问题。请同学们点开资源：“江苏统计”公众号中的文章“40年前的‘万元户’现在值多少钱？现在的100万十年后又值多少钱？”在蓝墨云班课上开展头脑风暴：“指”高“价”扬、“物”贵“钱”轻情况下如何让钱保值？引导学生结合自己的专业知识来畅所欲言，如减少储蓄、适当负债、提前消费、借钱投资等，提高学生参与课堂实践的积极性。资源点击、头脑风暴的经验值自动添加到云数据。

3.3 课后：考核评价

课后评价主要从三个方面展开：学生在蓝墨云班课上完成教师设计的课堂掌握情况问卷进行自我评价；课后小组提交的PPI指数的数据检索、任务分析作业进行学生互评，对没有按时提交作业的小组可以设置提醒；教师通过学生在蓝墨云班课上测试完成情况进行考核。问卷调查结果、学生互评结果、学生测试时间、测试结果、成绩排名当场显示，并可做单题结果分析，对学生错误率高的题进行专题讲解。另外，蓝墨云班课更是考虑到教师的实际需要，直接将测试结果转换成百分制。投票问卷、测试、作业/小组任务结果自动添加到云数据。

4 蓝墨大数据应用效果分析

4.1 激发学生的学习兴趣

课堂上通过摇一摇、答疑讨论、头脑风暴等方式激发了学生的学习兴趣，调动了学生的学习积极性，学生的参与度得到了量化，学生随时可以查看到自己和同学们的经验值，督促自己积极主动地参与，如图 1 所示。

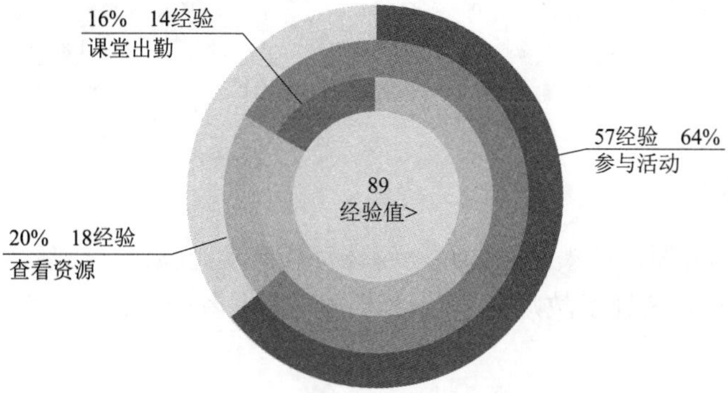

图 1 学生经验值图

另外，传统课堂上，学生提交的作业一般情况下别的同学看不到，课堂上只有时间让个别同学回答问题。但在蓝墨云班课上，学生提交的作业其他同学也可以看到，头脑风暴、答疑讨论等区域学生可以反复观看同学的回答，学生之间互相学习，大大地提高了学生的学习兴趣。

4.2 提高学生的学习效果

高职院校学生的水平参差不齐，个别同学课上无法跟上教学进度，学习积极性屡屡受挫，借助蓝墨云班课这一平台，课后跟不上的同学课后可以反复观看教师视频、答疑讨论区进行答疑解难等方式进行异步学习。蓝墨云班课上，师生之间和学生彼此之间的多元互动，其教学效果直接体现在学生的合作和沟通交流能力上；就教学质量而言，信息化教学合理选择和有效利用资源适应了信息化社会发展的需求，既有利于学生扩大知识面、拓展思维空间，又有利于学生提高科学探索能力，大大提高了学生的学习效果。[1]

蓝墨云班课上的测试结果、学生作业互评结果、问卷调查的自我评价结果显著检验学生学习效果，学生学习效果良好，如图 2 所示。

4.3 激发教师的应用热情

蓝墨云班课的使用，使得教师在数据计算和分析任务中解脱出来，但与传统教学不同的是，老师除了要备课外，还要搜集大量的信息和资源，合理巧妙地设计好课程的各个环节，并要利用更多的课余时间来实现师生互动，让老师在育人的同时自身也在不断的学习，激发了一线教师的应用激情。[2]

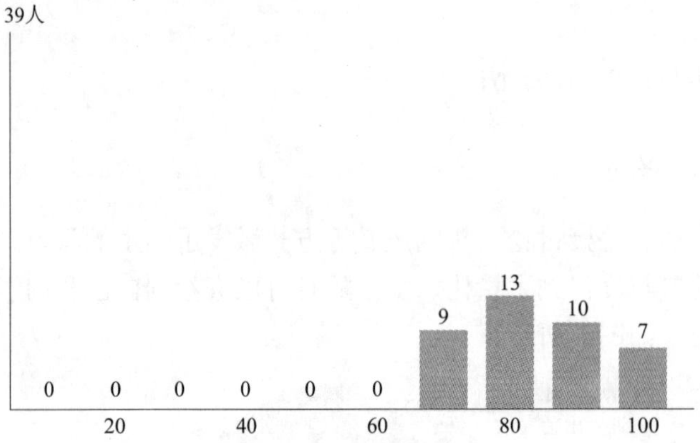

图 2　学生测试结果图

4.4　量化过程性考核

通过上述活动的开展，蓝墨大数据自动统计每项活动经验值。最后，整门课程的成绩汇总情况一键轻松解决，减轻了教师的负担，让教师有更多精力投入到教学准备工作中，如表 1 所示。

表 1　学生成绩汇总

10.00%	10.00%	10.00%	20.00%	10.00%	10.00%	10.00%	20.00%	100.00%	
视频资源学习	非视频资源学习	签到	测试	讨论答疑	头脑风暴	投票问卷	作业/小组任务	百分制得分	额外得分
80.00	73.33	100.00	100.00	100.00	41.67	0.00	15.38	62.58	2
73.33	100.00	100.00	100.00	100.00	100.00	0.00	15.38	70.41	9
41.67	100.00	100.00	100.00	100.00	91.67	0.00	15.38	66.41	15

总而言之，通过信息技术与“应用统计”课程改革的融合，激发学生内在学习动力，提高学生参与度，让学生真正成为学习的主体，做到有目标地学，有效果地学，使得教学不再乏味，让教师真正起到引导和答疑解惑的作用，基本实现“做中学、做中教、做中评”。信息技术虽不能代替教育，但可以推动教育的改良和创新，移动智慧教育和教学大数据服务成为主流是时代发展的必然趋势!

参考文献

［1］解筱杉，朱祖林. 高校混合式教学质量影响因素分析［J］. 中国远程教育，2012，（10）：9.

［2］孟婷婷. 关于蓝墨云班课在教学过程中应用的几点思考［J］. 亚太教育，2015，（09）：114.

“CAD 机械制图”教学中基于微课及翻转课堂教学模式研究

甘斌达　广西南宁技师学院

摘　要：新兴教学资源“微课”和新兴教学模式“翻转课堂”在国外已经开始应用并取得了较好的教学效果。本文通过概述微课及翻转课堂教学模式，探讨其在CAD机械制图教学中的作用，将“微课”和“翻转课堂”两者有机结合起来，创设基于微课的翻转课堂教学新模式，利用学生手中都有智能手机的特点，充分发挥信息技术教学的优势，化解学生带手机进课堂带来的矛盾，提高教学质量，提升学生专业技能，起到更好的教学效果。

关键词：CAD 机械制图教学；微课与翻转课堂；应用研究

1　微课及翻转课堂教学模式概述

翻转课堂是一种创新的教学模式，它颠覆了传统的课堂教学架构，教师不再占用课堂时间讲解大量的授课内容，而是专注于与学生进行答疑交流，将学习的决定权从教师转移给学生。微课则是指运用信息技术按照认知规律，呈现碎片化学习内容、过程及扩展素材的结构化数字资源。基于微课的翻转课堂教学模式，是将知识通过教师创建的微课，让学生通过手机、平板电脑等工具在课外就可以学习关键的知识；而在课堂中，学生能够更专注于疑问的知识点，老师则能充分利用课堂时间为学生进行答疑解惑；在课后，学生对某个知识点仍不明白，还可以反复地观看微课或与同学交流。把微课融入课前、课中和课后，实现翻转课堂的创新教学模式，从时间和空间的维度重新构建新的教学方式，能锻炼学生的自主学习能力，有效地提高课堂的学习效率。

2　教学模式设计要点分析

翻转课堂呈现的是一种“先学后教”的模式，学生是教学活动的主体，借助教学视频和网络媒体等信息化学习资源实现自主学习和协作学习，教师成为学生学习的辅助者，负责答疑解惑和帮助学生实现知识内化。这种教学模式设计要点如下：

（1）细分项目。教学模式应用中将课程细化，分成若干个项目，分阶段完成每个项目，提高教学质量。

（2）结合具体项目，采用任务驱动方式构建微课所需的一系列资源，如教学动画与录像、相关习题与测试、三维模型及图片等，方便学生课后自主学习，将碎片化的时间利用起来。

（3）采用翻转课堂教学模式，使用蓝墨云班课平台发送课程通知、推送图片、微课视频、音频、PPT 课件、作业等到学生的移动设备上，在课堂内外随时开展讨论、答疑等教学活动。

（4）课堂教学中教师结合学生问题进行辅导，鼓励同学间的交流，共同完成教学难点与重点，实现教学效率的提升。

（5）通过微课，将课堂上所总结的问题和案例都记录下来，并结合教学目标所配套的基础、提升等分层次例题和练习题，将学生分成不同层次，让学生在课后结合自己的实际情况自主学习、复习。

3 “CAD 机械制图”教学中基于微课及翻转课堂教学模式

随着信息技术的发展，智能手机在学生当中已经越来越普及，学生带着手机进入课堂也的情况越来越普遍，阻止学生带手机进入课堂几乎已成为不可能完成的任务。所以，我们应该充分利用学生拥有手机的优势，在移动互联环境下结合微课与翻转课堂进行教学，接下来笔者以“CAD 机械制图”课程为例，分析基于微课的翻转课堂教学模式的应用。

具体来说，“CAD 机械制图”的授课教师应该从课前开始教学活动，将重点的画图步骤、分解讲解等具体的知识要领充分体现在微课中，再将相应的微课、练习、课外知识等进行收集、整合，并将它们通过蓝墨云班课平台发送到学生的手机。只要有网络的地方，学生就可以随时随地地学习，这样可以让学生提前了解即将学习的教学内容，也符合网络时代学习碎片化的需求，学生会在观看过程中不断思考，发现很多的问题。然后在课堂上独自完成一两个难度相当的制图任务，通过与老师和同学共同探讨，将观看微课存在的疑问解决，达到巩固知识的目的，逐渐培养学生自主学习与合作学习的能力。

基于微课的翻转课堂并不是说简单地用微课视频代替教学，重点在于帮助学生深化知识，提高教学质量。特别是在“CAD 机械制图”课程的知识点讲解的过程中，往往涉及作图演示，而在教师示范过程中，同一个作图过程可能要反复演示多次，如果借助微课，只要通过一次精心的准备，就可以将某个需要反复讲解的知识点做成微课，通过蓝墨云班课平台要求学生提前进行学习，这样教师可以在课上留出更多的时间为学生解答问题，提高教学效率。

“CAD 机械制图”课程由若干项目构成，项目中又存在若干循序渐进的任务图纸，我们可以把每一个任务或知识点做成一个微课，通过蓝墨云班课平台实现布置任务、推送图片、微课视频、PPT 课件、作业等到学生的移动设备上，由于微课视频可重复播放、自由调节进度的特点，学生根据自己的实际情况进行学习。从而解决了传统课堂无法兼顾所有学生的难题，微课结合翻转课堂让分层教学真正地成为可能。

而且随着信息技术的发展，像蓝墨云班课这样的平台，不仅能发送微课视频、教学资料到学生的手机上，还能布置批改作业、组织讨论答疑、开展教学互动，教师可以查看学生的学习进度和学习记录等，可以进行及时地反馈和点评，让学生的手机变成了强有力的学习工具，也激发了学生利用手机进行自主学习的兴趣。

4 结语

总而言之，基于微课的翻转课堂教学模式，让学生由原来的被动学习变成了课前、课后自主学习，学生成为课堂的主体，手机也不再是课堂中的洪水猛兽，学生在课前学微课，在课中充分讨论交流、巩固，在课后复习、提升。教师通过课前、课中、课后的监控，有针对性地去发现和解决学生的问题，教学效率得到了极大地提高。所以，微课与翻转课堂的结合，符合网络社会碎片化学习的需求，也能实现教学资源的共享，能促进信息技术和教育改革的融合，为中职学校课改发挥更大的作用。

参考文献

[1] 史朝晖. 浅谈如何提高高职工程制图的教学质量 [J]. 价值工程，2014（11）：11.
[2] 李红双，孙岩. 机类工程制图实现“甩图版”的改革与实践研究 [J]. 科技创新与生产力，2014（02）：78.
[3] 毛晖，周莉娜，黄懿梅. 对环境工程制图实践环节的改革探讨 [J]. 教育教学论坛，2012（01）：34.
[4] 卢东. 探索微课与翻转课堂相结合的教学新模式——以中职机械制图课程为例 [J]. 职业教育，2015（20）.

基于云教学的高职学生安全教育模式实践探讨

吕姝宜　昆明工业职业技术学院

摘　要：针对学生安全教育课程特点，运用云教学平台，利用网络课程资源，将安全知识的普及传授迁移到课外，使学生在有限的课堂教学时间内既能学到知识，又能培养能力。本文通过对学生安全教育的云平台教学模式的构建、实践及作用展开探讨，以期通过云平台教学模式，实现学生安全知识个性化学习，养成安全习惯。

关键词：云教学；高职学生；安全教育；实践

随着信息技术的飞速发展，智能手机、平板电脑、笔记本电脑得到广泛普及，特别是手机 APP 技术的应用，学生的教与学已经超越传统意义的教室和机房。云平台的应用开展已经无须再依附 PC 进行，教与学师生通过使用移动设备（如手机、平板电脑等）的使用，即可在网络平台实现交互式教学活动。学生可以在任何时间、任何地点通过移动设备和无线网络获取学习资源。

“学生安全教育”是目前职业院校开设的一门公共课程，职业院校学生正处于人生成长的重要阶段，属于学习知识技能的“黄金时期”。学生学习和掌握必要的安全知识和技能，学会自我保护、提高安全意识、实现自我平安和校园平安，是自己一生健康成长的基础。昆明工业职业技术学院结合传统教学现状，通过蓝墨云班课，依托其核心云技术体系，采用基于“互联网+”的课程开发与设计模式，对基于云平台的“学生安全教育”课程进行设计与应用，让“学生安全教育”课程的教学更加便捷、个性化和多样性。

1　构建学生安全教育课程教学体系

目前大部分高职院校的“学生安全教育”教学大纲包括公共安全和职业安全两大部分。课程涉及交通安全、用电安全、消防安全、实习实训安全、体育活动安全、网络安全、饮食卫生与常见病防治、日常生活安全、旅游安全、求职就业安全、自然灾害应对、遵纪守法和意外事故紧急救助等内容。采用传统的教学方法和教学组织形式，存在内容较多、学时限制、图文声表现效果差等问题，有很多的安全知识要点不能系统、完整地传授给学生。而学生对于日常学习、生活中的各种安全问题防范意识不高，预防和应对能力差，但又不屑于对课程学习的重视和对教材的自学。这样的方式，往往不能很好地满足安全教育的需求，实现安全教育的教学目的。

因此，结合当下学生的学习特点，采用基于“互联网+”的课程开发与设计模式，借助蓝墨云班课平台，对“学生安全教育”课程教学体系进行构建如下：

1.1 课程内容

课程内容包括“学生安全教育”课程的教学大纲、授课计划、考试大纲、教学课件、教案、视频、音频、阶段测试题库等模块。

1.2 课程管理

课程构建后，授课教师可管理参与课程教学的学生，可发送通知、分享资源、布置批改作业、组织讨论答疑、开展教学互动等。

1.3 教学管理

（1）教师利用蓝墨云班课手机客户端可进行签到点名，自动生成考勤数据库。

（2）教师组织学生可以在任何时段、课堂或课外开展互动活动，可以随堂开展投票问卷、头脑风暴等互动教学活动，即刻反馈，即刻点评。

（3）教师可以通过蓝墨云班课手机客户端等移动设备发布课程信息、学习要求、课件、微视频等学习资源，使学生将移动设备从此变成学习工具，而不再仅仅是社交、游戏工具。

（4）教师可以对每个学生的学习进度进行跟踪，对学习成效进行评价。师生在蓝墨云班课平台提供的基于移动交互式数字教材的教学互动支持中教师可标注阅读要求和学习重点，学生在数字教材学习时可以查看教师的批注，也可以相互间分享笔记，学期末教师即可得到每位学生的学习评估报告。

1.4 课程考核

在蓝墨云班课平台上，教师通过在系统中进行的测试题题库编辑、更新，利用考试题目对学生进行测验，学生在手机客户端上就可完成，测试结果数据形成数据文件保存，系统即自动生成学生自主学习数学资源得分，教师依据测试成绩及学生自主学习成绩即可进行综合评价。

2 云教学平台在高职学生安全教育中的作用

2017 年昆明工业职业技术学院实训部利用蓝墨云班课平台，依托其移动交互式核心云技术体系，构建了基于云教学的高职“学生安全教育”课程教学体系。通过教学手段的改进和方法创新，确保了该课程建设的标准化、规范性和可维护性。课程体系构建以后，学校建筑工程专业的 120 名学生参与了蓝墨云班课的“学生安全教育”教学测试。在专业教师的指导下边学边做，对该系统进行操作测试，以树立综合安全意识、学习日常安全技能为导向，理论与实践融会贯通的情境教学，来满足对学生安全教育的需求。云教学平台在高职学生安全教育实践中的作用还体现在了以下两个方面：

2.1 教师在自身信息化教学的技能和管理能力方面得到了提升和锻炼

互联网技术重构了社会关系，也将颠覆教学基本结构。信息时代需要与之相适应的教学模式，信息时代下的教师不仅要有应用信息技术创新教学的意识，还要有不断学习、应用信息技术开展教学改革创新的能力。通过对蓝墨云班课的“学生安全教育”课程的构建，用“在线学习+面授”这种基于网络的混合型学习模式将传统学习方式的优势和网络化学习的优势结合了起来。不仅强化了教师的学科专业知识，学到了新的技术知识，还在实践中大大提升了自身的信息化教学技能和管理能力。

2.2 蓝墨云班课的教学活动有利于调动学生的学习积极性

学生的手机上安装了蓝墨云班课 APP 之后，手机就变成了强有力的学习工具，由之前的不允许带手机进课堂而转为学习工具，大大激发了学生利用手机进行自主学习的热情。课堂上，班级学生参与了课程的交通安全、用电安全和消防安全章节的学习，并对交通安全部分进行了在线试题的测试。对于没有参与的学生，教师通过 APP 也能及时知道，并及时提醒。课后，通过云平台完成投票、问卷、答疑、意见交互等教学组织活动，大大调动了学生“讲安全、学安全、要安全、会安全”的积极性。

3 几点思考

通过蓝墨云班课教学平台的尝试，对高职学生安全教育的传统教学与蓝墨云班课教学对比分析如表 1 所示。

表 1 高职学生安全教育的传统教学与蓝墨云班课教学对比分析

方法 / 内容	传统教学	蓝墨云班课教学
教学设计	注重课堂教学	课余学习与课堂分析、互动相结合
教学内容	受课堂时间限制，内容局限	课内外相结合，内容充足、全面
教学效果	教学内容多、课时少、讲座课程人数多，教学效果难以保证	目标明确、针对性强，易于持续学习，教学效果明显
学生学习	兴趣不强，思想不重视、课堂依赖性强	激发学习兴趣，强化分析和解决问题能力，增强自信

蓝墨云班课的“学生安全教育”在一定程度上改变了传统的教学方式，也优于传统的教学方式，但要真正做到课程教学的改革还需做到以下三点：

（1）转变教师课程教学理念。实施基于“互联网+”的课程改革，必然要突破传统教育，高职院校的教师应积极应用网络手段，利用信息技术，掌握视频、课件等教学资源制作方法，融合传统课堂，因材施教，创新课堂教学方式，把传统教学方式的优势和网络化学习的优势结合起来。

（2）加强校园信息化教学环境建设。当今学生对信息时代的电子产品及软件有天生的亲近感，针对这一特点，需要加强校园信息化环境建设，为网络教学提供实施条件。例如将 wifi 覆盖所有教室、宿舍。

（3）转换师生教学角色。对于大学生而言，教师的角色应从传统的教师转变成为导师，引导学生由“要我学”变为“我要学”，将学习的主动权交给学生。

总而言之，在“学生安全教育”课程教学中应用云平台教学方式，对授课教师的综合教学水平和课堂掌控能力的要求更高，而且在一定程度上增加了教师的备课工作量。但是从长远来看，蓝墨云班课让“学生安全教育”这种既面向全校又有专业针对性、收益面广的公共教育课程的教学过程更加轻松、有趣，更能让学生易于接受，是很值得尝试和推广的。

参考文献

［1］吕姝宜，李光辉.基于云平台的“学生安全教育”网络课程设计与开发项目报告.（2016 年昆明工业职业技术学院校级重点科研项目）.2017.3.

［2］蔡翔.也谈“翻转课堂”——“蓝墨云班课”的使用感受［J］. 考试周刊.2016（73）：111–112

基于蓝墨云班课的翻转课堂教学改革与实践

——以“影视编导创作”课程为例

康永斌　李建伟　河北对外经贸职业学院

摘　要：随着教育教学技术的发展和网络技术的普及，手机、平板电脑等智能移动设备不断进入高校、进入课堂。基于移动信息平台开展的翻转课堂教学改革与实践在国内诸多高校正逐步推行开来。与传统的教学模式相比，翻转课堂教学模式的推广与应用离不开院校教育信息化的建设，特别是信息化平台的建设。蓝墨云班课移动教学平台的开发与应用为新的教学方法、教学模式的开展打下了坚实的基础。笔者在近一年的实际应用过程中，以“影视编导创作”课程为例开展了翻转课堂教学的改革与实践，取得了较好的效果。

关键词：蓝墨云班课；翻转课堂；“影视编导创作”

引言

“翻转课堂”是教师利用现代信息技术，将手机、平板电脑等智能移动设备，教学平台与全新的教学方法相结合，将课上的部分环节延伸到课下，将课下的交流与实践转移到课上，使学生更多、更深刻地理解老师的教学内容，提升学生的学习效果。目前这一教学模式得到了大力推广，高职高专院校采用翻转课堂教学相比于传统教学更有利于对应用型人才的培养，也更有利于高职高专的人才培养目标[1]。

蓝墨云班课是北京智启蓝墨信息技术有限公司开发的一款重新定义移动环境下即时互动教学新模式的智能手机应用客户端。笔者自 2016 年 5 月接触以来，以蓝墨云班课为平台创建了“影视编导创作”课程，开展了翻转课堂教学的改革实践，并以此项课程改革为内容申请了学院教学改革项目一项，市级科研课题一项，在取得较好的教学效果的同时，有效地带动了科研工作的开展和科研水平的提高。

1　教学改革的背景

近年来，随着移动互联网的不断发展，手机已经成为人们必不可少的工具。大学生对于手机的依赖更是越来越严重。在大学课堂上，上课玩手机、看手机的学生越来越多。很多院校采取“一刀切”的管理方式，设立“手机袋”等方式，禁止学生课上携带或使用手机。在教育信息化变革的今天，单单采取“严管”“严堵”的方式是不符合当下教育改革趋势的。我们为什么不能转变思想，与其让学生的手机占领教师的课堂，不如让我们的课堂占领学生的手机。

2　基于蓝墨云班课的翻转课堂教学改革实践

笔者从事影视传媒专业教学工作近十年时间，先后担任“电视摄像”“非线性编辑”“影视编导创作”等课程的教学工作，“影视编导创作”课程是一门理论与实践并重的课程，共分为两学期，上学期以理论为主。下学期以实践创作为主，在理论环节，笔者采用分组教学，一组采用传统的课堂教学，一组使用蓝墨云班课，开展了翻转课堂教学方法的改革与实践。

2.1　课程设计

“影视编导创作”的上学期课程以影视节目的编导策划为主，理论讲解、案例分析、文案写作环节居多。因此，整个教学活动包括了以下三个环节：

（1）课前预习，了解编导工作的一般流程、不同节目的形态等；

（2）课上分析，组织课程案例分析，就经典节目进行案例分析，制定策划文案；

（3）课下完成文案写作，并线下提交。

2.2　教学实践

首先，组织教学资源。笔者先后组织、制作包括 PPT、Word 文档、视频、网络连接等在内的数字资源 30 多个，并按照章节、类型等进行分类，做到每个章节有知识讲析，有案例视频，有策划模板，有章节作业，并通过电脑端进行推送，初步建立了“影视编导创作”课程教学资源库，如图 1 所示。

图 1　“影视编导创作”课程教学资源库

教学资源库的形式、内容丰富，能够有效地吸引学生的学习兴趣，提高学生课下学习的积极性。教学资源的发布会及时通过手机通知学生，当学生下载、学习该资源后，教师端能够实现实时统计，便于教师掌握学生的课下学习情况，并及时提醒。

其次，课上笔者通过蓝墨云班课中的教学活动组织设计，以小组讨论、案例分析、头脑风暴等形式，对典型的影视栏目进行分析，启发学生们产生好的创意、想法、“金点子”，如图 2 所示。学生通过手机客户端进行讨论、发言，如图 3 所示。教师注意课堂发言的组织，及时为学生的发言点赞，学生学习、参与的积极性得到极大提高。通过手机的课上学习，学生玩游戏、聊天的情况彻底消失，学习效果得到了很大提高。

图 2　课堂活动情况

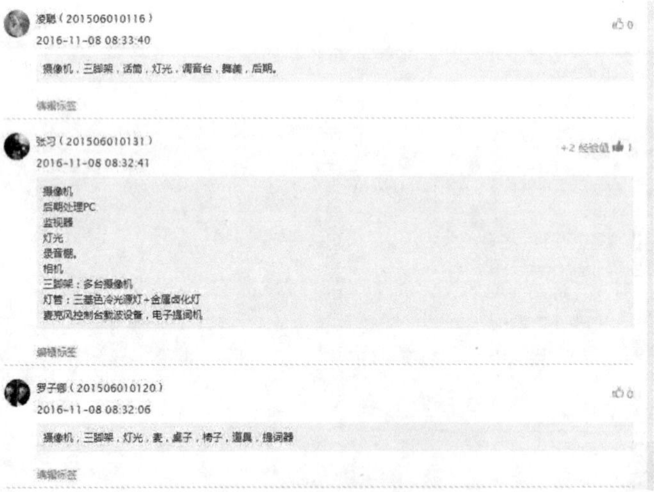

图 3　学生活动回答情况

最后，通过布置作业、测试、问卷调查等多种形式，实现对学生课程教学效果的检测，对表现好的作业、文案写作及时点赞，进一步激发学生的学习兴趣。教师手机客户端学生期中学习情况统计如图 4 所示。学生在老师任务的驱动下，自主地去学习和完成老师布置的任务积极性有所提高，有助于养成自主学习的好习惯，让学生学会自主安排学习时间，最主要的是也使得老师在课堂上有足够的时间来进行实践方面的课堂活动，也可以按时完成教学目标[2]。学生在线提交作业情况如图 5 所示。

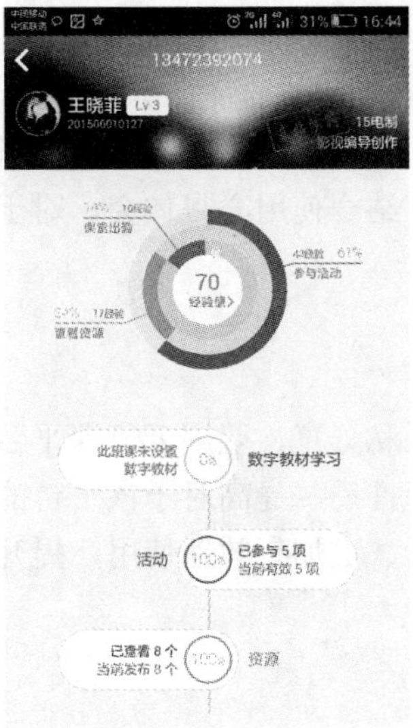

图 4　教师手机客户端学生期中学习情况统计

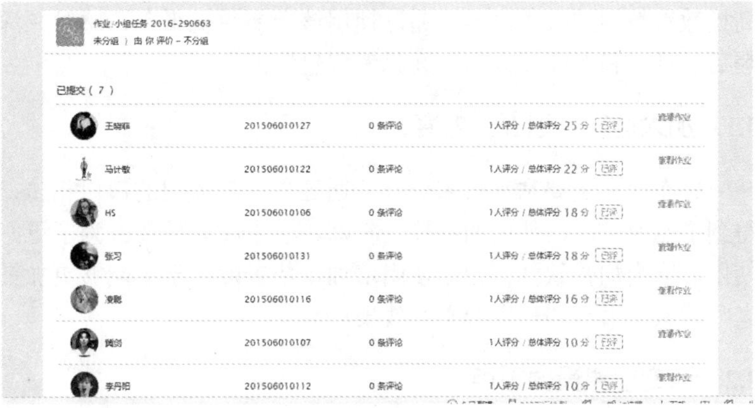

图 5　学生在线提交作业情况

2.3　教学效果

通过同另一教学小组的对比实验，笔者发现，使用蓝墨云班课的翻转教学小组，学生出勤率明显提高，学生参与课程的活跃度不断提高，学习兴趣、学习积极性得到很大改善，如图 6 所示。

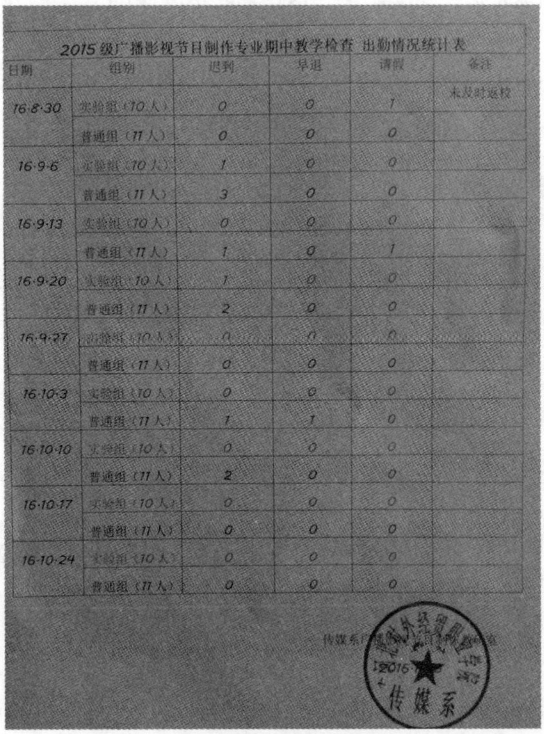

2015 级广播影视节目制作专业期中教学检查 出勤情况统计表

日期	组别	迟到	早退	请假	备注
16·8·30	实验组（10 人）	0	0	1	未及时返校
	普通组（11 人）	0	0	0	
16·9·6	实验组（10 人）	1	0	0	
	普通组（11 人）	3	0	0	
16·9·13	实验组（10 人）	0	0	0	
	普通组（11 人）	1	0	1	
16·9·20	实验组（10 人）	1	0	0	
	普通组（11 人）	2	0	0	
16·9·27	实验组（10 人）	0	0	0	
	普通组（11 人）	0	0	0	
16·10·3	实验组（10 人）	0	0	0	
	普通组（11 人）	1	1	0	
16·10·10	实验组（10 人）	0	0	0	
	普通组（11 人）	2	0	0	
16·10·17	实验组（10 人）	0	0	0	
	普通组（11 人）	0	0	0	
16·10·24	实验组（10 人）	0	0	0	
	普通组（11 人）	0	0	0	

传媒系

图 6　对比实验教学期中出勤统计

3 课程改革实践的思考

当前的教育信息化建设日新月异，蓝墨云班课移动教学平台的开发与应用有效地推动了高校教育教学的改革。笔者通过使用该智能手机平台，感触颇深，结合使用心得体会，对于今后的推广和专业建设有下列思考和建议：

3.1 加大推广、培训的力度

好东西一定要拿来大家分享，通过高校教师间的口口相传、无私分享，蓝墨云班课平台得到了迅速扩展，使用的高校、教师、学生越来越多。为了更好地推动、提高对于该平台的使用，应当加强软件平台的使用培训，使老师、学生能够更加灵活、更加有效地使用，提升老师的教学水平和学生的学习效果。

3.2 以专业建设为重点

加强专业建设，同相关专业行业委员会合作，加强专业教学资源库建设与分享。好的教学资源、数字资源对提高教学效果有着非常重要的作用。近期，笔者所在的院校同兄弟院校相关专业达成了专业资源共建、课程共建的合作意向，以信息化的教学平台、教学资源库为核心，不断推动教育教学方法的改革。

3.3 以制度建设为保障

改革需要先行者，但先行者往往是孤独的。许多老师在教育教学方面的改革创新往往因为没有制度的保障而逐渐夭折。因此，在进行蓝墨云班课的教学改革实践中，建议相关院校将教学改革的实践同考试制度改革、学分制改革、职称评定改革等制度建设相联系。改革考试制度、采取完全学分制，激发、调动学生的学习积极性；改革职称评定机制，注重教师在教学改革中的作用与贡献，保障老师的教学积极性，提高收获感，才能够不断将改革推进下去。

4 结语

从传统教学模式转型为新型的翻转课堂教学模式是一个非常大的工程。在这个过程中，需要院校采取相关措施来进行更好的转型；需要老师有更高的事业心和奉献精神，花更多的时间和精力在教学上；需要学生配合老师积极主动地完成学习内容。翻转课堂的兴起是对传统教学模式的大革新，它为我们高职高专院校、老师及学生带来的既是机遇，更是一种挑战。随着教育改革的不断推进，未来的高等教育一定是以“体验”为核心的教育，在这方面，以蓝墨云班课为代表的智能教学平台已经走在了前面，笔者通过实际的使用，感触颇深。其建立的以“教学体验”为核心的教育理念，在当下乃至未来都有着十分重要理论意义和现实意义，值得广大院校教师学习实践。

参考文献

［1］ 高红. 基于微课的“翻转课堂”高职高专教学模式研究［J］. 继续教育，2016，30（6）.

［2］ 刘力蕊. 高职高专院校翻转课堂教学模式之初探［J］. 旅游纵览月刊，2015（10）.

基于蓝墨云班课平台的 LINUX 课程教学改革与实践

王月梅　惠州城市职业学院

摘　要：在互联网大数据背景下，教育领域迎来了新的挑战，课堂教学模式也随之发生变化，本文以高职计算机网络专业 LINUX 课程为例，介绍在教学中如何使用蓝墨云班课平台凸显学生的主体作用和提高教学效果。

关键词：大数据；蓝墨云班课；LINUX 课程教学改革

随着移动智能手机的推广和普及，人与智能手机的关系可以用“亲密”来形容。目前市面上的智能手机不但可以打电话，收发短信、拍照等功能，而且在互联网上可以在线聊天交流、在线购物消费、在线学习、在线听歌、在线观看视频等，所以人对手机的依赖已成现实。在高校教学过程中如果老师还是想尽办法杜绝学生在课堂上不玩手机，那是不现实的。作为信息时代下的教师要懂得赶“时髦”，懂得如何利用信息化工具改变课堂教学模式，实现师生“代沟”缩短。蓝墨云班课平台是一款基于移动终端的能实现时时反馈教学互动工具，提高师生互动效率和教学效果，其教学工具在教师端的操作流程，如图 1 所示。

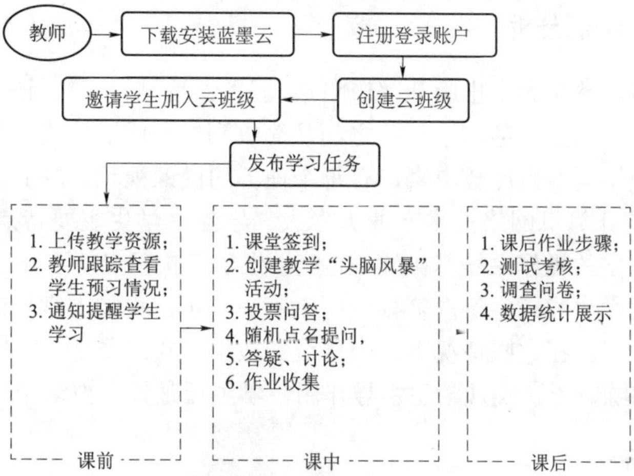

图 1　蓝墨云教师端操作流程图

1　蓝墨云班课平台功能优势

1.1　资料上传框架级别清晰，支持多种类型资源

蓝墨云班课平台可以实现教学资源分章节分类别存放，学生可以根据自身的需求快速地

找到对应的资料学习。目前蓝墨云班课平台支持上传图片、Word、PPT、Excel、记事本文档、音频、mp4 格式视频、压缩文件等。除此之外，可以把网上浏览的网页链接上传上去，进行共享，可以通过 PC 端上传资料，学生可以选择性地下载浏览学习。

1.2 激励及互动形式多样

在上传教学资料的同时可以设定经验值鼓励学生，学生学习完该内容后，即可以获得经验值。除此之外，学生签到、参加课堂讨论、完成作业等都可以获得经验值。在课程结束后获得经验值可以量化为学生平时成绩考核的一部分计入期末总评，该平台能够自动进行统计数据和导出数据。在互动方面，蓝墨云班课平台设计了头脑风暴、答疑、讨论、测试、投票、问卷、小组作业或者作业环节。比如为了加强对重难点知识的记忆，可以通过头脑风暴功能进行提问，学生在回答问题时彼此看不到答案，学生可以发挥自己的想象力畅所欲言。

1.3 灵活的评价方式

蓝墨云班课平台评价方式有三种：教师评价、指定学生评价和学生互评。其中教师评价是由教师对学生提交的作业进行评分或者给出具体的评价意见；学生评价则是可以选择班级中某个学生协助教师进行评价，该学生可以对其他同学提交的作业进行评价；对于学生互评，可以按小组或者个人之间互评，自己或者小组不能评自己或小组提交的作业，学生完成指定评价任务后可以获得奖励经验值。

2 蓝墨云班课平台在 LINUX 教学中的应用

2.1 LINUX 教材及学情分析

本校采用的教材是清华大学出版社《LINUX 服务器运维管理》，该教材按项目分类，每个项目涵盖多个子任务，子任务与子任务之间从简单到复杂成进阶式，此教材案例不仅实用而且该教材匹配的教学资源也比较丰富，有每个任务的微课视频、PPT 课件、电子教材等。本课程主要面向我校计算机网络技术专业大专大二学生，学生主要特点：学过了 Windows 2008 操作系统，有一定的操作系统基础知识，但学生学习状况参差不齐，有的学生成绩较好，自学能力较好，有的学生成绩中等，需要老师牵着鼻子走，再加上学生的英语基础较差，而该课程更多的是英文版。在这些情况下，用传统的教学方式：课堂老师用 PPT 课件讲解——实操演示——学生训练，无法实现学生主导作用，学生还是处于被动授课。

2.2 教学设计和实施

（1）教学设计。将教学过程设计为三个环节，即课前以线上学习为主，提供教学材料学生自主学习；课中知识内化，案例任务分析，重难点内容讲解，课堂细节知识点讨论等；课后通过布置作业达到知识拓展延伸，课后反馈总结。具体教学设计思路如表 1 所示。

（2）教学实施，可以分为三个阶段。

① 课前：教师创建“LINUX 操作系统运维”班级，发布邀请码，邀请学生加入。根据教材分解好的项目模块，每次授课前把教学资源上传到云班课平台，包括课件、课前自测题、

微课视频等。教学资源一旦发布后，该云班级的学生的手机会收到通知消息，教师可以在后台查看学生的预习完成情况，对没有预习的学生可以及时提醒，如图 2、图 3 所示。

表 1　教学设计思路表

课前任务设计	课堂活动设计	课后反馈总结
教学目的：学生进行课前预习，自测，讨论知识点。 实施：教师上传相关教学材料，包括微课视频、音频、文本资料、PPT 课件以及自测题等	教学目的：学生能够掌握所学习知识；教师解决学生学习问题。 实施：课程按照两种类型 （1）概念性理论知识：课堂活动采取重难点的讲解、答疑讨论、课堂习题、头脑风暴、在线测试等方式。 （2）实操性环节：可以采取分组讨论、头脑风暴、学生互评等方式	教学目的：巩固所学知识，考核学生所学知识的掌握程度，教学效果学生学习情况的反馈等。 实施：可以采用作业、在线测试、学生对教学视频、学习资料点评、投票或者问卷调查等方式

图 2　课前资料学习

图 3　及时提醒

② 课中：教师通过云班课平台组织教学活动，完成教学任务。根据课程设计把该项目中涉及的重难点知识内容设计成活动，利用蓝墨云班课，点击添加活动，可以创建头脑风暴、答疑讨论，如图 4、图 5 所示。

③ 课后：课堂的拓展伸延，课堂效果反馈。课堂教学结束后，教师把拓展任务以布置作业、小结测试、投票问卷等形式传递给学生，学生在完成作业过程中如果遇到问题，可以直接通过平台与老师进行交流，不用等到上课时间或者课间面对面交流，打破了时间与空间的约束。老师通过课后任务的步骤了解学生学习掌握情况，如图 6、图 7 和图 8 所示。

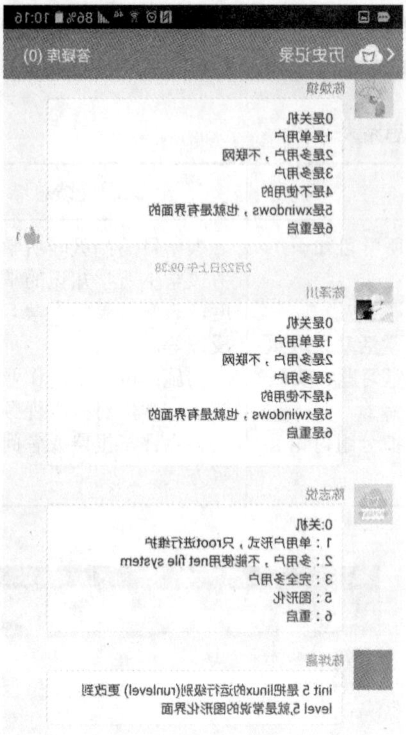

图 4 课中头脑风暴

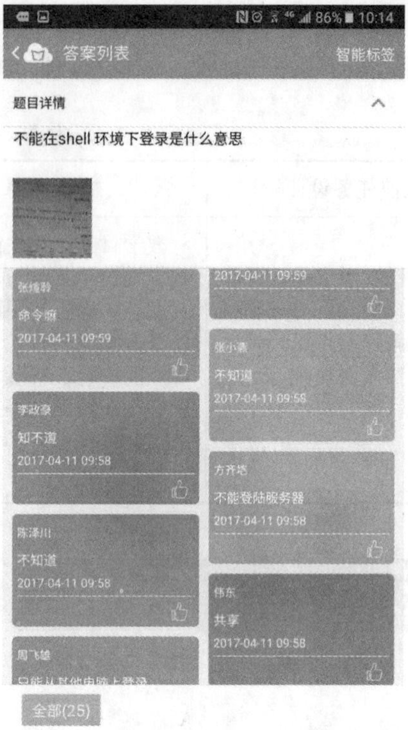

图 5 课中答疑讨论

图 6 课后反馈

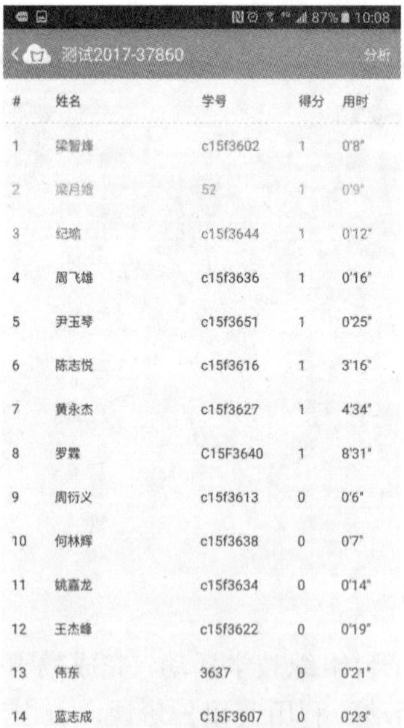

#	姓名	学号	得分	用时
1	梁智烽	c15f3602	1	0'8"
2	梁月娘	52	1	0'9"
3	纪瑜	c15f3644	1	0'12"
4	周飞雄	c15f3636	1	0'16"
5	尹玉琴	c15f3651	1	0'25"
6	陈志悦	c15f3616	1	3'16"
7	黄永杰	c15f3627	1	4'34"
8	罗霖	C15F3640	1	8'31"
9	周衍义	c15f3613	0	0'6"
10	何林辉	c15f3638	0	0'7"
11	姚嘉龙	c15f3634	0	0'14"
12	王杰峰	c15f3622	0	0'19"
13	伟东	3637	0	0'21"
14	蓝志成	C15F3607	0	0'23"

图 7 课后小测试

图 8 作业完成情况

2.3 教师评价与考核

教师布置课后练习、课后作业或者测试，要求学生在有限的时间内完成。可以采用教师自己评分、教师指定某个学生协助评分，以及学生互评三种方式进行评价与考核。教师要及时评价学生提交的结果，这样有利于及时分析学生对知识的掌握，有利于教师对教学情况了解掌控，提高教学质量。

2.4 教学的成效及总结

在教学过程中应用蓝墨云班课教学效果明显。它不但调动学生主动学习性和积极性，激发学生动手动脑能力，加强团队合作精神培养，而且师生之间的交流打破时间与空间上的限制。从上述整个教学过程当中来看，采用移动教学手段——蓝墨云班课平台，从课前、课中和课后三个环节进行教学，减轻教师在课堂中的讲授负担，学生不再是只限于课堂40分钟的学习，学生在这门课中的角色不再是被动学习，而可以成为轻松愉快的自主自由学习。

参考文献

[1] 谭春兰. 基于蓝墨云班课的翻转课堂教学改革实践［J］. 物流工程与管理，2016（6）：219–220.

[2] 祁爱萍. 蓝墨云班课在教学过程中的应用探讨［J］. 信息与电脑，2016（19）：207–208.

[3] 孙翠改，盛雪丰，于大为. 基于蓝墨云班课平台的Android系统基础课程改革与实践［J］. 计算机教育，2017（2）：117–121.

[4] 王红艳. 云班课支持的高职公共英语翻转课堂教学模式实证研究［J］. 现代教育论丛，2016（01）：43–49.

[5] 邢伟. 手机移动终端下高职课堂教学研究与实践——以蓝墨云班课为例［J］. 职教通讯，2017（3）：70–73.

基于蓝墨云班课的对分课堂实践

王　华　刘明玲　任雪飞　秦皇岛职业技术学院

摘　要：本文介绍了对分课堂的教学模式，并阐述了对分课堂的一些优势，最后谈了谈对分课堂中使用蓝墨云班课这样一种教学软件的体会。

关键词：对分课堂；蓝墨云班课；思维导图

对分课堂是复旦大学张学新教授发明的一种授课模式。所谓对分课堂，就是把课堂时间对半切分，一半给教师讲授，一半给学生讨论。对分课堂的结构是讲授→吸收→讨论，讲授即讲解内容框架和重点、难点；吸收是指课外写读书笔记，消化老师所讲内容，不会的问题自己查资料解决，实在解决不了的记录下来的过程；讨论即四人一小组讨论各自的收获及疑惑。

对分课堂由五个关键环节组成：讲授、独立学习、独立做作业、小组讨论和全班交流。老师所要做的就是两头：讲授、小组讨论和全班交流环节。

这学期我对“液压与气动”这门课进行了对分课堂教学模式的探索实践。

开学第一次课的第一小节，先让同学们下载了蓝墨云班课，告知邀请码，并组织了几个活动让同学们熟悉这个新朋友；第二小节，以液压千斤顶为例，介绍了液压系统的组成，为第二次课做准备。布置作业，让同学们课下看书消化后写读书笔记，读书笔记可以写成条目的形式，也可以写成思维导图的形式，如图 1、图 2 所示。最后，写明“亮考帮”，如图 3 所示。

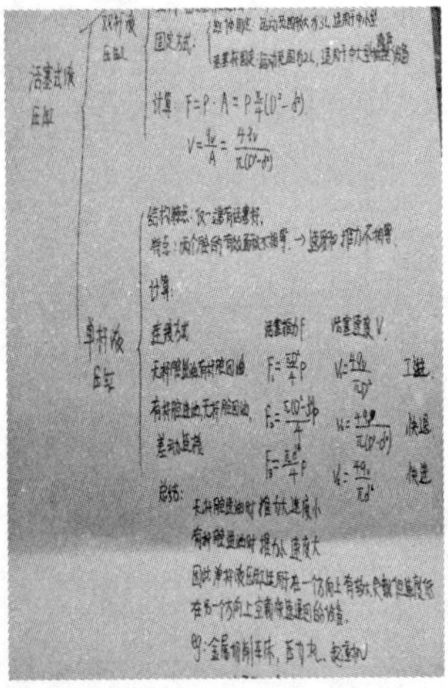

图 1　思维导图

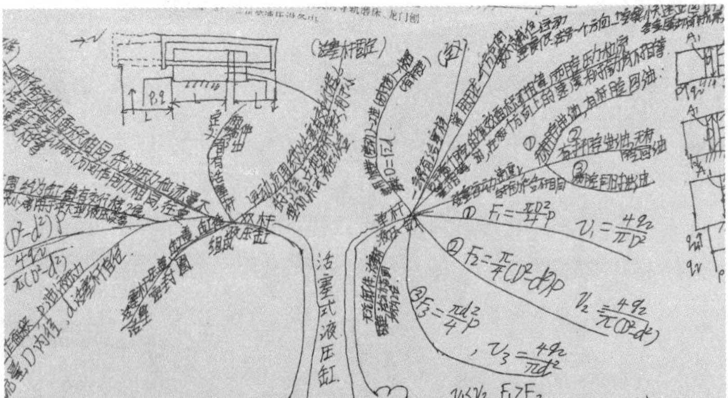

图 2　“知识树”形的思维导图

亮——亮闪闪，即学过本节内容后感受最深的一句话或一个知识点；

考——考考你，即出一道题考考大家；

帮——帮帮我，即学完本节内容后还不明白的知识点。

第二次课的第一小节，同学们以读书笔记为依托，四人一小组，先进行 15 分钟的小组讨论，交流彼此的“亮考帮”，如图 4 所示。结束后，全班交流，每一组亮出各自的“亮考帮”。如果谁的亮点足够“亮”，还会得到同学们的喝彩；如果某组的“帮帮我”得到其他同学的圆满回答，该同学便可得到经验值的奖励；如果无人能解答圆满，老师解答。

第二小节，老师讲解新的知识点。

第三次课重复第二次课的小组讨论、全班交流环节。

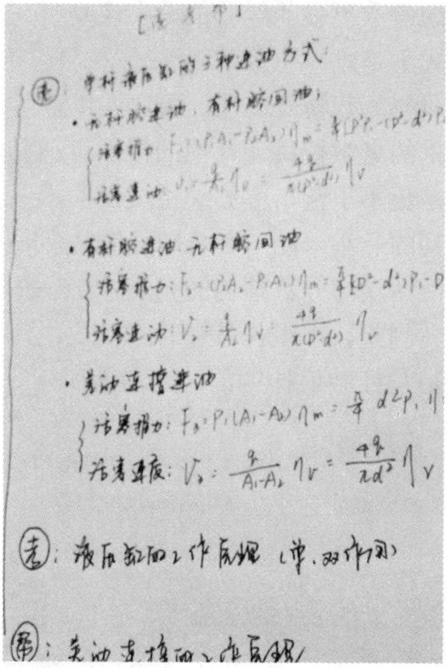

图 3 “亮考帮”

图 4 小组讨论环节

采用对分课堂的教学模式后，学生学习兴趣大大提高，教师也倍感轻松。我感觉对分课堂有如下四点优势：

（1）老师事半功倍，摸清学情。小组讨论与全班交流环节，实际上是给学生复习咀嚼的时间，以小组为单位，学生在交流中巩固了知识，既不感觉孤单，学习过程也轻松愉快。在全班交流环节，老师可以很清楚地了解到学生们知识掌握的扎实的地方和薄弱的地方，是不是抓住重点了。这样不但省力，而且更能摸清学情，查缺补漏，对症下药。

（2）学生展现自我，积极踊跃。以往老师总抱怨说：“学生不好管，光玩手机。”其实如果我们将舞台交给学生，情况就可能大不一样。90 后的学生，相比于以前的学生更敢说敢做，更有表现欲，在这种情况下老师就不要强占着讲台，逼着学生“满堂灌”了。在全班交流环节，学生展示亮点，学生提问，学生解答，学生由观众变成主角，热情高涨，都想表现自我，都想争取更多的经验值，在课堂上居然出现同学举手回答问题的现象，这在传统的课堂教学模式下是难以想象的。

（3）蓝墨云班课，课堂“利器”。学生学习不能靠劝，而要靠抓、靠管。我听过一位德高望重的老教授讲课，他的授课可谓是精彩，但总有课堂上不学、玩手机的学生，这位老教授于是免不了苦口婆心地讲父母的不易，劝他们好好学，可是效果并不明显。对于学生，唯有将其的一举一动与其分数挂钩，才能形成控制住他们的“紧箍咒”。蓝墨云班课就是这样一款实现活动与分数挂钩的充满神奇、充满乐趣的课堂“利器”。在蓝墨云班课中有查阅资源、签到、测验、小组任务等若干模块，每次完成一个模块的任务，就有经验值的奖励，而最终成绩是与经验值挂钩的，如图 5 所示。有了这个“紧箍咒”，能轻易做到学生课前预习，课后复习。

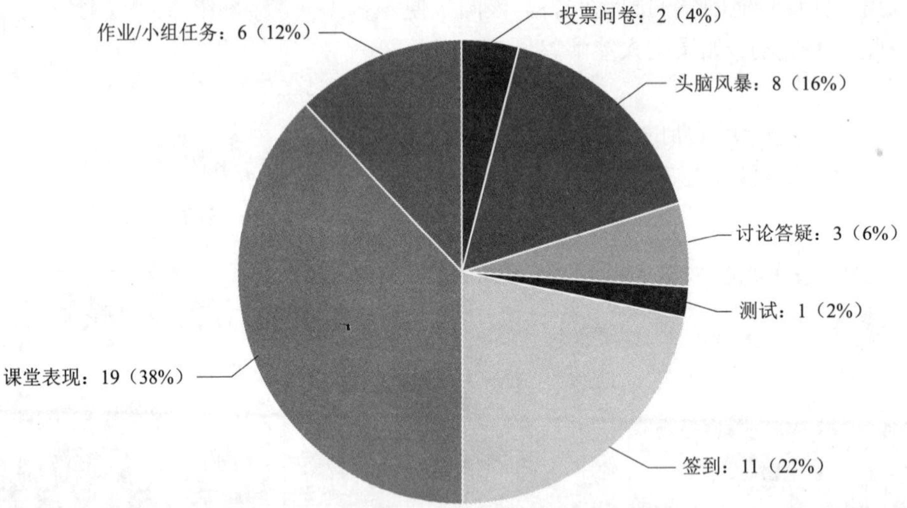

2	按需自行修改）	10.00%	10.00%	10.00%	20.00%	10.00%	10.00%	10.00%	20.00%	100.00%
3	姓名	视频资源学习	非视频资源学习	签到	测试	讨论答疑	头脑风暴	投票问卷	作业/小组任务	百分制得分
4	张浩	0.00	91.67	100.00	60.00	0.00	50.00	100.00	22.33	50.63
5	白丁楠	0.00	91.67	100.00	60.00	50.00	87.50	100.00	27.18	60.35
6	曹庚	0.00	91.67	100.00	80.00	0.00	87.50	100.00	25.24	58.97
7	常月星	0.00	91.67	100.00	60.00	0.00	75.00	100.00	24.27	53.52
8	董帅	0.00	83.33	100.00	40.00	0.00	100.00	100.00	24.27	51.19
9	高宏越	0.00	91.67	100.00	60.00	50.00	87.50	100.00	25.24	59.97
10	耿文君	0.00	91.67	100.00	60.00	50.00	100.00	0.00	21.36	50.44
11	江泰	0.00	8.33	90.91	0.00	0.00	37.50	0.00	24.27	18.53

图 5　蓝墨云班课的经验值与得分的转化

（4）过程管理，拉近师生。使用蓝墨云班课后，学生课下可以随时随地看资料或上传作业，老师也可以在任意方便的时间、场合批改作业，这就等于延长了学生学习的时间。课下要通知学生的事情也可以通过蓝墨云班课通知，不光方便了老师和学生之间的沟通，还建立了思想感情上的联系，让学生觉得老师随时就在身边，时刻关注着他，这样无形间拉近了师生间的距离。课堂上使用蓝墨云班课，如图 6 所示。

最后谈谈使用蓝墨云班课的一点体会。蓝墨云班课再精彩、再绚烂，最终也是一种手段，要想让课堂真正“出彩”，吸引学生，一定离不开老师的精心设计，那么课前写教案就显得尤为重要。教案是上好一节课的必要准备，体现了一节课的思路，教案里应明确本堂课的教学目标，运用什么样的教学方法，设计了哪些环节，每一环节的用时等。尽管教案可能之前写过，但每一次教学，对于新学生、新学情，还是应该再梳理一遍，再写一次比较好。只有课前精心准备，课堂才能流畅出彩，最后形成良性循环，如图 7 所示。

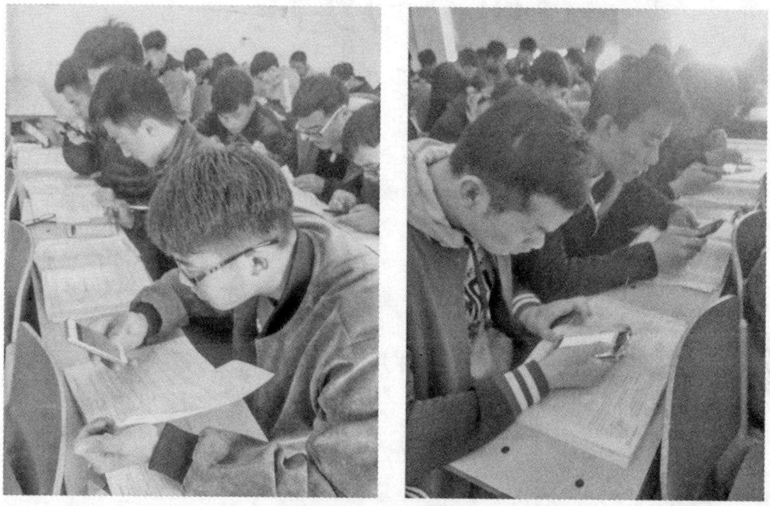

图 6　课堂上使用蓝墨云班课

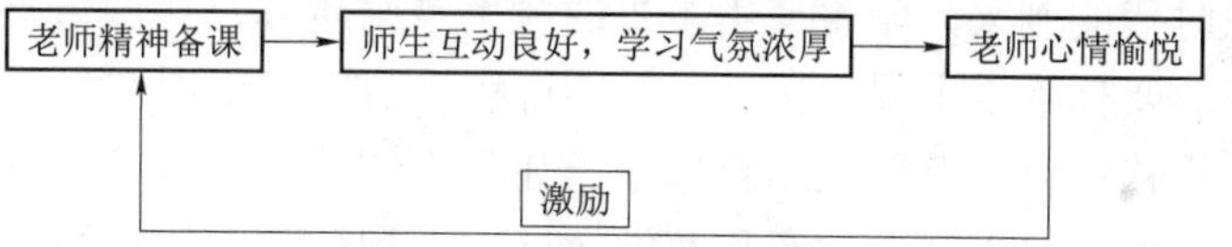

图 7　课堂的良性循环

愿老师们能从蓝墨云班课武装的对分课堂中获得无穷的乐趣！

手机移动终端下中职课堂教学的研究与实践
——以蓝墨云班课为例

魏梦丽　孙彦博　河南省商务中等职业学校

摘　要：蓝墨云班课作为信息时代的产物，将其应用于中职教学过程中，改变了传统的教学模式和方法，发挥了教师的引导作用，强调学生的主体地位，使教学变得轻松、有趣、简单和高效。基于此，本文对蓝墨云班课在中职教学过程中的应用进行了分析和探讨。

关键词：蓝墨云班课；教学；应用

随着移动互联时代的到来，学生使用手机的频率越来越高，在课堂上老师和学生经常上演猫和老鼠的游戏，要杜绝学生课上玩手机已不现实。蓝墨云班课作为一种手机 APP，实现了把课堂教学与手机移动终端有效地结合起来，让学生的手机变成了强有力的学习工具，激发了学生学习兴趣，提高师生互动效率和教学效果，达到教与学的良好互动。

1　蓝墨云班课的功能与优势

蓝墨云班课，主要是指蓝墨科技推出的一款移动教学助手 APP，以移动网络环境和云服务平台为依托，利用移动智能设备来组织课堂教学，实现课堂内外的即时反馈与互动。教师在教学中可以借助云端创建班课空间，为学生提供移动设备上的课程订阅、完成作业、消息推送、课件下载、视频浏览和资源学习等服务。通常蓝墨云班课包括以下几大模块。① 通知模块：及时发布相关课程信息；② 班课资源：上传班课的视频、课件、教案等各种学习素材；③ 班课详情：该模块涉及班课的邀请码、考试安排、学习进度及学习要求等；④ 班课活动：涵盖投票、问卷、头脑风暴、答疑、讨论、测试等内容；⑤ 班课成员信息：该模块能够了解成员获取的经验值和学习班课资源进度，实现课堂签到等。

在教学过程中应用蓝墨云班课，具有良好的应用效果。首先，激发学生好奇心。传统的课堂教学中学生不允许看手机，而蓝墨云班课教学中，手机是上课的重要学习工具，这种方式对学生而言具有一定的新鲜感，能够激发学生的好奇心与增强趣味性。其次，调动学生学习积极性。在传统的中职课堂教学中，学生缺乏课前预习的意识与习惯，而蓝墨云班课的应用可以让学生做好课前预习，学习上传的班课课程资源，调动学生学习的主动性和积极性。再次，蓝墨云班课克服了传统课堂时间与空间的限制，在任何时间和地点随时展开师生互动。如云班课中有答疑讨论区，学生可以通过截图或文字等多种形式提出问题，由教师或其他同学进行解答，然后教师针对复杂的问题利用传统课堂模式进行讲解，解答学生的疑虑。最后，提高教学质量。平台上的移动交互式数字教材，可实现对学生的学习进度跟踪和成效评价，这样能够保证评价的及时性与考核的便捷性，在第一时间反映学生的实际学习状况，更好地掌握教学情况，促进教学质量的提升。

2 蓝墨云班课在教学过程中的应用

蓝墨云班课利用手机终端采取多种形式的教学模式，打破时空限制，让学生利用碎片时间来随时随地进行复习、学习或预习，保证学习的生动性与趣味性，提高学生学习的积极性与主动性。笔者以中职《数控车削技术训练》一书中“手机支架的数控加工”为例，展示蓝墨云班课在教学过程中的具体应用。

2.1 课前准备

上课前，老师和同学们先将蓝墨云班课 APP 下载至手机上，创建并加入班课，将课程中的一些教学资源如教案、授课计划、PPT、老师录制的微课，以及与课程相关的图片、视频与网络链接上传至资源库内，供学生课前预习，并可通过“通知”功能，提前给同学们布置学习任务。

在“手机支架的数控加工”一课的学习过程中，教师课前将手机支架仿真、手机支架图纸、“G73”指令微课上传至蓝墨云班课（如图 1 所示），供学生自主预习，提前感知本节课的学习任务。为了检验学生课前预习情况，教师设计调查问卷（如图 2 所示），了解学生的预习情况，及时调整教学策略。

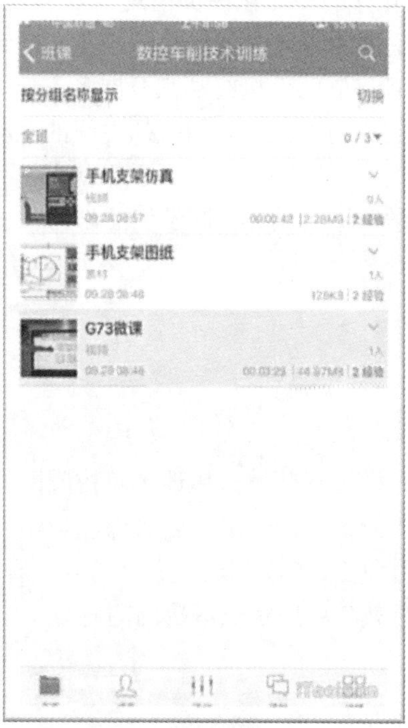

图 1 课前预习内容

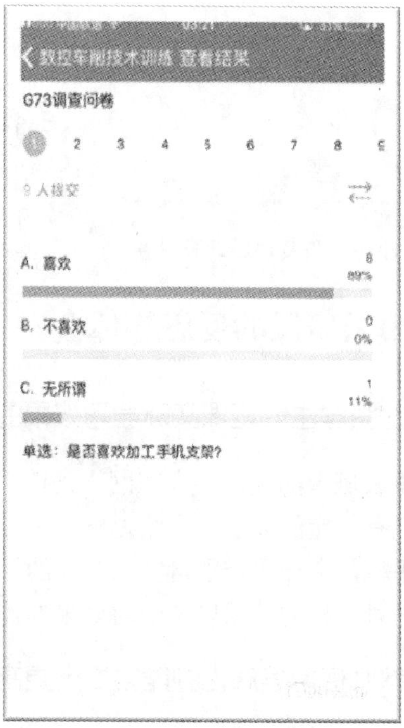

图 2 课前调查问卷

2.2 课堂使用

（1）课堂点名环节。代替传统的使用花名册点名，使用签到功能，可一键签到，也可手势签到，简单，方便，迅速调动起学生的积极性来，也增加了课堂的趣味性。

（2）课堂提问环节。可使用摇一摇功能，随机点名，增强了课堂的趣味性和神秘感，也能有效地集中学生的注意力，回答完问题后，给同学加上相应的经验值，增加了学生的自信心，也调动起同学们的积极性。

（3）知识点检测。在“G73”指令的内容学习结束后，老师可从事先上传好的题库中随机抽提组卷，进行测试，测试的成绩及做题所用时间都迅速统计出来，准确无误，相对于传统的考试，大大缩减了时间，也不需要老师人工改卷统分的这些环节，减少教师的工作量，实现资源库的重复高效使用，达到良好的教学效果。

2.3 课后作业及评教评学

（1）在课后，老师将拓展练习发布在蓝墨云班课中，同学们可以通过手机查看，并使用手机提交作业，教师可以随时掌握学生作业的完成情况，并且及时对完成的作业进行评价，增强了教师与学生之间的联系，进一步提高了学生的学习效率。

（2）教师可通过投票问卷等形式进行课后学生学习情况及教师教学效果的反馈（如图 3 所示），实现师生互评和生生互评的多元化评价模式。

实践证明，笔者通过蓝墨云班课教学，得到了校内师生的一致好评，借助手机终端来开展多方位、多形式的教学模式，突破时空限制，增强师生间的互动，让同学们利用碎片时间，随时随地打开手机就可以预习、学习、复习，让学习不再枯燥，同学们的学习积极性空前高涨。

图 3　小组评价及课后调查问卷

3 蓝墨云班课的反思与体会

3.1 要加强学生云班课实际学习效果的把控

蓝墨云班课的使用要求在网络条件下进行，因此，推行蓝墨云班课，对校园网的硬件配套设施也有一定的要求，网络通畅才是顺利开展蓝墨云班课的保障。云班课倡导学生在上课时使用手机，会导致个别自觉性不强的学生课上使用微信、QQ 聊天或者打游戏、看小说等，因此加强对手机的使用以及学习效果的监控，是今后教学中应重点解决的问题。

3.2 对教师使用信息化的能力提出更高要求

蓝墨云班课的使用，其实是对任课老师运用现代信息技术的能力提出了更高的要求。与传统教学不同的是，老师除了要备课外，还要搜集大量的信息和资源，合理巧妙地设计好课程的各个环节，并要利用更多的课余时间来实现师生互动，让老师在育人的同时不断地加强自身的学习，更新教育观念，提高教育教学能力。

3.3 信息化教学与移动智慧教育是时代潮流

移动互联网和智能手机的普及为教育信息化提供了一次难得良机。以往的课堂都是老师讲，学生听，互动性差。而蓝墨云班课恰好改变了这种现状，它不仅激发了中职学生内在的学习动力和潜力，也激发了广大教师应用现代教育技术的热情和激情，使学生学的兴趣盎然，教师教的精彩有趣。相信不久的将来，移动智慧教育与教学大数据服务必将成为教育时代发展的主流。

移动环境下的中职教学模式正悄然发生着变革，蓝墨云班课的推广普及，将手机移动终端与教学进行有机结合，使手机成为强大的学习工具，既激发了学生内在的学习动力，又激发了一线教师的应用激情。可以说，移动环境下的蓝墨云班课教学模式必将更加充满活力。

参考文献

［1］孟婷婷. 关于蓝墨云班课在教学过程中应用的几点思考［J］. 亚太教育，2016（15）.
［2］谭春兰. 基于蓝墨云班课的翻转课堂教学改革实践［J］. 物流工程管理，2016（38）.
［3］甘文婷. 云班课在信息化教学中的应用——以搜索引擎优化为例［J］. 佳木斯职业学院学报，2016（9）.
［4］祁爱萍. 蓝墨云班课在教学过程中的应用探讨［J］. 信息与电脑，2016（19）.

基于蓝墨云班课谈教师角色的三个转变

王晓征　河南省商务中等职业学校

摘　要：信息技术的快速发展，使越来越多的云教学模式应用到教学中，蓝墨云班课凭借其独特的优势获得了众多师生的青睐，在蓝墨云班课教学过程中，教师扮演着关键角色，既要正确引导学生积极思考、不断探索，还要利用蓝墨云班课管理学生、完成教学，这对教师的引导能力和信息素养有着较高的要求。本文立足蓝墨云班课，谈蓝墨云班课教学过程中教师面临的问题，开展蓝墨云班课教学教师需要完成的角色转变。

关键词：蓝墨云班课；教师角色；转变

随着移动互联网、云计算、大数据、人工智能、认知计算等新技术与教育教学的深度融合，传统课堂教学正在发生着巨大的变革，以蓝墨云班课为代表的移动课堂，将海量教育资源进行整合，让学生能够利用这些资源进行移动化、智能化地在平台上进行自由学习。从传统的课堂教学到现在的移动教学势必会给传统教育、教师教学以及学生学习方式带来极大的冲击，尤其是在教师的知识体系结构、提供的课程资源、自身角色等方面对教师提出了新要求。

1　利用移动客户端开展云教学的时代背景

1.1　国家鼓励推广运用现代化教学方式

“国家推进教育信息化，加快教育信息基础设施建设，利用信息技术促进优质教育资源普及共享，提高教育教学水平和教育管理水平。”“开发网络学习课程，创新网络教学模式，更新教学观念，改进教学方法，提高教学效果。”《教育信息化“十三五”规划》也提出，到 2020 年基本建成“人人皆学、处处能学、时时可学”与国家教育现代化发展目标相适应的教育信息化体系。从以上的政策可见，国家大力鼓励信息技术在教学、管理中为广大师生、管理者深度应用，信息技术与教育教学的进一步融合。

1.2　中国网民人数激增，尤其是手机网民

2017 年 1 月，中国互联网络信息中心发布了第 39 次《中国互联网络发展状况统计报告》。《报告》显示：截至 2016 年 12 月，我国网民规模达 7.31 亿，其中，手机网民规模达 6.95 亿，手机网民增长率连续三年超过 10%。在手机网民中，学生占有相当大的比重，就目前来看，职业院校学生几乎人人持有手机。因此，在云教学大数据背景下，利用以手机为代表的移动设备，开展移动智慧教育成为当前教育的一个发展方向。

1.3 以蓝墨云班课为代表的平台出现

蓝墨云班课将课堂教学与手机移动终端有效地联结，解决了手机进课堂、手机辅助学生学习的问题，手机成了很好的辅助学习工具，也为广大教师运用现代化教学方式提供了一个有力的抓手，更为课堂教学改革提供了坚实的支撑。该平台基于任课教师在云端创建的班课为基础，为学生提供移动设备上的课程订阅、完成作业、消息推送、课件下载、视频浏览和资源学习等服务，实现了对学生学习进度和学习成绩的有效评价，最终满足学生在线学习的全新课程移动教学体验。

2 蓝墨云班课环境下教师面临的挑战

2.1 不少教师对“云教学”的概念模糊

“云”字是近几年应用于信息技术方面的热门词汇，很多人对“云”的概念比较模糊，所以“云”字蒙上了神秘的色彩，事实上，“云”这个概念是由美国 Google 公司于 2006 年在搜索引擎大会上首次正式提出的，我们每天使用的 Google 搜索引擎就是基于“云计算”技术。云教学是云技术平台的开发及其在教育教学中的应用，简称“云教学”，云教学打破了传统的教育信息化边界，推出了全新的教育信息化概念，集教学管理、学习、娱乐、分享、互动交流于一体。让教育部门、学校、教师、学生、家长及其他教育工作者，这些不同身份的人群，可以在同一个平台上，根据权限去完成不同的工作。

2.2 教师“教”与学生“学”的角色巨大转变

蓝墨云班课教学的开发与实施，开启了各个学校开展蓝墨云班课学习培训的热潮，网络资源和学习资源不断地丰富：一方面为广大教师提供共享资源的机会，体现了教育的公平性；另一方面也冲击着广大教师的教学模式、教育观念。教师的教学模式和学生的学习方式都发生了巨大的变化，教师不再是“一站式”和“一本书”模式的授课，教师需要自身的学习和提高，需要在网络平台将授课资料上传、进行在线解答、在线批改作业、在线测试、管理班级等。学生也不是被动地去学习课程，学生可以自主选择学习课程，灵活学习，这其中的变化是巨大的，教师和学生都需要做出改变才能适应蓝墨云班课。面对信息化教育，作为教育实施者的广大教师在这场教育变革中承担着重要的角色，要顺利开展以蓝墨云班课为代表的云教学，教师必须实现角色的转变。

3 适应云教育环境，教师要主动实现角色的转变

3.1 教师要从“传统教书匠”到“学习型教师”的转变

朱永新教授在《我的教育理想》一书中指出：“我觉得，教师最重要的任务是学习”。尤其是在这个信息瞬息万变的时代，作为教师要紧跟时代步伐，要及时更新教育观念和方式。因为，与传统教学不同，蓝墨云班课对教师提出了更高要求，教师本人首先要非常熟悉蓝墨云班课，要会利用该 APP 建立班级、管理学生，发送课程通知、推送图片、视频、音频、课件等教学资源到他们的移动设备上，同时还可以通过该平台管理自己的班课学生，组织讨论

答疑、开展教学互动等一系列与教学相关的活动。所以，教师要合理利用先进教学手段和互联网资源，积极主动地学习，完成从传统教书匠到学习型教师的转变。

3.2 教师教学要从“知识传递”向“学习引导”的转变

相对于网络海量知识体系，教师的知识显得匮乏和有限，这就要求教师不断学习新知识、掌握新技能，同时，教师要转变教学模式，将教学工作的完成由传统的传授转换为与学生合作学习共同完成，将自己从一个言传身教者的角色，转化为一个学生学习的引导者角色，充分发挥学生的自主自学能力。为了在课堂上吸引学生，还需要教师能够保持创新性，要根据信息时代学生的特点，设计吸引学生的教学模式，不断创建生动而有趣的教学课堂气氛，才能让课堂绽放出更强的生命力。在互联网云教学时代，教师已经渐渐从知识的传授者转化为引导学生获取知识的协助者，传统的教育模式只有与现代教学模式相结合，才能充分让课堂焕发活力。

3.3 教师要从教学工具“使用者”向“研发者”的转变

当前，由于学生学习内容逐渐信息化、智能化，那么教师也应该相应提升自身的信息化教育技能，教师应该具备广泛信息化应用技术水平和最新信息获取、评估、掌握、使用能力，并且要将信息化技术与传统科学文化技术相结合。因此，教师需要不断学习新的信息化技术，运用信息技术教学平台与学生真正可以在互联网交流、传授知识，逐步打破传统教室的壁垒。教师除了可以轻松利用现代化终端工具，同时，教师也要发扬科研和教研精神，要从单纯的教学工具“使用者”转化为“研发者”，提高其课程开发能力和相关技术，这样才可以使教师更深地理解信息化教育。

4 结语

以蓝墨云班课为代表的云教学不仅仅是一个门户，更是一个信息化教育的平台，一个逐步打破传统教育的壁垒，逐渐让每个学校教师和学生都可以拥有一个可用的、平等的平台。所以，在教育信息化发展的今天，教师如何引导学生尽快进入角色，教师如何改变自己的角色，学校如何改变教学模式，学生如何改变学习方式，以及如何改变学生考核方式，都成为未来云教学发展所必须考虑的问题。

参考文献

[1] 张卉，刘希龙，汪雨洁，等.“三位一体”移动电商教学实践平台构建——以中高职为例 [J]. 中国远程教育，2017（01）.

[2] 杨晋娟，等. 新疆电大云教室教学应用现状调查分析 [J]. 新疆广播电视大学学报，2015（01）.

[3] 夏辉. 博弈高校教师在“教育云”环境中角色转变 [J]. 沈阳师范大学学报（自然科学版），2016（02）.

云教学大数据支持下的教学设计优化研究

高玉垒　南京旅游职业学院

摘　要：移动互联网、云计算和大数据深刻地改变了人们的思维习惯、生活和学习方式，教育教学也发生了根本性变革。为加强信息技术与教育教学的深度融合，以 ADDIE 模型为基础，对教学设计的分析、设计、开发、实施和评价五个阶段提出优化策略。

关键词：云教学；大数据；教学设计；优化

0　引言

2015 年 5 月，国际教育信息化大会在中国青岛召开，习近平总书记在贺信中指出："……互联网、云计算、大数据等现代信息技术深刻改变着人类的思维、生产、生活、学习方式，深刻展示了世界发展的前景。因应信息技术的发展，推动教育变革和创新……[1]"这场变革和创新是不以人的意志为转移的、全方位的、根本的、彻底的。作为教育教学的重要环节，教学设计的各个阶段也受到信息技术的深刻影响。因此，以云教学大数据为支持，优化传统的教学设计、实现教学效益的最大化成为每位教学工作者共同面临的重大课题。

1　云教学大数据

2011 年 5 月全球知名咨询公司麦肯锡发表的一篇题为《大数据：创新、竞争和生产力的下一个新领域》的报告，首次正式提出了"大数据"的概念。作为一个新兴的概念，目前专家和学者对大数据还没有一个统一的界定，但可以通过四个维度对其进行定量描述，也称 4V，即大量性（Volume）、多样性（Variety）、高速性（Velocity）和价值性（Value）。而大数据的重要特征就体现在其价值巨大，可以为决策者决策以及行为预测等提供巨大的帮助。

云教学的概念是商桑于 2015 年 6 月首次提出来的。所谓云教学是指基于云计算技术所开展的教学活动，该活动结果将由活动过程的行为大数据全面呈现并基于该大数据实施客观的科学管理。根据《中国基础教育大数据发展蓝皮书（2015）》对教育大数据的定义，尝试把云教学大数据定义为：在整个云教学活动过程中产生的以及根据教学需要采集到的，一切用于教学需要并创造巨大潜在价值的数据集合。

2　教学设计

教学设计是实现教学目标的计划性和决策性活动，根据课程标准要求和教学对象特点，将教学的诸要素进行有序安排以确定最优教学方案。关于教学设计的系统模型，最有代表性的就是加涅提出的 ADDIE 模型[2]，如图 1 所示。

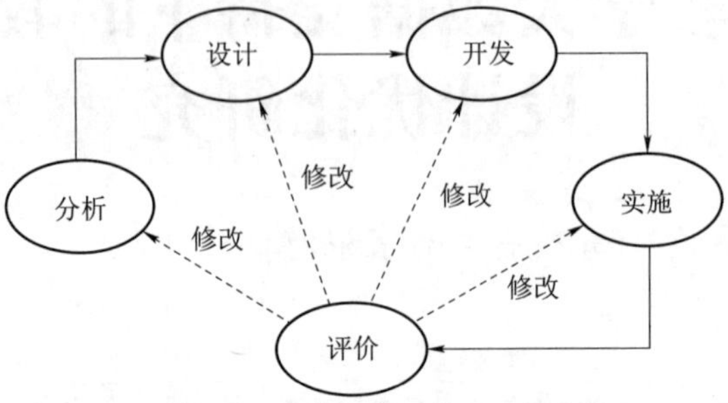

图 1　教学设计的 ADDIE 模型

图中实线表示教学设计从分析到评价的一个完整流程：分析学习者需求、设计教学策略及学习活动、开发编排教学材料、实施教学活动、评价教学设计的各个环节及实施阶段的成果。虚线表示存在的反馈路径。

3　云教学大数据支持下的教学设计优化策略

本文以移动教学助手——蓝墨云班课为平台，利用其强大的教学互动和大数据采集与分析功能，对传统的教学设计提出一些优化策略。

3.1　分析阶段

教学分析是整个教学设计系统的首要阶段，包括教学内容分析和学习者特征分析两个方面，对学习者的特征分析又可以分为起点水平分析和学习特征分析两个方面。传统的教学分析以经验主义为主，如对教学难点的判断。虽然对学习者的特征分析也会采取访谈、问卷、观察等方法，但不仅耗时耗力，分析的结果也可能会不够客观。

利用蓝墨云班课移动教学平台可以解决传统教学分析中存在的问题。首先对教学内容的分析，主要是优化教学难点的分析。一方面，可以利用多年沉淀的课程教学大数据分析学习者容易出错或是提出疑问的内容以确定教学难点；另一方面可以利用蓝墨云班课的测试功能对学生的起点水平进行测试、同步异步的讨论答疑了解学生存在的疑惑，然后通过大数据分析确定教学难点。而对学习者的特征分析，则可以通过蓝墨云班课的匿名调查问卷功能对学生学习的态度、兴趣、风格等进行调查，真正做到教学以学生为中心。

3.2　设计阶段

在前期分析的基础上，设计课程的教学目标，并且对教学内容的呈现顺序进行编排，并充分考虑教学环境的要求。教学目标的设计受到前期分析的影响，如果前期分析不客观、准确，教学目标也会出现偏差。蓝墨云班课的课前师生互动及大数据统计为客观制定教学目标提供了保障。

此外，传统教学设计是在当时教学环境中进行设计的，具有一定的时空限制。而蓝墨云班课的资源上传、教学互动功能轻松地解决了这一问题。教师可以根据教学内容性质和前期分析的结果，将相对比较容易的教学内容以微课视频、文档等形式上传至资源区供学习课前自主学习，而难度较大的教学内容在课上进行教授、讨论，促进学生的内化吸收。同时，这也打破了传统教学的时空限制。

3.3 开发阶段

这一阶段主要包括教学资源和教学活动的开发。传统的教学设计中，教学资源的开发主要依靠教材和配套教学辅导材料，相对比较匮乏。而教学活动主要集中在课上，能够全员参与且进行即时反馈的活动形式比较单一。

在云教学大数据背景下，海量的网络资源可以为教学所用，有文本的、音频的、也有图片的、视频的，教师可以根据前期的分析和设计选择适合的教学资源，上传至蓝墨云班课资源区为教学服务。在教学活动上，也可以突破时空限制，创建课前、课中、课后“人人皆学、处处能学、时时可学”的教学活动。在形式上，可以实现讨论、头脑风暴、投票、测试、作业等各种活动的有机统一。在活动进行过程中，可以通过蓝墨云班课的大数据功能实现对学生的有效监控，积极引导学生参与活动并给予及时的反馈。

3.4 实施阶段

实施阶段是按照前期的计划正式开展教学活动，并且收集学习成果。受到前期计划的影响，传统的教学实施阶段主要是以教师讲授为主，是以教师为中心的，学生被动地参与课堂，学习动机不强或是自控力比较差的学生逐渐地失去了学习兴趣，成绩变得越来越差。另一方面，在传统的教学手段下，学习成果的收集时间和经济成本都比较高，因此很多老师会放弃这一环节。

现阶段 95 后的学生是移动互联网时代的“原住民”，智能手机是他们生活和学习中的必需品。教学实施要充分利用学生的这一特征，通过前期的计划，有效利用学生的智能手机和学生进行互动，这不仅可以充分调动学生的积极性，还可以在有限的时间内实现全员参与和及时反馈，学习成果在无形之中记录在师生互动行为的大数据库里。

3.5 评价阶段

作为教学设计的最后一个阶段，评价就是对教学设计的每个环节以及实施阶段的学习成果进行评估，并予以修正。对学习成果的评价是指我们通常所说的教学评价，其按照评价功能可以分为诊断性评价、形成性评价和终结性评价；按照评价表达可以分为定性评价和定量评价；按照评价主体可以分为自我评价、同伴互评和教师评价。同时，教学评价还包括对教师教学行为的评价。传统教学评价主要是教师对学生的评价，并且以终结性评价、定量评价和教师评价为主。

利用蓝墨云班课开展云教学，其大数据功能采集了教学设计系统各个环节的数据，可以及时进行评估并修正以实现教学设计的持续有效迭代。

在开展教学评价上，可以利用蓝墨云班课的测试等功能开课前诊断性评价，课中形成性评价和课程结束后的终结性评价；在评价主体上，可以利用头脑风暴功能进行反思性自我评价，通过作业任务模块开展同伴互评。教师也可以通过点赞、评论等对学生开展定性评价。反之，学生也可以即时通过投票、头脑风暴等方式对教师的教学行为做出评价。

4 结语

移动互联网、云计算和大数据正深刻地影响着人们的思维和行为习惯，而教学设计作为沟通教师的教学理念和教学行为的中间环节也必定受到影响。因此，要积极运用蓝墨云班课等云教学平台，实现信息技术与教育教学的深度融合，采集云教学各个环节的大数据并服务于教学设计，优化教学设计的各个环节以达成教学目标，实现有效教学。

参考文献

［1］习近平致国际教育信息化大会的贺信［EB/OL］. http://news.xinhuanet.com/politics/2015-05/23/c_1115383959.htm，2015-05-23/2017/04-03.

［2］加涅，等. 教学设计原理（第五版）［M］. 王小明，等译. 上海：华东师范大学出版社，2007：21-35.

基于蓝墨云班课的SPOC的学习分析

李剑霞　浙江纺织服装职业技术学院
冯慧英　绍兴文理学院

摘　要：本文对基于蓝墨云班课的 SPOC 进行了学习分析。通过对学习者的总体情况、视频和其他资源的学习分析以及测试题、头脑风暴、讨论答疑等教学活动的学习分析，得出研究结论，并进行了课程的总结和反思，最后对平台提出了一些建议。

关键词：蓝墨云班课；学习分析

1　绪论

互联网技术的快速发展，加快了各种信息的传播，改变着信息社会人们的学习。当前的学习具有许多学习特征，如学习的方式能跨越时空，随时随地以学习者自我为导向进行学习，能为学习者的学习提供在线交互。

本研究依托于基于蓝墨云班课平台支持下的 SPOC，通过对平台中记录的数据以及问卷调查的数据进行提取、清洗和预处理，而后详细地分析学习者的基本情况、学习动机和学习行为。通过学习分析，从教学角度出发，通过对他们的学习情况进行诊断、评估和及时反馈，教师及时掌握学习者的学习情况，为教师及时调整自己的教学策略和方法、改进教学提供参考依据。同时，为平台改进技术提供参考依据。本研究将致力于解决以下问题：学生的学习动机是什么？学生查看资源的情况如何？学生参与各种教学活动的情况如何？对蓝墨云班课有何建议？

2　关于学习分析的研究

学习分析概念的提出源自 2011 年通过对学习分析的研究，对学习行为进行量化，探索学习行为背后的本质。目前在教育领域中，对学习分析概念的认知还没有形成统一的观点。地平线报告、学习分析与知识国际会议以及国内外学者对学习分析的界定不同。北京师范大学何克抗教授认为学习分析技术是指利用各种数据收集和数据分析工具，从教育领域的海量数据（包括在“教学过程”“学习过程”“教学管理过程”中所产生的海量数据）中，通过收集、测量、分析和报告等方式，提取出隐含的、有潜在应用价值的、涉及“教与学”或“教学管理”的过程及行为的各种信息、知识与模式，从而为教师的“教”、学生的“学”以及教学管理提供智能性的辅助决策的技术。

3 课程概述

3.1 蓝墨云班课简介

本课程是基于蓝墨云班课。蓝墨云班课是在移动网络环境下，利用移动智能设备开展即时反馈互动教学的云服务平台。蓝墨云班课有推送资源和通知、开展测试、讨论答疑、头脑风暴、投票问卷等教学活动的功能。学生参与相应的活动，均可得到相应的经验值，学生可看到自己的经验值的得分详情和经验值排名。利用蓝墨云班课提供了大量的数据和数据分析图表，更有利于进行学习分析。每个教学活动均可见参与和未参与活动的学生名单。测试题中可以看到每个学生的得分详情、百分制平均得分、平均用时、每个测试题的正确率等。投票问卷中可以看到每个选项的投票人数和百分比等。讨论答疑和头脑风暴可以用文本来参与，讨论答疑学生可以多次发言，头脑风暴只能发言一次。蓝墨云班课还提供了各种数据：资源报告、活动报告和学情分析。对于文本分析，用蓝墨云班课自带的智能标签功能，进行筛选并分析。这些数据都对学习分析提供了有力的依据。

3.2 SPOC 课程概述

本课程是一门面向本学院的全体大二、大三的卓越技师的网络公选课。课程通过发布TED的视频和其他资源，激发学生的奇思妙想，开展了测试题、头脑风暴、讨论答疑、投票问卷等活动，参与教学活动或查看资源可获得相应的经验值，最后以经验值作为课程考核的依据。2016 年 9 月，创建了班级 QQ 群并在蓝墨云班课上创建了班级，进行了 13 周的教学，上传了相关的资源共计 176 个，开展了各种教学活动共计 186 个，发布通知共计 36 条。本课程每单元发布精选的 5 个 TED 视频，时长基本上控制在 2 个 10 分钟以下，2 个 10～20 分钟，1 个机动，同一主题的视频不超过 2 个。每个单元视频的平均时长为 50′35″，最大值为 66′32″，最小值为 33′18″。视频涉及了各种主题，社会（12 个）、医学（9 个）、计算机（8 个）、科技（8 个）、文学（6 个）、生物（5 个）、艺术（4 个）、技能（4 个）、物理（2 个）、化学（2 个）、环境（2 个）、历史（1 个）、法律（1 个）、媒体（1 个）、心理（1 个）、其他（9 个）。为了方便学生在手机上下载视频后离线观看，视频分为两个版本：高清版和手机版，手机版容量在 50 MB 以下，高清版容量在 150MB 以下，如果视频的高清版在 50MB 以下，则不再上传手机版。

课程考核方案：课程以经验值来作为课程的得分，本课程共计 13 个单元。

（1）每单元观看 5 个视频（没有经验值），每个视频设置 4 道测试题（每单元共计 20 经验值）。

（2）每单元设置 5 个视频的“讨论答疑”活动。参与活动不可得经验值。如有精彩发言，另加经验值，每个视频的讨论题最高可得 5 经验值。可参加多个视频的讨论，经验值叠加。要求每个单元必须参加至少 1 个视频的讨论。

（3）每个单元设置一个“投票问卷”：最喜欢的视频投票。参与可得 2 经验值。

（4）每个单元设置一个“头脑风暴”：我的奇思妙想。参与可得 1 经验值。如果有精彩的发言，另加经验值，最高 5 经验值。

（5）每个单元设置一个“讨论答疑”：用于纠错和反馈建议，如果有精彩的发言，另加经验值，最高 5 经验值。

（6）其他“投票问卷”“讨论答疑”和“头脑风暴”等活动。各种活动根据难度设置不同的经验值。

（7）查看除视频外的资源可获得相应的经验值，一般为1经验值。

（8）主持“讨论答疑”，每个视频加10经验值。一般每位同学只有一次主持的机会。如果表现出色，另加最高10经验值。

满分为500经验值，450以上为优秀，400～449为良好，350～399为中等，300～349为及格，300以下为不及格。

3.3 数据清洗及预处理

本课程共有学生138人，扣除外校的学生和老师14人，列入统计的学生为124人，将14人的相关数据清除。将预先用超级表格（一个收集信息的APP）收集的学生基本情况得到的Excel表格，筛选蓝墨云班课中得到的相关数据图表，用数据透视表进行处理，并进行整合，得出相应的数据表。在本文所列的表格中，因投票问卷活动并非每个学生都参与，所以表格中的学生的人数有99人、102人和124人三种情况。

4 基于蓝墨云班课的学习分析

4.1 学习者总体情况分析

学习者共124人，男生41人，占33.1%，女生83人，占66.9%；大二学生21人，占16.9%，大三学生83人，占83.1%。男生的优秀率高于女生，男生的不及格率低于女生（见表1）。大部分学生并未使用过蓝墨云班课（见表2）。

表1 课程成绩

性别	优秀	中等	良好	及格	不及格	总计
男	31	3	2	3	2	41
百分比	75.6%	7.3%	4.8%	7.3%	4.8%	100%
女	52	12	3	5	11	83
百分比	62.7%	14.5%	3.6%	6.0%	13.3%	100%

表2 蓝墨云班课使用历史

蓝墨云班课使用历史	人数	百分比
以前从未使用过	89	74.2%
1月	7	5.8%
1～3月	2	1.7%
一学期	10	8.3%
一学年	9	7.5%
一学年以上	3	2.5%
总计	120	100%

4.2 学习动机分析

通过问卷调查，学习动机主要为认为课程有趣、好玩和不用去教室上课（见表 3）。通过头脑风暴的调查，将出现 5 次及以上的词条进行筛选，详见表 4。通过头脑风暴可见，学生希望课程能够有趣、有意思、轻松、生动，激发学习兴趣，视频内容有创新，能够学习到一些知识，能够通过交流和讨论，交流想法，启发思维，开阔眼界，激发奇特的、新奇的想法，并希望老师能参与交流。

表 3 学习动机

选择课程的原因	人数	百分比
1. 看着名称，觉得这门课有趣	100	86.2%
2. 网络课程，不用去教室上课	37	31.9%
3. 听说这课好玩	31	26.7%
4. 听说这课容易拿分	1	0.9%
5. 选择太少，只能选这门课	4	3.4%
6. 有同学选了，我跟着选	1	0.9%
7. 随便选的，没有理由	0	0.0%
8. 看见这门课选的人多，就选了	1	0.9%
9. 其他原因	15	12.9%
总　　计	116	100%

表 4 学习动机

词条	出现次数	词条	出现次数
有趣	44	学习	7
知识	17	交流	7
思维	14	有意思	6
创新	11	兴趣	6
东西	11	讨论	6
想法	10	眼界	6
好玩	9	老师	5
奇特的想法	8	轻松	5
新奇	8	生动	5

4.3 视频观看的学习分析

通过问卷调查可见，观看视频的主要途径为蓝墨云班课和网址，1～7 单元未将视频上传到 QQ 群，引导学生在 APP 和网站观看（见表 5），后因学生反馈观看时问题较多，第 8～13

单元将视频上传到了 QQ 群（见表 6），之后 4%的学生选择了 QQ 群文件观看视频。学生反馈观看视频时存在的主要问题为播放不流畅、容易卡住，打不开（见表 7）。31.3%的学生观看了全部的视频，45.5%的学生观看了大部分的视频（见表 8），可见，视频观看参与度高。14.1%的学生喜欢全部的视频，46.5%的学生喜欢大部分视频，23.2%的学生喜欢一半的视频（见表 9），可见，视频总体上是受学生喜欢的。最受学生喜欢的视频的主题为文史哲、艺术、心理学/伦理学（见表 10）。20.6%的学生认为视频完全可以激发奇思妙想，57.8%的学生认为可以（见表 11），可见学生认为视频的内容是可以激发奇思妙想的。可接受的视频时长 63.6%的学生选择了 5～10 分钟，38.4%的学生选择了 5 分钟以内（见表 12）。视频容量上，44.4%学生选择了 0～50MB，34.3%的学生选择了 50～80MB（见表 13）。观看视频的时间主要为下午和晚上（见图 1）。遗憾的是，实际视频观看时长和观看 95%以上的视频个数平台虽有详细记录，但因为有些视频有两个版本，无法统计。

表 5 观看视频（1～7 单元）

观看视频途径	手机 APP 蓝墨云班课	蓝墨云班课的网址	手机 APP 中国大学 MOOC 或者网易公开课	网站：中国大学 MOOC 或者网易公开课	其他途径	总计
人数	72	10	5	7	5	99
百分比	72.7%	10.1%	5.1%	7.1%	5.1%	100%

表 6 观看视频（8～13 单元）

观看视频途径	手机 APP 蓝墨云班课	蓝墨云班课的网址	手机 APP 中国大学 MOOC 或者网易公开课	网站：中国大学 MOOC 或者网易公开课	QQ 群文件	其他途径	总计
人数	68	14	4	6	4	3	99
百分比	68.7%	14.1%	4.1%	6.1%	4.0%	3.0%	100%

表 7 （多选题）观看视频时存在的问题

问题	播放不流畅，容易卡住	打不开	无法显示字幕	只有图像，没有声音	只有声音，没有图像	视频不完整	其他问题	总计
人数	49	18	8	7	13	10	31	99
百分比	49.5%	18.2%	8.1%	7.1%	13.1%	10.1%	31.3%	

表 8 观看视频的比例

观看视频	全部	大部分	一半	小部分	完全没有	总计
人数	31	45	9	11	3	99
百分比	31.3%	45.5%	9.1%	11.1%	3.0%	100%

表 9 喜欢的视频的比例

喜欢的视频	全部	大部分	一半	小部分	完全没有	总计
人数	14	46	23	15	1	99
百分比	14.1%	46.5%	23.2%	15.1%	1.0%	100%

表 10 （多选题）喜欢的视频的主题

视频主题	文学/哲学/历史	艺术	经济/管理/环境	法律/媒体/社会	心理学/伦理学	技能/计算机	数学/物理/化学	生物/医学	总计
人数	38	39	23	23	41	19	8	14	99
百分比	38.4%	39.4%	23.2%	23.2%	41.4%	19.2%	8.1%	14.1%	

表 11 （多选题）视频是否可以激发奇思妙想

激发奇思妙想	完全可以	可以	不清楚	不可以	根本不可以	总计
人数	21	59	19	2	1	102
百分比	20.6%	57.8%	18.6%	2.0%	1.0%	100%

表 12 （多选题）视频合适的时长

视频时长	5 分钟以内	5～10 分钟	10～15 分钟	15～20 分钟	20～30 分钟	30 分钟以上	总计
人数	38	63	18	6	3	1	99
百分比	38.4%	63.6%	18.2%	6.1%	3.0%	1.0%	100%

表 13 视频合适的容量

视频容量	0～50MB	50～80MB	80～100MB	100～150MB	150～200MB	200～500MB	500MB 以上	总计
人数	44	34	10	6	2	3	0	99
百分比	44.4%	34.3%	10.1%	6.1%	2.0%	3.0%	0.0%	100%

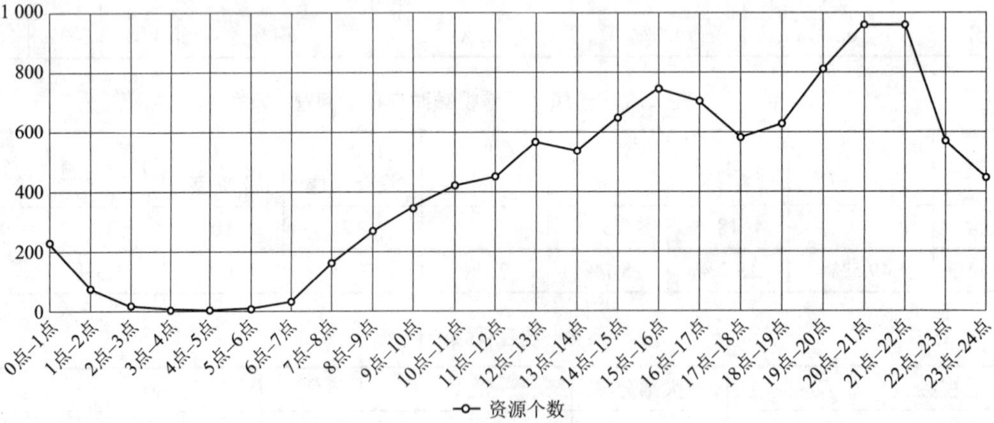

图 1 视频观看时间

4.4 其他资源的学习分析

其他资源是指除了视频资源以外的资源，包括课程考核相关表格和文档资源 4 个（每个 1 经验值，共计 4 经验值），网页链接资源 36 个（每个 1 经验值，共计 36 经验值），视频 1 个（2 经验值）。资源的总经验值为 41，学生的平均经验值得分为 37.6。57.3%的学生得到了全部的经验值，20.2%得到了 40 经验值（见表 14），可见，资源的点击率高。资源内容为生活随想 33.3%，心理学 16.7%，面试或就业 13.9%（见表 15）。16.1%的学生喜欢全部的资源，60.0%的学生喜欢大部分（见表 16），可见资源总体上是受学生喜欢的。41.4%的学生可以正常阅读全部的资源，46.5%可以正常阅读大部分的资源（见表 17），可见学生基本上可以进行正常阅读。53.5%的学生认为资源数量合适，26.37%的学生认为资源稍微不够多，14.1%的学生认为资源数量实在太少（见表 18），可见资源数量还可适当增加。

表 14　查看其他资源获得的经验值

经验值	41	40	35～39	30～34	30 以下	总计
人数	71	25	15	1	12	124
百分比	57.3%	20.2%	8.1%	0.8%	9.7%	100%

表 15　其他资源的主题

资源分类	生活随想	心理学	面试/就业	课程考核	其他	总计
个数	12	6	5	4	9	36
百分比	33.3%	16.7%	13.9%	11.1%	25.0%	100%

表 16　喜欢的其他资源的比例

喜欢的资源	全部	大部分	一半	小部分	完全没有	总计
人数	16	59	13	10	1	99
百分比	16.1%	60.0%	13.1%	10.1%	1.0%	100%

表 17　正常阅读的其他资源的比例

正常阅读的资源	全部	大部分	一半	小部分	完全没有	总计
人数	41	46	8	2	2	99
百分比	41.4%	46.5%	8.1%	2.0%	2.0%	100%

表 18　资源的数量是否合适

资源的数量	实在太少	稍微不够多	合适	稍微有点多	实在太多	总计
人数	14	26	53	5	1	99
百分比	14.1%	26.37%	53.5%	5.1%	1.0%	100%

4.5　测试题的学习分析

每个单元 5 个视频，13 个单元总计 65 份测试题。每份测试题里包含了 4 道测试题（计 4 个经验值），因此测试题的总分为 260 个经验值。学生平均实际参与测试题数量为 53 份，占

81.5%，获得的经验值平均为192个经验值，参与的测试题的平均得分率75.4%。8.9%的学生得了满分260分，34.8%的学生得了240～259分，21.8%的学生得了180～219分（见表19）。总体上而言，测试题的参与度和得分率都较高。

表19　参与测试题所获的经验值

经验值	260	240～259	180～219	140～179	100～139	100以下	总计
人数	11	43	27	19	12	12	124
百分比	8.9%	34.8%	21.8%	15.3%	9.7%	9.7%	100%

4.6 头脑风暴的学习分析

头脑风暴活动共16个，其中13个的内容为“我的奇思妙想”，要求看完每个单元视频后分享自己的奇思妙想，或者分享资源、书籍或网址；其余3个的内容为课程期待、课程总结和课程反馈。每个头脑风暴活动经验值最高可得5，总计80。平均参与次数为10次，占62.6%，平均被点赞（被点赞即表明该学生在头脑风暴中的发言内容精彩）数为10，占62.5%，平均被点赞经验值（获得被点赞经验值即表明学生参与头脑风暴因内容精彩而获得经验值）为37，占46.3%。可见，学生参与头脑风暴的积极性较高，但是含金量还不够高（见表20）。

表20　参与头脑风暴的情况

	平均参与次数	平均被点赞数	平均被点赞经验值
人数	10	10	37
百分比	62.6%	62.5%	46.3%

4.7 讨论答疑的学习分析

讨论答疑活动次数总计80次。每个视频开设1个讨论题用于讨论视频的内容，共计65个讨论题；每个单元开设1个讨论题用于让学生反馈在学习过程中遇到的问题和反馈的建议，共计13个讨论题；其余2个为特别讨论题，学生遇到了特别感兴趣的社会热点话题，因此额外设置了特别讨论题。要求必须参与讨论的活动为13次（经验值满分65）。学生的平均参与次数位54次（见表21），占64.3%；平均发言次数为67次（见表21），即每次参与活动时平均发言次数为1.24次；平均获得的经验值为86（见表21），即每次活动获得的平均经验值为1.59。讨论题所获得经验160以上为8.9%，120～159为20.2%（见表22）。由此可见，学生参与讨论答疑积极性高，已经远远超过了基本要求，但是讨论的内容含金量较低，需要提高。

表21　参与讨论答疑的情况

	平均参与次数	发言次数	获得经验值
人数	54	67	86

表 22　参与讨论答疑所获的经验值

经验值	160 以上	120～159	80～119	40～79	40 以下	总计
人数	9	27	24	31	33	124
百分比	8.9%	20.2%	14.5%	15.3%	6.5%	100%

5　研究结论

在学习动机上，学生希望课程能够有趣、有意思、轻松、生动，激发学习兴趣，视频内容有创新，能够学习到一些知识，能够通过交流和讨论，交流想法，启发思维，开阔眼界，激发奇特的、新奇的想法，并希望老师能参与交流。

视频的学习上，观看视频的主要途径为蓝墨云班课和网址；视频时存在的主要问题为播放不流畅、容易卡住，打不开；视频观看参与度高；视频总体上是受学生喜欢的；最受学生喜欢的视频的主题为文史哲、艺术、心理学/伦理学；视频的内容学生认为可以激发奇思妙想；视频时长 5～15 分钟比较合适；视频的容量最好控制在 80MB 以下；观看视频的时间主要为下午和晚上。

除视频外的其他资源的点击率高，总体上是受学生喜欢的；基本上可以进行正常阅读；数量上还可适当增加。

关于其他的教学活动，测试题的参与度和得分率都较高；学生参与头脑风暴的积极性较高，但是含金量还不够高；学生参与讨论答疑积极性高，已经远远超过了基本要求，但是讨论的内容含金量较低，需要提高。

6　总结和反思

6.1　总结

经过前期的精心准备，课程顺利结束。前期的准备工作主要包括选择合适时长、容量、内容的视频，设置视频内容相关的测试题。创建班课并上传视频资源。

在课程进行期间，通过班课里的讨论答疑活动和投票问卷活动设置了课程的建议和反馈，加强和学生互动，并根据反馈及时调整教学策略。同时，利用 QQ 群，和学生加深感情，提高学生对课程的黏着度。在蓝墨云班课里开设了“我的奇思妙想”的头脑风暴活动，收集学生的奇思妙想，鼓励学生提供各种资源，并将学生的奇思妙想在每周周一分享到 QQ 群，提高学生的兴趣。在视频的讨论答疑活动中，为每个视频开始了一个讨论，并请学生来主持讨论，在主持人的选拔上，每周在 QQ 群里提前公告，并在周日晚上定时抢名额，提高学生的学习积极性，同时也含蓄地提醒学生新的一周课程即将开始了。

在课程开设之初，并没有设置太多的限定，临时根据学生的兴趣，增加了特别讨论题，教师参与讨论，增加了与学生的互动。

资源中除了视频外的其他资源，都是根据视频相关的内容或者在讨论中发现的学生所关注的话题，在网上找相关的资源，再上传到蓝墨云班课中。学生对心理学的兴趣浓厚，因此上传了 6 个相关的资源，占 16.7%（见表 15）。总体而言，学生对课程的满意度高（见图 2），但因本课程是首次开设，尚有许多不足之处。

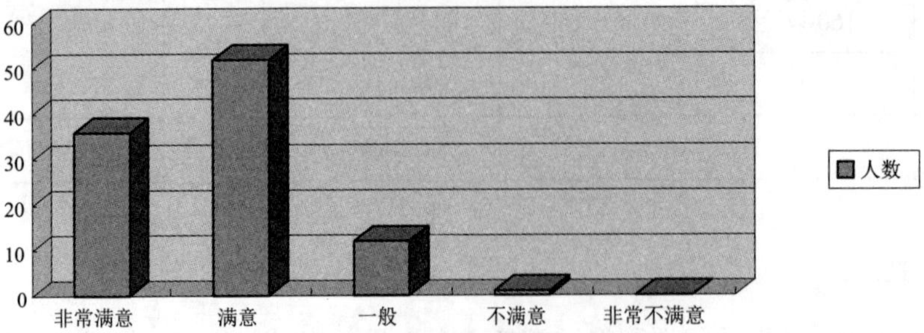

图 2 课程满意度

6.2 反思

（1）对学生的学情分析不足。在课程初期，应该调查并分析学生的基本情况，如性别和年级、学生对视频内容的偏好等。针对学生男多女少、毕业班学生众多的情况，应及早调整资源的内容。

（2）毕业班学生一边面临就业压力，还有不少学生在做兼职，空余时间少，只能利用零碎的时间来学习。提醒不够及时，导致 10 单元开始有学生出现临时抱佛脚的情况。

（3）学生讨论答疑活动参与度虽高，但发言质量不佳。不少是对视频内容的概述，而没有发表自己的看法。老师参与讨论少，主持讨论答疑活动的学生普遍与其他学生的发言互动不够多，导致大部分同学只是发表了对视频的看法，并没有形成讨论。以后可为每个视频设置讨论的主题，聚集讨论答疑的话题。

（4）视频观看时，学生反馈了在蓝墨云班课上观看时存在的各种问题，虽已引导学生通过其他途径观看，但每个单元仍然有学生反馈无法观看视频，为了方便了解学生观看视频的比例，直到第 8 单元开始才将视频上传到 QQ 群。应在课程开始时，同时将视频上传到蓝墨云班课和 QQ 群，以方便学生下载观看。

（5）选择合适时长、容量和内容的视频，要 15 分钟以下、80MB 以下的视频，每个单元的总时长不能超过 50 分钟。因本课程的第四、九、十、十三单元总时长超过 60 分钟，有学生反馈时长过长。

（6）测试题虽然经验值得分率挺高，但是因为担心测试题因网络或其他原因而退出导致不能答题，因此设置了 3 次做测试题的机会，但这也给学生带来了猜测答案的机会。以后应设置 1 次做测试题的机会，如果有学生因出现问题无法答疑，则指定该学生重新答题，以减少投机的机会。

（7）其他资源的点击率挺高，但是点击了资源是否代表已经阅读资源，尚待商榷。因此，为了检验学生查看资源的情况，可增加相应的测试题或讨论答疑活动。

7 给平台的建议

蓝墨云班课是一个非常适合教学的云平台，功能多样，能满足教学中的各种需求。如果能增加一些功能，会给广大教师带来更多的福音。

（1）资源阅读率。查看资源的统计上，目前可以看到学生对资源的点击率，但点击率并不能代表阅读率，如果平台能够提供相应的阅读率的统计，会使统计数据更有意义。比如，平台是否可以设置资源阅读停留时长的统计，或者页面拖动比例的统计。

（2）视频播放。在视频的播放上，存在各种问题，详见表 7，希望能对症下药，找到解决方案。如果视频都能在平台上播放，教师可以根据平台提供的视频播放时长和视频播放百分比来更全面地了解学生观看视频的情况。建议增设视频的播放次数的统计。视频的播放设置可调节播放速度，这对外语类视频的教学尤其有用。

（3）预警机制。当学生没有达到预设经验值时，系统可以在学生经验值的排行榜中将学生的姓名以及经验值显示不同的颜色，以区别于已到达预设经验值的学生，同时，系统自动发送相关的信息给这些学生。预设经验值的模式可分为两种：系统默认方式和教师自定义方式。系统默认方式可设置经验值在班级排名额定比例之下，60%以下。教师自定义方式可设置某个活动，或某类活动，或全部活动，或全部经验值在选定时间区间内的额定比例之下，则发送预警信息。

（4）通知阅读率。在 SPOC 中，学生是否已经阅读通知，显得尤为重要。本课程中，为了确保有更多的学生能及时查看通知，一条通知同时发布在蓝墨云班课和 QQ 群里，重要通知则在 QQ 群里滚动式发布。建议平台设置学生查看通知的相关记录，如查看时间、已查看学生和未查看学生名单、查看比例。

（5）私聊功能。建议设置教师与学生、学生与学生的私聊功能。本课程的私聊是在 QQ 群进行的。

（6）头脑风暴的回复功能。头脑风暴活动中，增设教师和其他学生的留言功能，实现互动交流。本课程中改功能是通过 QQ 群实现的。

（7）讨论答疑的回复跳转功能。讨论答疑中，如有其他同学回复了某位同学的发言，则该同学打开该讨论答疑活动时，系统会自动跳转到其他同学对该同学发言的回复中，这样更有利于互动的开展。

（8）助教功能。本课程中有学生主持讨论答疑并给其他同学打经验值，学生先统计经验值的得分，再发送给教师，教师再通过课堂表现的功能来增加经验值，手续烦琐。建议平台设置助教功能并设定多种权限，如对某个活动的权限，或者某类活动的权限，或者资源上传的权限，或者全部的权限。助教的人数可设定为多人。

（9）测试题的答题轨迹。测试题中，学生如果多次答题，设置教师可查看学生多次答题的答案，而不仅仅是最后一次答颞的答案，这样教师可以看到学生答题的轨迹，从而推测学生的思考轨迹。

参考文献

［1］冯赞. 基于学习分析技术的信息技术课堂交互研究［D］. 长沙：湖南师范大学，2016：1，7.

［2］何克抗. “学习分析技术”在我国的新发展［J］. 电化教育研究，2016（07）：6.

云教学平台让高职辅导员国学熏教学生更智慧

周品秀　江西旅游商贸职业学院

摘　要：云教学平台基于强大的储存和计算机能力在很大程度上实现了教育资源的多元化及资源共享。在高职院校中，政治教育工作的重要性不言而喻，如何切合学生的实际需要开展好思想政治教育工作是当前所有相关工作者应该深思的问题。高职辅导员要积极探索思想政治教育育人的新途径、新方法，从而达到新成效。本文笔者通过云教学平台以国学熏教为路径，让学生能够更好地成长。

关键词：云教学；高职；辅导员；国学

党的十八大以来，各地高校都在全面贯彻党的教育方针，紧紧围绕落实立德树人这一根本任务来开展工作。可以看出思想政治教育工作的重要性和深远意义。这就要求教育者高度重视，在具体的工作中，要积极探索思想政治教育的新途径、新方法，加强教育引导和思想疏导，从而达到真正育人的目的。笔者通过云教学平台以国学熏教为路径，在实践中积极探索思想政治教育，本文是相关介绍及思考，分为三部分：一是高校思想政治教育工作现状；二是借助云教学平台以国学熏教学生；三是通过云教学平台进行国学熏教的启示。

1　高校思想政治教育工作现状

2016 年 12 月 7 日，总书记在全国高校思想政治工作会议上发表了重要讲话。他强调，高校思想政治工作关系高校培养什么样的人、如何培养人以及为谁培养人这个根本问题。要坚持把立德树人作为中心环节，把思想政治工作贯穿教育教学全过程，实现全程育人、全方位育人，努力开创我国高等教育事业发展新局面。

当前，我国思想政治教育方面投入较大，但成效不是很理想。据统计，全国现有思想政治课教师近 7 万人，教师培养培训力度在不断加大。全国高校有专职辅导员 13 万多人、兼职辅导员 5 万多人。同时，党员比例不断提高，年龄结构、职称结构、学历结构不断优化。在当前较大投入的情况下，思想政治教育工作还存在很多问题。2017 年 3 月 12 日下午，教育部部长陈宝生就“教育改革发展”回答中外记者提问。其中一项提到，我国高校思想政治工作教育的短板在于缺乏针对性和亲和力，难以满足学生的成长和社会的期待。就思想政治理论课来看，存在“重课堂，轻课外”“重理论，轻实践”“重说教，轻养成”等现象，“配方”陈旧、“工艺”粗糙、“包装”老套，不适应学生的实际需要。

当今“互联网+”的时代，知识更新非常快，信息来源渠道多。现实中，有一些思想政治教育者顺应时势，积极创新，工作富有成效。比如，南京航空航天大学能源与动力学院党委副书记徐川的一篇《我为什么加入中国共产党？》在网络上一再传播，坚定的理想信念、轻松幽默的语言，“10 万+”的阅读量、300 多个公众号的转载，让“网红”徐川亲切的形象刷新了公众对高校思想政治工作的认识；广东水利电力职业技术学院思政课教师林冬妹被誉为学生们的“大众情人”、燃起学生理想信念之火的“思政林”，在毕业生海选“我心目中的良师”活动中，她连续 10 年高居榜首，她的公选课总是在 5 分钟内被一抢而空。

看到这些思想政治教育的优秀案例，作为高职院校辅导员，要执着信念、深刻反思，如何加强改进、积极创新，做好学生思想的引领者，真正为学生的成长助力。

2 借助云教学平台以国学熏教学生

自 2015 年 3 月李克强总理在政府工作报告中提出“互联网+”行动计划以来，引发了各行各业改革，教育领域也不例外。华南师范大学的柯清超教授认为，基于大数据平台、学习分析技术和智能传感技术促使了“互联网+”新一代教育环境从“干预手段”到“教学生态”的变革；同时课程教学从“传统的封闭式”到“半开放式/连接式”转变。随着 QQ、微信等媒体技术的逐渐成熟，同伴教育越来越可行，“互联网+”成就了教育服务；智慧教育平台的应用、教育 APP 的常态推广、MOOC 翻转学习等都会成为学生的同伴，真正实现“互联网+以人为本”的教育方式。

以云教学平台“蓝墨”为例，该平台不仅可以使教师获取更多的教学资源，促进学生个性化发展，最重要的是能提供课前、课中、课后的交流和反馈，有效地构建思想政治教育工作多种智慧课堂。我们学校很多老师都反映“蓝墨”点名功能好用，此外，可以发送课程通知、推送图片、视频、音频、PPT 课件、教案、作业等到学生的移动设备上。在课堂内外，随时开展投票、头脑风暴、讨论、答疑等教学活动。依托“蓝墨”，教学模式具有了移动性、交互性、即时性、共享性、高效性等特点，突破了常规网络学习对电脑的依赖，突破了时空局限，带给学生随时随地学习的全新体验，能够解决以往教学模式“教、学、评”各环节的一些共性问题，改善教学效果，提升教学质量。

作为高职辅导员，笔者积极探索更好的思想政治教育资源和方式方法，云教学平台契合了实际工作需求，本学期，笔者在以往的国学熏教中引入了“蓝墨”，成效更佳。国学经典，博大精深，是文化生命之种子，也是熏染、陶冶学生的最好材料。像《荀子・劝学篇》《论语・学而篇》《大学》《弟子规》《朱子家训》等，可谓篇篇经典、篇篇可行。通过一系列的国学熏教，可以让学生的德性与智性共同成长，在潜移默化中让学生受益无穷。笔者在日常的辅导员工作中浅显探索国学熏教。以笔者所带的一个五年制班来说，与其他学生相比，年纪相对要小些，思想方面更稚嫩，存在依赖性比较强，环境适应能力差，人生观、价值观易受外界影响，是非判断、价值取向上意识模糊等问题。因此，在日常教育管理过程中，笔者利用国学熏教学生，具体做法是：利用早晚自习让学生研读国学，让他们对一些人生哲理有全方位的认识；认真留意学生的各种日常问题，结合国学经典进行说教解读；利用身边的各种案例为切入点，在班会中深入启发加深学生的认识。此外，加上适时寻求合理的联动，加强和任课教师、心理健康教育中心的老师、保卫处工作人员等交流合作，以求给予学生更立体的全方位引导教育，从而达到优良的思想政治教育成效。

从国学熏教的成效来看，从学生入学至今近乎 8 个月，该班无任何安全事故，到课率、教寝室卫生、社团活动、思想意识等各方面都表现优秀。今年刚开学，有个家长送孩子来学校，特意到办公室找到笔者，聊天中表达自己一直愧对孩子，自离婚起，孩子很少和她交流，还经常旷课，她心里一直担心孩子有心理问题，但自孩子来我们学校后，变得阳光了，爱学习了，也好运动了，言谈之中表达了对笔者的感激之情。笔者对学生的改变和家长的认可确实感觉非常欣慰，在以后的学生思政政治教育中，还需要深刻反思、探索。今年本学期，我们学校引进了“蓝墨”，笔者使用后，学生非常喜欢，这个平台也非常实用、好用，有了学生的浓厚兴趣，我相信教学成效会有更好提升。

3 通过云教学平台进行国学熏教的启示

当前高职学生的主流意识形态是好的，如何更好地创新性地对学生进行思想政治教育，更好地帮助学生成长，作为和学生接触最多的辅导员，应该积极探索、反思。本文中，笔者进行了为期比较长的国学熏教，取得了优良的效果。尤其是本学期利用了“蓝墨”平台，学生兴趣更高，更乐于学习交流，从上述的案例中，笔者有两点启发。

3.1 立足学生需求，笃定立德树人

当今，近乎所有的教育工作者都听闻或意识到了“立德树人”，具体怎么做，做得怎么样，需要每一位积极反思、探索。辅导员是校园里和学生接触最多的长者、教育者，应该树立以学生为本的理念，贴近学生实际开展工作。

从接手该班起，笔者就在思考如何让学生尽快适应校园生活，如何尽可能地让教育达到最佳的、最深远的教育成效。国学应该是非常好的教材，利于学生日常习惯的养成，利于他们思想意识的成长，如果辅导员把国学和学生的需求紧密结合起来，让学生更能浅显易懂地学习。本学期学校引进了“蓝墨”，我就马上使用了该平台，学生也更加乐学了。

3.2 整合多方资源，利用多方力量

“互联网+”的时代里，各种交流非常方便，在日常教育工作中，多利用微信、QQ、“蓝墨”等平台和学生进行各种课内课外的互动。和家长交流，辅导员也可以通过微信、QQ 等，反馈学生在校表现，解决家长疑惑，建立良好的配合教育模式；加强与任课老师的沟通方面，向任课老师反馈并了解班级学生的情况，和任课老师一起对特殊学生进行重点关注与鼓励；另外，特殊情况，可以寻求心理咨询中心和保卫处等部门的帮助。

总之，作为一名辅导员，笔者要继续将思政工作做实、做好，积极创新与实践，统筹协调校内校外、课内课外、网上网下等各方资源和力量，选用好的教学平台，以增强思政教育的针对性、时效性和吸引力、感染力，让学生乐学、善学，真正做好立德树人。

参考文献

[1] 李毓秀. 弟子规［EB/OL］. http://baike.sogou.com/v309508.htm?fromTitle=%E5%BC%9F%E5%AD%90%E8%A7%84. 2017-03-02.

[2] 荀子. 劝学［EB/OL］. http://www.sogou.com/sogou?query=%E5%8A%9D%E5%AD%A6%E5%8E%9F%E6%96%87%E5%8F%8A%E7%BF%BB%E8%AF%91&ie=utf8&_ast.2017-03-27.

[3] 闫景臻. 教育部长陈宝生：高校思想政治教育要融入到实践中［EB/OL］. http://edu.china.com.cn/

2017-03/12/content_40446650.htm.2017-04-06.
[4] 王济军，等."互联网+教育"变革路径研究进展[EB/OL]. https://sanwen8.cn/p/151LvJg.html.2017-04-06.
[5] 中国民航大学基础实验中心."云班课"，你听说了吗？[EB/OL]. http://www.cauc.edu.cn/news/5220.html.2017-04-09.
[6] 蓝墨云班课官方网站. 蓝墨云班课[EB/OL]. http://www.wm23.com/wiki/121714.htm. 2017-04-12.

三 等 奖

当手机遇上蓝墨云班课
——基于蓝墨云班课的混合式教学实践

陈荔菲　曹福勇　广州市机电技师学院

摘　要：本文从学生离不开的手机应用，结合“互联网+”教学思维，以蓝墨云班课这个教学互动平台为例，探讨新型混合式教学方式在课堂教学的实践以及对教师教研活动促进等，实现教与学革新，减轻教师工作压力，提高学生自主学习能力和课堂黏性，实现课堂教学过程的多维精准诊改。

关键词：移动网络；混合式教学；蓝墨云班课

信息化时代下的高校思政课手机教学模式探究①

王　彬　武汉铁路职业技术学院

摘　要：智能手机已成为大学生学习、生活的重要组成部分，这给高校思政课教学带来了挑战与机遇。从大学生实际出发，因势利导，推行手机课堂教学模式，主动迎接新媒体的挑战，让手机等新媒体工具为课堂教学服务。推行思政课“三连环教学法”：第一，降低逃课率、提高出勤率；第二，减少低头率、增加抬头率；第三，加强互动率、提升点赞率。构建与实施以学生为中心、以教师为主导、以培养创新能力为核心、以网络信息化资源为平台的

① 基金项目：湖北省高等学校优秀思想政治理论课教师择优资助计划专项任务：《高职校企合作、工学结合模式下的思想政治理论课教学创新研究》（项目编号 15Z223）。

手机课堂教学模式，增强高校思政课的实效性。

关键词：思政课；信息化；手机；课堂；教学模式

蓝墨云班课在外科护理实训教学中的应用探讨

李 望 缪礼红 唐 婵 成都职业技术学院

摘 要：本文以蓝墨云班课 APP 与外科护理实践教学相结合，探讨移动教学模式在学生自主学习、操作能力、教学互动及综合能力培养等方面的应用效果。

关键词：外科护理；蓝墨云班课；实训教学

英语教学中应用翻转课堂效果探析

杨裕珍 贺州学院

摘 要：自美国教育界流传而来的“翻转课堂”，开始在国内崭露头角，并以其独特而新颖的教学模式得到了国内教育界的肯定和青睐。蓝墨云班课移动教学助手在国内应运而生。蓝墨云班课与翻转课堂模式深度契合，意在打破传统教育模式。自从本人参加了 2016 年 8 月在北京由教育部中国报刊培训中心主办的第三期移动数字化课程建设移动信息化教学能力提升师资培训班后，我就把由我授课的班级全部开启蓝墨云班课教学，并收到非常好的教学体验。本文就以“大学英语”课程为例，向大家阐述了秉承翻转课堂宗旨的蓝墨云班课开启的移动信息化教学的新时代。

关键词：翻转课堂；大学英语；蓝墨云班课

蓝墨云班课进入课堂运用的探索

惠媛媛 西安航空职业技术学院

摘 要：蓝墨云班课是一款基于移动终端开发的即时反馈教学互动工具，是在移动网络环境下，即时反馈互动教学的云服务平台。蓝墨云班课进入课堂是传统教学模式向移动教学模式的转化，通过使用蓝墨云班课，老师可以轻松管理自己的班课，管理学生、发送通知、分享资源、布置批改作业、组织讨论答疑、开展教学互动，达到沟通和资源共享的应用，大大提高教学效果，值得推广运用。

关键词：蓝墨云班课；传统教学模式；移动教学模式；探索

蓝墨云班课让高职教育插上腾飞的翅膀

陈金瓶　西安航空职业技术学院

摘　要：本文根据笔者使用蓝墨云班课以来的切身体会，总结出蓝墨云班课在高职院校课堂中所发挥的作用及巨大的潜力，具体表现为六个方面：惊艳的签到功能、完善的资源发布功能、吸引人的游戏化功能、全面的提问功能、自动化考核功能、打破疆界的交流功能。最后提出了蓝墨云班课可能存在的几点问题以期改进。

关键词：蓝墨云班课；高职教育；课堂教学

汽车营销与服务专业信息化教学改革的探索与实践

——以“汽车商务礼仪”课程为例

王　瑜　范伟源　西安航空职业技术学院

摘　要：2015年5月，习近平总书记在致国际教育信息化大会的贺信中明确提出：中国坚持不懈推进教育信息化，努力以信息化为手段扩大优质教育资源覆盖面。随着信息技术的发展，人们对信息化教学内涵的理解也从以前的多媒体教学发展为更加注重信息化教学设计、学生体验以及师生交互。笔者以“汽车商务礼仪”课程为例，通过教学分析与教学方法选用，充分利用各类信息化教学装备与技术，切实可行地进行了信息化教学设计并精心组织信息化课堂的实施。结果表明，信息化教学改革的实施对高职课程教学质量、人才培养质量的提高以及师资队伍信息化教学能力的培养有显著的帮助。

关键词：信息化教学；教学设计；蓝墨云班课；师生交互

基于蓝墨云班课引发的"大思政"教育变革

刘绍芹　黑龙江八一农垦大学

摘　要：高校日常教育管理时刻体现着用数据说话这一数字化的时代特征。习近平总书记在全国高校思想政治工作会议上强调：把思想政治工作贯穿教育教学全过程，开创我国高等教育事业发展新局面。蓝墨云班课的出现，正好填补了"大思政"教育工作的平台，笔者通过对蓝墨云班课的应用研究，从时效性、广泛性、实用性三个方面认真研究了蓝墨云班课在"大思政"教育格局中的应用前景。

关键词：大数据；大思政；云班课；应用前景

基于蓝墨云班课的普通高校信息化教学改革研究

徐素波　黑龙江八一农垦大学

摘　要：在"互联网+"的时代背景下，课堂教学实质与形式都发生着巨大改变，云平台、大数据等技术创新促进着教育改革，蓝墨云班课的兴起为高校信息化教学改革提供了有效的平台。基于蓝墨云班课这个平台，如何将传统的教学内容进行重建，通过细化的以任务驱动和满足泛在式学习为导向进行教学设计、提高课堂教学效果，值得进行深入研究。

关键词：蓝墨云班课；反转课堂；教学改革

BYOD 教学中形成性评价的设计

——基于蓝墨云班课的使用

张洪浩　广东财经大学

摘　要：蓝墨云班课工具有效解决了课程测试手段缺乏的问题，通过头脑风暴、实时投票、实时交流、(知识点)实时练习、思维导图、定期测试、讨论答疑、小组作业八种检测方法，可以及时掌握学生的学习情况，为今后教学工作的调整获得第一手的资料。在此基础上，“公司战略和风险管理”课程学习可以形成一个目标、四个维度、三个标准、两种测试方法和八种测试工具的“14328”教学模式。

关键词：BYOD；形成性评价；公司战略与风险管理

基于云平台的教学模式的研究

——以蓝墨云班课为例

安珊珊　刘　芳　付　红　南京科技职业学院

摘　要：2017年是在线教育发展之年，云教育大数据带来的变革，推动在线教育快速发展，在线教育企业不断涌现，在线教育的发展格局也不断变化。目前国外有一些开放的比较成熟的LMS平台如schoology、edmodo、classdojo、presenter等，都包含了面向学生、家长、教师、教育管理者等人群的移动教学平台。国内这方面起步较晚，目前主流的有蓝墨云班课、末名课堂、四叶草等移动互动平台。伴随大数据云教育的热潮与快速发展，如何利用移动技术实现信息化教学及教学模式的改革和整合，已成为中国教育教学的最新最前沿课题之一。

关键词：蓝墨云班课；大数据；翻转课堂；教学模式；信息化教学

基于云数据的教学设计与决策的实践案例及分析

——以“国际贸易实务”课程为例

董翠玲　珠海城市职业技术学院

摘　要：本文从个人教学实践入手，选取课程中的一个单元，展示了基于云平台的教学设计、教学实施过程以及在该过程中教师如何根据云数据的反馈不断调整教学决策，从而达到提升教学效果，提高课堂效率的目的。最后分别从四个方面总结了云数据给教学带来的正效应。

关键词：云数据；教学设计；教学决策

蓝墨云班课，助推国家职业工种鉴定备考的“线上神器”

张湘粤　卢中华　邹敏红　中山市技师学院

摘　要：国家职业工种技能鉴定中关于理论知识的考前备考，一般都是采用传统的教师印发纸质复习资料或外购书本方法。由于复习的题量大、学习时间单一、不易保存与携带、学习效果量测困难等弊端，导致考证通过率“偏低”的现象司空见惯，影响职业院校学生的双证通过率、毕业率和学习的积极性。通过蓝墨云课程平台能有效解决上述问题，手机端实现随时随地学习、巩固与考核，有效地解决了国家职业工种技能鉴定通过率低的瓶颈问题，采用“线上”学习模式，把手机作为工具，进行碎片化知识的梳理，凸显“互联网+教育”的“真正落地”，实现学习、备考的教育教学革新！

关键词：备考；蓝墨云课程；线上学习；教育教学革新

基于蓝墨云班课的理实一体化教学在高职生理教学中的应用初探

——以“血型及血型鉴定”为例

张　艳　镇江市高等专科学校

摘　要：随着移动互联网技术迅猛发展，基于信息技术的教学创新改变了传统课堂。笔者以生理教学为例，将蓝墨云班课平台与课堂教学充分融合，为培养符合职业岗位能力的技术技能型护理人才，探索顺应时代的信息化教学之路。基于蓝墨云班课平台，精心设计，做到将理论教学和实践教学充分结合，进行理实一体化教学，激发学生学习的积极性和主动性，使生理教学变得生动有趣，让学生在乐学中掌握理论和实践知识。

关键词：云班课；生理学；高职护理

手机移动终端下高职课堂教学研究与实践①

——以蓝墨云班课为例

邢 伟 浙江工商职业技术学院

摘 要：蓝墨云班课是蓝墨科技推出的一款移动教学助手APP。本文结合在高职课堂教学中的实践应用，总结了蓝墨云班课应用的必要性、路径和方法以及实际效果，进而提出了移动智慧教育和教学大数据服务必将成为教育时代发展的主流。

关键词：蓝墨云班课；高职教学；课程改革；实践应用

基于蓝墨云班课的混合式教学

——以“大学英语听力”课程为例

刘 敏 浙江工贸职业技术学院

摘 要：本文首先介绍了混合式教学模式以及目前听力学习的现状，然后介绍了“大学英语听力”课程如何以蓝墨云班课APP为教学平台组织教学活动，阐述了教学设计、教学实施及应用效果。

关键词：混合式教学；蓝墨云班课；大学英语听力

① 本文是浙江省2015年度高等教育课堂教学改革项目“基于网络资源的高职翻转课堂的教学改革与实践——浙江工商职业技术学院‘公共关系’课程为例”（项目编号：kg2015716）研究成果之一，主持人，邢伟）。

基于 BYOD 的高职数学混合式课堂教学模式研究①

施吕蓉　孙晓雷　刘有新　芜湖职业技术学院

摘　要：本文以高职数学课程为例，在教学中使用蓝墨云班课平台结合传统课堂教学进行混合式教学改革。笔者结合高职数学课程的现状和自己的教学实践，对“互联网+教育”背景下的高职数学教学新模式进行了探讨。

关键词：高职数学；云班课；BYOD；混合式教学

蓝墨云班课在高校思政课教学中的应用

江　南　芜湖职业技术学院

摘　要：随着当今新媒体迅速发展，当代大学生普遍使用智能手机，高校思政课教师在教学中应用移动信息化教学具有了可行性。蓝墨云班课就开启了移动信息化教学的新时代。在高校思政课教学中尝试这一崭新的教学模式，有利于丰富教育内容，增强师生互动性，扩大思政课影响力。当然，蓝墨云班课作为信息化教学的探索者，仍需不断完善。

关键词：蓝墨云班课；高校；思政课教学；应用

基于蓝墨云班课的混合式信息化教学课堂探索

——以“液压与气动”课程为例

陈震乾　顾玉琴　黄　韬　无锡技师学院

摘　要：本文结合信息化教学大赛中的探索，进一步阐述混合式信息化教学概念，

① 基金项目：2016 年度安徽省自然科学研究重点重点项目（项目编号：KJ2016A760）；
2014 年度校级科学研究项目（项目编号：Wzyzr201404）。

并列举信息化大赛中混合式教学的使用，通过实践摸索总结混合式信息化课堂教学模式的做法。

关键词：信息化；混合式教学

以信息化手段重构商务助理专业应用文书教学模式

宋　超　谷明康　温州市瓯海职业中专集团学校

摘　要：传统课堂教学模式中存在师生教与学的思维固化、理论与实践的相互脱节的问题，怎样突破这道屏障已成为商务助理专业课堂改革的关键与核心。本文主要研究运用信息化手段，在中职商务助理专业进行应用文书教学方面的改革，重构传统课堂，引导学生通过学习，能够自己构建立体型思维，做到思路清晰，表达重点突出，能够灵活运用到实际的学习生活与应用写作中。在改变课堂教学的同时提高学生的主动学习性，改善课堂氛围与课堂效果，最终使学生在掌握商务助理专业知识与技能的基础上，适应时代发展，打开思维视野，快乐、有效地进步与成长。

关键词：信息化手段；教学模式；商务助理专业；应用文书教学

云教学大数据在课堂教学及教学管理中的应用

乔　石　杨　磊　威海海洋职业学院

摘　要：本文主要介绍了如何利用蓝墨大数据让教学评价变得更加公平、公正、公开，让过程考核变得更加高效、准确；如何利用蓝墨大数据让各系部、学院的量化考核变得更加精细、准确，让教学管理变得更加高效、更富有针对性，让教学管理数据时时、处处都能发挥作用。本文还就如何推进信息化教学阐述了自己的观点。

关键词：大数据；蓝墨云班课；课堂教学；教学管理

"综合日语"课程移动课堂云教学的实践探索

陈　娟　天津交通职业学院

摘　要：随着信息化课堂的逐步推进，语言的课程教学中实行信息化教学也势在必行。移动课堂云教学的利用，极大程度地推进了日语课程的信息化课堂教学改革。本文以"综合日语"课程中云教学的实践为题进行研究，对其他日语课程及相关语言类课程的教学也会起到一些相应的启发作用。

关键词：综合日语；云教学；蓝墨云班课；信息化

基于蓝墨云班课平台的 Android 系统基础课程改革与实践①

孙翠改　盛雪丰　于大为　苏州信息职业技术学院

摘　要：近年来，Android、IOS 的相关课程走向课堂。为了让学生更好学习课程，笔者提出智能手机移动教学的教学改革与实践，从课前、课中、课后三个方面来优化原有的教学模式，以此来提高学生对本门课程的学习能力、实践能力、创新能力。

关键词：智能手机；移动教学；蓝墨云班课；Android

基于蓝墨云班课平台的 O2O 模式在高职"有机化学"课堂教学中的改革实践

郝利娜　石　慧　苏州卫生职业技术学院

摘　要：本文以高职"有机化学"课堂教学为例，在教学中利用蓝墨云班课平台与传统

① 基金项目：苏州信息技术职业技术学院横向科研项目（H2016-008）；苏州信息技术职业技术学院教学改革项目（YJ140317）。

课堂教学相结合，既发挥了智能手机应用于线上教学的优势，激发了学生学习的兴趣，又克服了“有机化学”线下传统课堂“一言堂”的教学局面，活跃了课堂氛围，教学中取得了良好的教学效果。

关键词：蓝墨云班课；有机化学；课堂教学

基于移动互联网环境的对分课堂教学实践与探讨

——以高职“建筑工程概论”课程为例

冯金钰　李万渠　赵　楠　四川水利职业技术学院

摘　要：移动互联网改变了人们的生活，人们的学习方式也在发生深刻的变革，对分课堂作为一种新型教学模式，近几年颇受关注。本文基于移动互联网环境进行对分课堂教学研究，并在高职“建筑工程概论”课程中进行实践，以期为其他研究者开展基于移动互联网的对分课堂教学研究和实践提供借鉴。

关键词：移动互联网；对分课堂；高职教育

“云班课+任务书”共建汽车维修接待一体化课堂

——以“电话预约保养”为例

刘　倩　衢州工程技术学校

摘　要：项目任务书明确了每个项目任务学习的标准及考核的依据，蓝墨云班课创设了积极向上的学习氛围以及交互式的环境。“任务书+云班课”，共同构建了“汽车维修接待”的一体化课堂，使每个项目任务变得更明确、更完整、更完善。教与学都变得更加合理、生动、有趣。

关键词：云班课；项目任务书；一体化课堂

基于蓝墨云班课的混合式教学模式在中职“会计模拟”教学中的应用

董怡呈　宁波经贸学校

摘　要：随着教育信息化技术的飞速发展与普及，信息技术正改变着我们的“教”与“学”模式，混合式教学模式在中职学校如火如荼地开展起来。笔者秉承“做中学、做中教”的职教理念，将“基于蓝墨云班课的混合式教学模式”引入中职“会计模拟”教学中，并进行了初步的探究和实践应用。

关键词：蓝墨云班课；混合式教学；会计模拟

“计算机文化基础”课堂“六步翻转”教学模式实践

杨居义　绵阳职业技术学院

摘　要：传统的教学模式是老师在课堂上讲课、布置作业，让学生在课后做练习。而翻转课堂教学模式，是学生在课前完成知识的学习，而课堂变成了老师与学生之间、学生与学生之间答疑解惑、知识运用的场地，从而达到更好的教学效果。本文利用蓝墨云班课平台实现“计算机文化基础”课堂“六步翻转”教学模式改革，大大提高学生学习兴趣和效果，国家等级考试合格率提升了20.7%。

关键词：教学模式；六步翻转；线上线下

“蓝墨云班课”微域网络思政教学实证研究
——以“思想道德修养与法律基础”课程为例

胡 华 茂名职业技术学院

摘 要：在大数据时代，充分挖掘和运用网络云技术的资源优势、平台优势，服务高校教学与课程建设是大势所趋。蓝墨云班课以其丰富的教学资源、便捷的使用方式、强大的辅助功能为思政课程建设提供了诸多优势。本文以“思想道德修养与法律基础”课程为例，在实证研究基础上，探讨蓝墨云班课微域网络教学平台对思政课程建设的引领与带动作用，为推动思政课程理论与实践创新提供借鉴。

关键词：蓝墨云班课；微域网络；实证研究；思想道德修养与法律基础

基于大数据“闭环控制”教学质量保障体系的云班课教学环境设计

苍 松 辽宁轨道交通职业学院

摘 要：随着移动互联网、云计算、大数据等技术手段与教学过程的深度融合，课堂教学模式正发生着变化。本文探讨了大数据、云教学环境的特点，提出基于蓝墨云班课构建云教学环境，结合“闭环控制"教学质量保障体系，通过蓝墨云班课强大的数据分析能力，进行教学质量评估和教学过程调整，最终达到提高教学质量的目的。

关键词：云教学；大数据；课程改革

基于云教学大数据的实训课创新与实践研究

刘一波 周乐瑞 辽宁轨道交通职业学院

摘 要：笔者在实训教学中进行尝试使用蓝墨云班课，课前教师完成资源的制作、分组、上传，学生可以按照教师发布的资源完成自主学习任务。课上教师利用蓝墨云班课完成学生签到，布置小组任务，开展头脑风暴、讨论等教学活动，不同程度的激励学生多动手、多参与，提高了学生参与度。课后教师利用蓝墨云班课设计答疑、交流活动区，方便师生之间课下交流和讨论问题。蓝墨云班课在实训教学应用中，得到师生之间的共同认可，学生实训效果得到了大幅度的提高。

关键词：蓝墨云班课；实训教学；实训效果

基于蓝墨云班课的高职数学班课资源设计探讨

许莹霞　马　坚　唐晓冬　江苏省无锡交通高等职业技术学校

摘　要：蓝墨云班课是在移动网络环境下，利用移动智能设备开展课堂内外即时反馈互动教学的云服务平台，改变了传统的教学模式和方法，使教师与学生沟通更顺畅，使教学变得轻松、有趣、简单和高效，现已逐渐成为职业学校师生辅助教学的一种重要方式。蓝墨云班课在教学过程中的应用，对老师提出了更高的要求。特别是基础性和应用性很强的高职数学课程，在进行学习资源设计时，教师有许多需要认真考虑的问题，其中有些是特别突出的，如教学目标、学习者的需求、资源设计的合理性、使用的便捷性等。

关键词：蓝墨云班课；高职数学；班课资源

基于蓝墨云班课的“机械设计”在线课程建设与应用

魏玉兰　李　兵　湖州师范学院工学院

摘　要：本文详细介绍了以蓝墨云班课为平台的“机械设计”在线课程的建设方法与措施。为了提高教学效果，培养学生的设计实践能力，以项目式教学法作为在线课程设计主线。结合蓝墨云班课的资源管理、成员管理、活动等功能展开线上在线课程与线下课堂教学相结合的“互联网+教育”的教学新模式。

关键词：蓝墨云班课；机械设计；在线课程建设

蓝墨云班课：基于大数据的实践案例

李怀强　河南财经政法大学

摘　要：通过在“大学计算机基础”课程中引入了蓝墨云班课，基于大数据开展混合式教学探索。

关键词：大数据；实践案例；混合式教学

移动信息化教学困境与对策分析①

陈君涛　洪志强　吉家文　海南经贸职业技术学院

摘　要：伴随移动互联网的快速发展，教育信息化的日益普及，催生出移动信息化教学方法研究的热潮。本文结合传统课堂教学与移动信息化教学的特点，分析了高职院校开展移动信息化教学的现状：移动信息化教学平台不完善、教学资源短缺、教师未能熟练使用移动技术教学、学生还未适应自主学习的方式等，认为当前移动互联网对高等院校移动信息化教学带来的实际影响和变化是低层次和片面化的这一现象。文章进一步分析了产生这一现象的原因及开展移动信息化教学所面对的困境，最后结合移动互联网发展的趋势，给出了缓解移动信息化教学困境的对策。

关键词：教育信息化；移动信息化教学；高等院校

① 基金项目：本文受 2016 年海南省高等学校教育教学改革研究重点研究项目“‘互联网+’在高职课堂教学中的理论研究和实践”（项目编号：Hnjg2016ZD-25）、2016 年海南省高等学校教育教学改革研究研究项目“面向微课程的课堂教学改革与教学内容设计研究——以‘计算机应用基础’课程为例”（项目编号：Hnjg2016-64）、2015 年海南省高等学校教育教学改革研究重点项目“微课环境下的高职课堂教学改革实践研究”（项目编号：Hnjg2015ZD-17）、2015 年海南省高等学校教育教学改革研究重点项目“精品课程转型升级与资源共享课建设示范性研究与实践”（项目编号：Hnjg2015ZD-8）、2015 年度海南省哲学社会科学规划课题“面向碎片化学习时代微视频‘心动’设计与实践应用研究”（项目号：HNSK（QN）15-5）和 2015 年海南师范大学教育改革项目“面向教师资格考试培训模式研究与教学微视频资源建设”资助，属其阶段性研究成果之一。

基于移动云教学平台下高校“以学生为中心”教学改革的研究与实践

李　凡　袁　丹　李　慧　哈尔滨广厦学院

摘　要：当前高校课堂正受到手机的冲击与挑战，为了实现课堂的有效教学，提高学生的学习效果和质量，哈尔滨广厦学院开展了“以学生为中心”的教学改革，并使用蓝墨云班课 APP 软件进行课堂教学与教学管理，使教育和信息化深度融合，教育教学质量得到提高。

关键词：蓝墨云班课；以学生为中心教学改革；智慧校园；教学管理

基于云班课平台的建立“以学生为中心”的“财务会计”课程设计研究

张雨迪　常宁宁　王　静　哈尔滨广厦学院

摘　要：随着移动互联网的快速发展，教育信息化已经在职业教育的发展中受到了广泛的关注，蓝墨云班课的出现给正在进行课程改革的广大教师提供了很好的思路和手段。本文以“财务会计”课程为例分析传统教学存在的弊端，进而引入蓝墨云班课这个教学平台进行构建以学生为中心的“财务会计”课程的课程设计研究，从而将信息化等更多的创新元素融入课堂，让学生成为课堂的主人，激发学生学习的主动性，打造高效课堂。

关键词：以学生为中心；云班课；教学设计

基于云班课的混合教学模式在“环保与检测专业”技师班与高级工班的应用效果比较研究

杨未男　袁　騉　李椿方　北京市工业技师学院

摘　要：基于云班课平台，对“环保与检测专业”技师班与高级工班进行传统教学与信息化教学相结合的混合式教学对照比较。通过分析比较各班云班课教学活动构成、期末考试成绩以及调查问卷认同度，混合式教学模式均提高了各班学生的自主学习的同时融合促进了学生多元化能力培养，各班教学效果差异主要体现在各班自主学习程度以及高级工与技师的能力素质的规格层次上。高技能人才的培养应以递增培养目标为导向，注重学生的主体性，学习的合作性，以专业知识为载体，以更新快速的云教学为手段，才能进行精准定位、有所侧重的灵活教学活动。

关键词：云班课；混合式教学；高技能人才；人才培养目标

浅议蓝墨云班课对课程服务的作用

宫　谦　北京农业职业学院

摘　要：作为一款面向基层教师应用的教学 APP，蓝墨云班课有着易用、便捷、云存储、移动互联等多方面的优势，但也存在着管理、深层应用等急需改变的地方。

关键词：蓝墨云班课；移动互联；教育信息化

蓝墨云班课助力高职“市场营销”课堂管理的实践

耿凤鸾　北京信息职业技术学院

摘　要：蓝墨云班课帮助高职教师解决了教学中课堂难以管理的难题。通过蓝墨云班课巧妙的功能设计，教师可以在课堂上有效调动学生学习热情，随时了解学生掌握程度，并据此调整教学进度，完成对学生评价。蓝墨云班课提供的高效的信息化手段，帮助教师轻松完成教学设计和课题管理，师生互动变得轻松，课堂管理变得有效。

关键词：蓝墨云班课；课堂管理；学习兴趣；学习效率

基于蓝墨云班课在“机械基础”课堂教学中的应用

刘晓华　朝阳工程技术学校

摘　要：随着信息化技术的发展，以蓝墨云班课为平台，用移动信息化教学方式辅助教师的“教”和学生的“学”，使课堂教学互动轻松有趣。2016 年，我开始尝试将蓝墨云班课运用在“机械基础”的课堂教学中，取得了一些很好的效果。

关键词：云班课；机械基础；课堂教学

蓝墨云班课教学应用与实践

张　蕾　石家庄学院

摘　要：随着移动互联网的广泛普及，智能手机已经成为大部分人的生活必需品，公交车、餐厅、大街小巷等地方随处可见使用智能手机的身影。我们的课堂也不例外，学生经常会拿出手机刷屏，更有甚者还在课堂上沉迷在手机的世界里。为了保证教学效果，有很多学校规定在课堂上拒绝学生使用手机，甚至没收手机。教师要顺应时代的要求，有效地利用手机的学习功能，让移动互联网的技术为教学所用，促使课堂教学的良性发展，笔者研究了蓝墨云班课平台，在教学实践中探索手机与课堂教学模式的有效结合改变传统的教学模式和方法，使教师与学生沟通更顺畅，使教学变得轻松、有趣、简单和高效。

关键词：云班课；教学改革

基于交互决定论的蓝墨云班课教学设计及实践
——以“《大学英语视听说（第一册）》Unit 1”为例

肖 琳 武昌首义学院

摘 要：互联网时代的学习过程是学习者与教师，同伴及网络环境互动的过程。“互动”是移动信息化教学的重要环节。本文根据班杜拉的交互决定理论，从三个维度对交互式教学设计进行探讨，并以“《大学英语视听说课程（第一册）》Unit 1”为例，在蓝墨云班课平台上设计了对学习者适用的交互式教学活动，构建适合其自主学习的知识框架，然后详细地说明了在此平台上的教学指导，评价反馈。期望利用该平台促进教学资源应用，达到有效的教学交互，提高教学效果。

关键词：交互决定论；蓝墨云班课；学习活动；移动交互式教学

“管理学”云教学模式研究

张正全 云南省玉溪体育运动学校

摘 要：随着移动互联网、云计算、大数据、人工智能与“管理学”教学过程的深度融合，“管理学”课堂教学模式正在发生根本变革。云教学模式凭其教学覆盖率大、教学资源整合度高、信息检索高效、学生自学便利、培养学生独立学习能力、信息交互便捷等优势，弥补了“管理学”传统教学的不足。通过合理搭建“管理学”云教学模型，能够有效利用云技术在资源分享层面上的优势，整合教学资源，扩大教学覆盖率，提高学生学习积极性，从而达到提高“管理学”教学质量的目的。

关键词：管理学；云技术；云教学模式

混合式教学模式下蓝墨云班课辅助高职英语教学的设计与研究

马 红 北京青年政治学院

摘 要：通信技术的迅猛发展给高职教育带来前所未有的机遇。为满足高职学生个性化学习和自主学习的需求，以蓝墨云班课为载体的混合式教学模式孕育而生。经过实验班与对照班的教学实验，证实蓝墨云班课对提高学生学习效果有显著影响。但高职学生也对教师使用蓝墨云班课的教学设计提出了更高要求。同时，在使用蓝墨云班课教学时，多样化的评价标准和教师情感、技术支持都对高职学生的学习效果有促进作用。但高职教师在满足学生多样化教学的需求时，应尽量避免课堂教学娱乐化。

关键词：蓝墨云班课；高职英语；设计与研究；混合式教学

浅谈教学新助手

——蓝墨云班课的应用

戴 戎 北京市工业技师学院

摘 要：在互联网时代和信息科技迅猛发展的今天，课堂教学模式逐步发生变化，从传统单一模式转变成多样化、多手段教学模式。蓝墨云班课的开发，为广大教师开展课堂教学互动提供了一个全新的现代化的模式。通过蓝墨云班课的应用，学生学习兴趣得以提高，教学效率提高，蓝墨云班课是教学好帮手、好助手，用蓝墨云班课，教学有了新的突破。

关键词：手机；蓝墨云班课；课堂教学

借助蓝墨云班课，“翻转四步法”完成 OBE 教育范式的“实现成果（Realizing）”

操龙国　秦　雯　杨舒钧　广东科学技术职业学院

摘　要：OBE（成果导向教育）教育范式自提出开始，不仅被广大教育人士接受，而且建立了人才培养方和用人方有效链接，所以被认为是教育范式的革新。OBE 教育范式分 4 步，定义成果、实现成果、评估成果、应用成果。笔者接触该模式以来，一直思考如何帮助学生快速有效获得学习成果，经过近一年教学实践，借助蓝墨云班课平台，完成“翻转四步法”，基本能帮助学生普遍较好修得学习成果。下面就设计思路和实现方法加以阐述，以供大家们批评指正。

关键字：翻转课堂；学习成果导向；OBE；蓝墨云班课；互联网+教学；教学创新

云课堂教学在普洱茶文化中的探索与实践

任小盈　肖莲珍　贾文静　聊城高级财经职业学校

摘　要：随着“互联网+”技术的不断发展，其中云课堂教学是云教育最具创新性的一类，有利于开拓学生的深度思维，促进学生的全面发展。由此，笔者将云课堂运用到普洱茶文化的教学工作中，进行了尝试与摸索。

关键词：云课堂；普洱茶文化；保健；冲泡

从“秀场”到“学场”

——烹饪专业开展“云教学”感悟

李　梦　聊城高级财经职业学校

摘　要：传统教学方法主导下的烹饪专业教学很容易变成教师的“秀场”，学生被动地掌握大量知识，教师对学生的了解限于经验，课堂教学效率较低，学生在课堂中的学习积极性也很难被调动，长此以往逐渐形成教师撵、学生走的恶行循环。随着信息工具的不断发展，以移动客户端为载体的蓝墨云班课日渐引人注目，作为更便捷的教学辅助工具，使学生可以根据教师课前推送的自学材料，结合教材开展自学，教师则可以根据学生的课堂学习情况实施展开有针对性的教学，因材施教，有利于学生的个性化成长。在烹饪专业的实践教学中，将学习转化为“随时、随地、随需”的学习，将教学转化为“做中学、做中教”的教学，将课堂由教师唱独角戏的“秀场”转化为学生自主学习的“学场”。

关键词：中职；烹饪专业；传统教学；云课堂

基于移动互联平台的混合式教学模式探索研究与实践①

——以计算机类课程为例

于兴艳　乌鲁木齐职业大学

摘　要：本文以如何开展和实施翻转课堂学习为突破口，通过蓝墨云班课平台在“网页布局与美化”课程中的应用实证研究，借此探索基于移动互联平台的混合式教学模式的设计、开发及应用的方法和策略。经研究实践，该教学模式在实践中能够促进课堂教学效果显著提升。

关键词：高职；移动互联平台；翻转课堂；混合式教学模式

基于云平台的教学设计与实践

——以“Android 项目化实战”为例

魏春良　湖北工程职业学院

摘　要：互联网的深刻变革影响着社会的方方面面，探索基于云平台的教学模式改革即时学生的需求，也是教师的期待。本文以“Android 项目化实战”为案例论述基于蓝墨云班课

① 基金项目：本文为乌鲁木齐职业大学教改课题“微课程与翻转课堂相结合的教学模式实践研究——以‘网页布局与美化’课程为例”（项目编号：2013JK176）的研究成果。

平台的云教学课堂设计，解决了传统教学中存在的问题，对提高教学质量的重要影响。

关键词：云教学；课堂设计

基于移动终端的混合式教学模式探索与研究

——以“3ds max”课程为例

付海娟　山东外事翻译职业学院

摘　要：介绍了混合式学习的特点及内涵，分析了传统混合式学习存在的问题。以“3ds max”课程为例，蓝墨云班课应用为基础，构建基于移动终端的混合式教学模式，将教学过程分为课前准备、课中教学、课后反馈三大模块，并按照创建班课、导入资源、学生利用移动网络自主学习、课堂讲授、实训任务布置、学习评价等过程实施教学。

关键词：移动终端；混合式学习；教学模式；蓝墨云班课

以蓝墨云班课促高职英语教学

马　静　天津城市职业学院

摘　要：对于高职学生而言，英语学习困难重重，其主要原因可归结于学生入学基础差、对英语学习积极性不高、学习动机模糊、学习方法不正确等。教师要针对这些原因，对高职英语课程进行改革。随着在线教育的蓬勃发展，高职教师可以运用在线移动终端辅助课堂教学，以蓝墨云班课为代表的教学平台为高职英语教学的发展提供了动力，推动了教学模式的改革。

关键词：蓝墨云班课；高职英语；教学改革；

我与蓝墨云班课的亲密接触

——“社会经济调查与分析”移动课程的探索与实践

杨　辉　张永强　东北农业大学

摘　要：大数据和“互联网+”背景下的教学模式更强调教学双边的互动关系，使教与学在教学中得到和谐和充分的发挥。本文通过分析蓝墨云班课在“社会经济调查与分析”教学中的实践，提出了蓝墨云班课对于“社会经济调查与分析”移动互动教学发挥的特殊作用，研判了蓝墨云班课在“社会经济调查与分析”课程中未来使用的实践与设想，以期提高“社会经济调查与分析”课程教学效果，真正践行“课上是师生，课下是朋友”的移动互动教学模式。

关键词：蓝墨云班课；社会经济调查与分析

云课堂教学与传统教学相结合的应用实践

——蓝墨云班课的运用实践研究

强丽霞　河北美术学院

摘　要：在我国，教育形式主要还是采用传统课堂的面授形式，但随着互联网的发展和网络移动终端的普及，教学资源和教学方式由单一向多元化发展，学习资源也更丰富，教学方式呈现多样性。

关键词：云课堂；混合式教学；资源平台；蓝墨云班课

基于大数据分析的高职教学诊断与改进工作的思考

赵希彦　辽宁农业职业技术学院

摘　要：当前教育领域的大数据正在形成，并对高校人才培养与学校发展起着积极地影响作用。基于大数据的教学诊断与改进工作有其特有的特征，基于大数据的学习分析技术和教学活动流分析模式，促进了教学诊断与改进工作数据的深度应用。与新技术相结合，人才培养状态大数据的应用前景必将更加广阔。

关键词：大数据；分析；教学诊断与改进

手机课堂在高职酒店管理专业教学中的几点思考

周晓梅　浙江东方职业技术学院

摘　要：“互联网+教育4.0”时代的到来颠覆了传统教育以教师为主体的模式。酒店管理注重细节服务，许多技能、技巧都可以通过微课、微视频的方式设计进手机课堂里，借助移动互联网不受时间、空间限制的优势，实现自主学习。而教师在互联网时代也需要不断学习技术的运用，从而实现因材施教。本文以手机课堂实践为切入点，分析了手机课堂实施的必要性、手机课堂的局限性，提出了关于手机课堂的几点思考，以供交流与分享。

关键词：互联网+；手机课堂；酒店管理；交互式学习

基于行动导向教学的教学评价体系构建

杜　珺　惠州城市职业学院

摘　要：高职课堂教学大力推广行动导向教学，通过模拟公司项目教学、案例教学、引导文教学等以学生为中心的教学方法提高了学生学习主动性和积极性，与行动导向教学法配套的学生学习评价体系构建迫在眉睫。本文重点介绍了惠州城市职业学院推行借助蓝墨云班课平台的学生积分评价体系，这套教学评价体系实现了学生学习的过程性评价，为行动导向教学方法开展提供有力保障。

关键词：行动导向教学；模拟公司项目教学；教学评价体系

云教学平台在实践课上的运用研究

娄　雨　秦皇岛职业技术学院

摘　要：云技术是“互联网+”的核心技术，云教学平台在教学中的运用是当前教育教学改革的主流趋势，也是热点问题。本文研究的主要内容是云教学平台在实践课上的运用，分析了传统实践课遇到的困难，分析了云教学平台为实践课带来的变化，并阐述了云教学平台可以针对实践课改进的思路。

关键词：云教学；平台；实践课

云计算视角下移动学习在高职教育中的应用研究

郑　雁　浙江商业职业技术学院

摘　要：移动学习已成为一种新兴的、不可或缺的学习方式。随着网络技术的兴起和移动终端设备的发展，移动学习作为网络学习模式的一个分支，在教育发展过程中起着越来越重要的作用。本文通过对云计算和移动学习概念的梳理，从云计算的特点出发，分析了云计算在移动学习应用中的优势，提出了构建移动学习系统的三大要素，并对移动学习在高职教育中的应用进行了可行性分析，提出推广策略。

关键词：云计算；移动学习；学习方式

移动网络教学模式下网络课程教学设计研究

潘陆益　浙江商业职业技术学院

摘　要：大力开发适应移动时代所需要的网络课程，构建以学习者为中心的，泛在、移动、个性化学习方式，是教学模式改革的重要方向。移动网络教学具有泛在性、交互性、共享性、自主性、协作性等特点。当前网络教学存在的主要问题是：课程内容呈现形式单一、系统结构较难适应移动教学、课程开发忽视教学设计、课程学习资源匮乏等。优化网络课程教学设计主要包括教学内容、学习资源、教学策略、教学活动、学习支持和学习评价等 6 个方面，是提升网络课程质量、促进移动学习普及发展的关键。

关键词：移动网络；网络课程；教学设计

基于蓝墨云班课的 JiTT 教学研究及实践

孙彦博　魏梦丽　河南省商务中等职业学校

摘　要：JiTT 作为一种新型的教学策略与教学模式，正逐渐的应用于课堂教学。本文分析了 JiTT 的概念与实施流程，并通过一堂数控技术专业的教学实践活动，对 JiTT 的应用做了深入阐述。

关键词：JiTT 及时反馈教学；数控技术专业；研究实践

蓝墨云班课教学应用效果之我见

李　静　杨　桐　陕西省电子信息学校

摘　要：我是一名中等职业学校的教师。2016 年，一次偶然的机会让我有幸接触到了蓝墨云班课。当时我怀着无比好奇的心情开始了对蓝墨云班课的了解。在了解到它是一款支持多种教学活动，支持电脑上传，完全免费的 APP 时，我被它深深地吸引了。我从管理学生和上传资源入手，先后使用了蓝墨云班课的很多功能。课堂上加入蓝墨云班课的学习方式后，因其打破了传统的教学模式，迎合了学生好奇的心理特点，便迅速得到了同学们的广泛喜爱和认可。经过很长一段时间的亲身实验和感受，我对蓝墨云班课有了很多自己的认识和理解。“教无定法，贵在得法。”只要是为教学服务，为学生服务，能帮助学生真正学到知识，无论是什么样的教学方法都应该去尝试，去借鉴，灵活应用，这样就一定能够提高教学质量，取得很好的教学效果。

关键词：蓝墨云班课；教育重大变革；管理学生及课程；上传资源及设计活动

优 秀 奖

信息化引领下的高校英语发展研究①

王立嘉　河北交通职业技术学院
程庆方　石家庄市铁道大学四方分院

摘　要：信息技术与高校英语教学的结合能够促进高校英语教育资源的深层次整合，促进教学方式的改变。本文从这两方面论述了信息技术对高校英语教学产生的深刻影响。

关键词：信息化；教育资源；英语教学

在高职院校“基础会计”教学中引入蓝墨云班课的实践研究

郭红秋　辽宁农业职业技术学院

摘　要：蓝墨云班课的移动教学模式改变了传统教学模式的单一化缺点，本文结合在高职院校“基础会计”课程教学中应用蓝墨云班课的实践经验，探讨了应用蓝墨云班课对于传统课程教学的创新思路与途径，以期在教学中更好地实现知识技能与信息技术的融合，提升高职院校学生的学习效果。

关键词：高职院校；基础会计；蓝墨云班课

---

① 课题项目：本文是 2014 年度河北省教育厅课题《基于信息化视角的高职英语教学模式研究》的研究成果（课题编号 2014YYJG319）。

云模式下中高职衔接一体化教材的设计研究

陈若冰　张学仕　刘　研　辽宁医药职业学院

摘　要：通过文献检索可以推断出教材是中高职衔接的短板，构建中高职一体化衔接教材的瓶颈是沟通障碍。“云”和互联网技术的出现可以搭建起中高职衔接的桥梁，中高职教师和师生共建一个云平台，在该平台上，利用信息技术建设颗粒级、积件级和模块级三级教材结构，通过自有组合，可以满足不同能力层级的要求，具有碎片化、即时性和层次性的特点。

关键词：中高职衔接；教材；云

移动互联时代大学生英语自主学习能力探究①

——以蓝墨云班课为例

李　川　东莞理工学院

摘　要：本研究以新建构主义学习理论为基础，选取蓝墨云班课作为移动云教学平台，结合当前大学英语课程教学改革的要求，通过互联网技术与语言教育的深度融合，探索基于移动终端的大学英语自主学习的培养过程。应用蓝墨云班课构建移动学习环境对于语言自主学习有正向作用，通过在平台上选择性自学、师生互动和单元过程化考核可提升学习质量，培养自主学习的能力，但对教师的要求也更高，必须做到终身学习，才能更好地依托现代移动信息技术营造信息化教学环境，趋利避害，满足个性化教学需求，提升大学生英语自主学习能力。

关键词：新建构主义；移动互联时代；自主学习；蓝墨云班课

① 基金项目：2016年广东省高等教育教学研究和改革项目：基于移动互联网络环境的大学生英语自主学习能力培养研究（粤教高函〔2016〕236号）；2015年东莞理工学院创新强校工程项目——大学英语教学团队（莞工教〔2015〕35号）。

基于蓝墨云班课的大学英语混合式教学初探

邓奕华 浙江万里学院

摘 要：本文探索了在大学英语教学中运用蓝墨云班课，尝试了在教学中综合运用各种教学手段的混合式教学模式，并分析了蓝墨云班课的主要使用方式和优势。

关键词：蓝墨云班课；混合式教学；大学英语

基于云教学大数据的教学评价模式的应用研究

杨爱华 福建漳州科技学院

摘 要：评价是教学体系中不可或缺的部分，大数据的发展为教学评价的改革带来了更多的契机和启示。本文主要分析了大数据在构建更完善的学生评价体系和完善教师评价体系，促进教研发展中的应用价值。

关键词：大数据；教学评价；云教学

基于移动云教学技术进步驱动的“基础会计”课程信息化教学设计与课堂组织

王鲁宁 沈阳职业技术学院

摘 要：随着互联网、大数据、人工智能等移动技术的进步，传统的高职会计教学已经难以满足学生需求，当今社会的发展与需求对高职院校人才培养模式提出了更高的挑战。本文根据高职学生在会计课堂的学习以及笔者在教学实践中的体会，对移动云教学技术进步驱动下的“基础会计”课程信息化教学设计与课堂组织发表一些初浅的认知和体会。

关键词： 移动云教学技术；蓝墨云班课；“基础会计”信息化教学；高职会计人才培养

翻转课堂教学促进职业院校学生行动能力提高的研究

——基于蓝墨云班课的移动信息教学

黄　彦　杜　珺　惠州城市职业学院

摘　要： 翻转课堂重构了教学结构，知识的传递在信息技术的支持下课堂外完成，知识的内化在课堂教学活动中实现。借助蓝墨云班课平台，采用翻转课堂教学模式有效解决了模拟公司项目教学中存在的各种问题，优化了课堂教学结构，将课前、课中、课后连贯一体，创设自主学习环境氛围，增强学生学习的主动性，加强师生及学生间的互动性，可以实现学生学习的多元评价。

关键词： 翻转课堂；模拟公司项目教学；行动导向教学

云教学大数据下的会计类课程教学模式改革

——基于蓝墨云班课教学平台的“出纳实务”课程

陈宇菲　赵　婷　秦皇岛职业技术学院

摘　要： 网络时代的到来不仅影响着我们的生活，更对教育的发展有着深刻的影响，特别是云教学、大数据的出现，为教育教学方式的发展提供了一个良好的契机。本文以“出纳实务”课程运用蓝墨云班课平台进行翻转课堂模式教学改革为例，说明云教学大数据诱发对会计类课程教学模式改革。

关键词： 云教学；大数据；会计类课程；教学模式

基于云班课平台高职院校电子商务物流管理教学设计
——以“物流技术在电子商务领域应用”为例

房　晶　南京科技职业学院

摘　要：随着“互联网+”新常态经济时代的到来，依托“云计算、大数据、物联网”等新兴载体，电子商务产业正式进入其发展的黄金时代，电子商务专业人才市场需求巨大。“电子商务物流管理”是电子商务专业的核心课程，纵观目前大部分高职院校课堂教学，仍以传统讲授为主。智能手机、校园wifi网络覆盖和移动互联网的普及为信息化教学理念践行提供了技术支持和保证，移动互联网的发展推动了高等职业教育的改革。本文基于蓝墨云班课移动学习平台，结合翻转课堂理念，践行信息化教学理念，依托移动云计算教学环境，重构“电子商务物流管理”课程的整体设计，提供一个全新的引导式教学情境。

关键词：蓝墨云班课；电子商务物流管理；课堂教学模式

以电子商务专业为例，谈云教学的实现

薛　聪　河南省商务中等职业学校

摘　要：每一次信息技术的革新都会对教学活动的方方面面产生影响。近几年来，云计算的兴起更是对电子商务专业的教学活动产生了巨大的推动作用。本文以电子商务专业教学为案例，探讨蓝墨云班课在教学过程中的应用。

关键词：计算机学科；云教学

云教学环境下翻转课堂在中职语文教学中的应用分析

张若楠　河南省商务中等职业学校

摘　要：“教学合为时而变，技术合为情而用”，云教学环境下的信息化教学作为一种教学手段和技巧越来越受到关注和重视。在近几年的教学改革工作影响下，我国教学工作取得丰硕成果。但是在中职院校语文教学的问题日益明显，主要存在难教、难学两大主要现象，因此对于教学方式必须进行创新。本文通过对新形势下云教学环境中翻转课堂在中职语文教学中的应用及影响进行分析，逐步提高学生的语文学习兴趣，促进中职语文教学工作顺利高效进行。

关键词：云教学环境；翻转课堂；中职语文教学；应用；分析

云教学大数据理论与实践研究

李　沙　河南省商务中等职业学校

摘　要：互联网的天空风云再起，各类云技术相继问世，教育云也如天边彩云飘然而至。以蓝墨云班课为代表的云教学应用开始走进了校园、走进了课堂。云教学平台给课堂带来的是教育理念的冲击和教育方式的改变，在传统与现代的碰撞中，以云课堂为代表的虚拟课堂和现实课堂融合中，课堂教学也发生了变化。

关键词：云技术；云课堂；云平台

“互联网+”时代，教师面临的改革与颠覆

靳　宁　河南省商务中等职业学校

摘　要：“互联网+”时代越来越多的新技术、新理念扑面而来，作为一线中职教师，如何能在时代的洪流中积极面对信息技术的发展，教育需要如何适应社会和时代的发展，教师

将如何面对教育的改变是当下最需要研究的问题。

关键词：互联网+；教师改革；创新性教师

云班课在职业院校学生社团管理中的应用

曹福勇　广州市机电技师学院

摘　要：蓝墨云班课应用到职业院校社团的业务培训、日常业务知识学习、会议组织等方面，有效解决了社团管理遇到的实际问题，提升了社团管理的便利性和精准性，丰富了社团管理的手段和监控的措施。

关键词：社团管理；蓝墨云班课；职业院校

基于使用移动教学平台进行教学的思考

牛　铭　李巾帅　骆颖哲　石家庄职业技术学院

摘　要：随着蓝墨云教学移动平台的出现，越来越多的教师将这种移动教学平台应用于实际教学环节过程中。基于使用移动教学平台进行课程教学设计，通过实时教学评价，可以实现以学生为主体，教师为主导，因材施教的教学原则。

关键词：云教学；教学设计；教学评价

基于云教学大数据的“普通化学”混合式学习实践研究

谢　静　武汉科技大学

摘　要：利用蓝墨云班课云平台开展普通化学混合式学习的教学研究，探索了以传统教学方式和手段为主，移动信息化教学方法为辅的“普通化学”混合式学习新模式。实践表明，该教学模式能够丰富教师的教学手段，提高学生的学习兴趣，加强师生的互动交流，改善教学效果和教学质量，为网络时代的高等教育教学改革提供了新的思路和方向。

关键词：云教学大数据；混合式学习；实践

基于云教学环境下的专业课教学实例研究

鲁春兰　西安航空职业技术学院

摘　要：传统课堂授课方式单一，学生学习积极性不高，为了解决这个问题，云教学环境下的云平台应运而生。将云教学环境应用到平时的专业课教学中，能及时掌握学生的学习动态，并且云环境下的共享资源丰富，学生可以随时随地学习，可有效提高授课质量，保证授课质量。

关键词：云教学环境；共享资源；有效

浅谈云教学在“电工电子技术”授课中的应用

张　伟　李万军　西安航空职业技术学院

摘　要：随着互联网科技以及云平台的发展，人们的生活发生了革命性的变化。将该科技成果引入到教学以促进教学发展是必然趋势。本文提出了传统授课方式的一些缺点和问题；然后对该问题进行了分析，并且以蓝墨云班课的使用为解决手段对所提出的问题进行了解决；文中最后针对蓝墨云班课实施可行性以及实施的深度进行了论述。

关键词：蓝墨云；互联网；云共享；云平台；授课；教学

基于云教学的实验课教学模式
——以“动物药理”精品课程为例

曹　允　北京农业职业学院

摘　要：本文结合“动物药理”课程实验课教学现状提出基于云教学平台下实验课程的课程设计、课程内容、教学手段、评价体系等措施，为其他实验课程云教学平台的搭建提供依据。

关键词：云教学；实验课；教学模式；动物药理

“动物生物化学”蓝墨云班课实验教学设计方案

马建民　王金秋　北京农业职业学院

摘　要：为了提高“动物生物化学”实验教学效果，笔者应用蓝墨云班课对教学进行了课前、课堂和课后教学设计得出的结论为：通过课前发布云资源和测试活动，课堂用作业/小组任务记录实验过程，课后进行教学评价及实验拓展，能提高学生自我学习能力和实验教学效果。

关键词：蓝墨云班课；动物生物化学；教学设计

“互联网+”环境下一体化教学探索与实践

李椿方　北京市工业技师学院

摘　要：本文阐述了“互联网+”环境下一体化教学常采用的“六步法”，分析了“互联网+”对一体化教学所起的作用，并对一体化教师提出了新的要求。

关键词：“互联网+”；一体化教学；一体化教师

基于云班课平台的翻转课堂模式下商务英语教学研究

赵小莉　广东理工学院

摘　要：近年来，翻转课堂教学模式相比传统教学模式备受关注，大数据时代背景下商务英语实践教学对翻转课堂的运用也屡见不鲜。本文主要借助于蓝墨云班课平台，探讨在商务英语实践教学过程中翻转课堂模式下如何在促进学生自主学习的同时发展学生辩证思维能力，养成良好学习习惯，从而提高学生学习效率。

关键词：翻转课堂；云班课平台；商务英语

云教学平台应用下的课堂变化

——以移动教学平台“蓝墨云班课”的应用为例

陈丹丹　贵州民族大学传媒学院

摘　要：在信息技术的支持下、“互联网+”时代的背景中，大数据和云计算等新技术逐渐被广泛地应用在教学与实践中，引发了教学模式、教学方法、教学评价、课程建设、学生管理等方面的创新与变革。本文主要基于移动教学平台“蓝墨云班课”，从课前、课中及课后三个方面阐述应用云教学平台实现课程建设、教学方法、教学组织形式、教学评价及教学活动的优化，为有效利用云教学平台提供的相关建议。

关键词：云教学平台；教学

运用蓝墨云班课构建高校智慧课堂的多维思考

张仲广　哈尔滨广厦学院

摘　要：蓬勃发展的移动互联与云技术给高校进行传统课堂改革创新和构建智慧课堂提供了巨大的机遇和广阔的平台。本文从“转识成智”“人性管理”“互动为常”和“寓教于乐”四个层面论说蓝墨云班课对高校构建智慧课堂的巨大助力性作用和重要工具性作用。进而得出蓝墨云班课是高校构建智慧课堂绝好利器的结论。

关键词：蓝墨云班课；智慧课堂；转识成智；人性管理；互动为常；寓教于乐

借助蓝墨云班课　创新思政课教学

崔　丽　哈尔滨广厦学院

摘　要：当前思想政治理论课（以下简称思政课）面对“手机文化”和“手机控”冲击的挑战，必然要结合互联网时代的发展进行教学改革。蓝墨云班课融入思政课教学的实践与应用，创新了思政课教学模式，提升了教学效果。

关键词：手机文化；蓝墨云班课；思政课；应用与效果

基于移动学习的高职“计算机应用基础”课程教学改革研究

马　清　吉家文　海南经贸职业技术学院

摘　要：随着智能手机、平板电脑和笔记本等移动终端设备的普及和无线宽带、3G/4G网络等立体无线网络环境的形成，移动学习成为教育教学研究的热点问题。本文通过分析移动学习特征，提出了基于移动学习的高职“计算机应用基础”课程的教学改革措施，总结了基于移动学习的课堂教学实施策略，以期为高校移动学习的开展提供参考。

关键词：移动学习；微课；教学改革

蓝墨云班课模式下以计算思维为导向的“大学计算机基础”课程教学改革

李怀强　河南财经政法大学

摘　要：“大学计算机基础”是面向全校非计算机专业开设的一门必修的公共基础课，也是大学生接触的第一门计算机课。通过在“大学计算机基础”课程中引入了蓝墨云班课，开展混合式教学探索。

关键词：计算思维；教学改革

“水工混凝土结构”蓝墨云班课教学实践

郭旭东　王建伟　黄河水利职业技术学院

摘　要：随着大数据、云计算、移动互联等信息技术的迅猛发展，各校蓬勃开展智慧校园建设，构建各级教学资源库，慕课、微课等新的教学方式不断涌现。本文以蓝墨云班课为教学载体，进行了“水工混凝土结构”课程的教学实践。

关键词：水工混凝土结构；蓝墨云班课；实践

“从不寻常的故事中得到的启迪”教学设计

毕丽华　济南工程职业技术学院

摘　要：本文将信息技术及数字化资源融入英语教学中，提高英语教学效率及学生英语学习积极性。

关键词：信息技术；蓝墨云班课

基于蓝墨云班课的移动交互式的教学模式应用

——以“船体放样”为例

魏　斌　船舶工程系

摘　要：在互联网技术不断发展的现状下，教学模式也在不断创新变革。手机已成为人们必备的生活工具，学生对手机的依赖越来越严重，不论是下课还是上课，几乎是手机不离手。本文通过在“船体放样”课程的教学过程中，尝试应用蓝墨云班课进行移动交互式的教学模式，来改变这种现象。这不仅激发了学生的学习兴趣，而且体现了以学生为主体的教学模式，从而将手机转变为一种教学工具、手段，获得了良好的教学效果，从而推动了教学模式的改革。

关键词：蓝墨云班课；移动交互；教学模式；船体放样

基于蓝墨云班课的“数控车实训”教学

刘　毅　辽宁轨道交通职业学院

摘　要：本文着重探讨利用蓝墨云班课进行“数控车实训”教学。教师把相关学习资料上传到平台上，利用蓝墨云班课进行实训前、实训中和实训后的教学与管理方式，结合传统的理论讲授和实训指导，以达到提高“数控车实训”教学质量的目的。

关键词：蓝墨云班课；数控车实训；教学质量

蓝墨云班课助力高校辅导员工作

刘国军　辽宁轨道交通职业学院

摘　要：高校辅导员面临繁重的学生管理工作，经常顾此失彼，工作缺乏系统性。蓝墨云班课在学生成员管理、文件等资源推送、主题班会、创新活动等方面发挥了重要作用。使用蓝墨云班课进行学生管理，在一定程度上缓解了辅导员的工作压力，提升了辅导员的工作能力，提高了辅导员工作效率。

关键词：云班课；学生管理；高效

基于蓝墨云班课的高职英语云教学模式的研究

刘　毅　辽宁轨道交通职业学院

摘　要：当代信息技术的发展和互联网的普及推动了教学环境的改善，这也对传统教学模式的革新提出了新要求。蓝墨云班课作为一个基于移动终端的即时反馈型教学互动平台，为高职英语云教学模式的研究提供了新思路。本文阐述了基于蓝墨云班课的高职英语云教学模式的基本教学设计，并分析了教学实践中得到的反馈。

关键词：蓝墨云班课；高职英语；云教学

思政课应用蓝墨云班课的探索与实践

周玉敏　辽宁轨道交通职业学院

摘　要：习近平总书记强调，要坚持把立德树人作为中心环节，把思想政治工作贯穿教育教学全过程，实现全程育人、全方位育人，努力开创我国高等教育事业发展新局面。随着信息技术的飞速发展和日益普及，思政课教学方法教学模式迫切需要适应“互联网+”“微时代”的需要不断创新，蓝墨云班课提供了一个既寓教于乐又延伸教学的平台。蓝墨云班课是基于移动、互联网平台而实施教学活动和教学管理的，因此具备灵活有趣的特性。信息技术虽不能完全代替课堂教学，但可以推动教育教学改革和创新，为更有效的教学提供借鉴。

关键词：思政课；云班课；学生为主体；教育信息化

使用蓝墨云班课平台推动心理健康教育课程改革的必要性分析

——以茂名职业技术学院为例

周海丽　茂名职业技术学院

摘　要：蓝墨云班课是在移动网络环境下，利用移动智能设备开展课堂内外即时反馈互动教学的云服务平台，它的独特优势可以解决心理健康教育课程当前面临的困境和问题，推动教学改革，从而更好地传播心理健康知识。

关键词：蓝墨云班课；心理健康教育；课程改革

“常染色体显性遗传”信息化教学设计

王　芳　青岛卫生学校

摘　要：通过对护理专业“医学生物学”课程中的“常染色体显性遗传”进行信息化教学设计，使用信息化手段改革传统教学模式，提升教师信息化教学能力。

关键词：常染色体显性遗传；信息化；教学设计

云教学理论与实践探究

——云教学与传统教学的优势

庄宿强　日照市农业学校

摘　要：以蓝墨云班课、云教材、云教学等信息化手段是云技术平台在教育领域的应用范畴之一，它打破了传统的教育信息化边界，推出了全新的教育信息化概念，以移动终端为载体，能让人自由的学习，因而成为一种新的教学方式。

关键词：蓝墨云班课；云教材；云教学；教学模式；平台；信息化

大数据时代的高校外语教学特征探究

陈　磊　海南大学
朱庆卉　三亚航空旅游职业学院

摘　要：大数据促使高等教育领域发生全新的变革，高校外语教学受到重大影响。在大数据时代下，高校外语的教学环境发生改变，教师发生角色转换，教师职能有所更新，学生学习呈现自主化，教学评价模式不再单一。在外语教学领域中呈现出教材的多媒体化、教学资源的全球化、学习环境的虚拟化和学习时间的碎片化等多重特征。作为高校外语教学的主体，外语教师必须提升信息技术的应用能力，增强语言教学能力，关注语言学习的有效性，构建混合式的语言教学模式，才能培养出满足社会经济发展的高素质外语类人才。

关键词：大数据时代；外语教学；教育评价；学习有效性

“互联网+”新形势下高职英语课堂教学改革初探

——基于蓝墨云平台的应用研究

任佳迪　陕西铁路工程职业技术学院

摘　要：本研究立足“互联网+”新形势，以蓝墨云平台应用为背景，通过问卷调查法进行高职英语课堂教学改革研究。研究数据表明，高职英语教学应积极与互联网相结合，在课堂上使用蓝墨云班课等教学辅助软件是合理、可行且有必要的。高职英语教学改革应抓住这个机遇，探索适合学生特点与时代发展的教学新模式。

关键词：互联网+；高职英语；蓝墨云

中职数学信息化教学模式探索

穆伟明　石家庄技师学院

摘　要：随着信息技术的飞速发展，教育信息化已经渗透到了各个学科，教师依托信息技术教学平台——蓝墨云班课，设置一键签到、摇一摇、头脑风暴、小组作业、在线测试等丰富多彩的教学活动，引导学生开展合作探究、积极思考，主动参与到课堂学习中，通过师生互评、生生互评，及时交流、反馈学习情况，查漏补缺，改善课堂教学效果，真正达到自主学习、学以致用的学习目的，形成基于信息技术下的探究式数学教学模式。

关键词：中职数学；信息化教学；蓝墨云班课

数字化课程资源建设与实践分析

——以房地产专业云教学实践为例

杨陈慧　四川交通职业技术学院

摘　要：有效地利用数字化教学资源，基于数据平台有效进行教学资源与实践改革对学生学习能力以及问题意识的培养乃至怀疑精神的塑造具有重要意义。本文通过四川交通职业技术学院房地产专业云教学实践成效分析，探讨存在问题，提出了六点建议，以为云数据理论与实践研究找到一些思路。

关键词：资源建设与实践现状；云教学实践成效分析；问题分析；建议

蓝墨云班课中游戏化思维的应用探索

连建鲁　刘　璐　威海海洋职业学院

摘　要：蓝墨云班课作为移动互联网时代具有代表性的班级授课工具给教师课堂教学提供了更为高效和丰富的教学手段，同时学生也获得了更便捷获取知识的渠道。班级授课过程中如何提高学生的学习兴趣是一个巨大的挑战，是长久以来教育领域探讨研究的关键点。结合蓝墨云班课，采用游戏化的教学思维是目前一种创新的解决方案。不同于传统课堂的游戏激励方式，结合了移动互联网的蓝墨云班课将为提高学生的学习兴趣带来新的转机，在未来教育的发展过程中必定会促进游戏化思维的普及。本文将结合蓝墨云班课探讨游戏化思维的应用，在建议软件采用并优化点数、徽章、排行榜系统寻求提高学生学习效果的方法。

关键词：蓝墨云班课；游戏化思维；学习兴趣；点数；徽章；排行榜

孙子兵法助推蓝墨云班课“细胞分裂实验”落地

孙晓燕　苏州卫生职业技术学院

摘　要：本文应用孙子兵法的理论，从战略和战术上，分析了学习内容、学习者特征、学习目标、课前任务布置、课上任务完成、翻转课堂的评价等多方面教学思路，阐述“细胞分裂实验”的翻转课堂过程，同时也提出了蓝墨云班课是移动信息化教学的好工具。

关键词：孙子兵法；云班课；翻转课堂；移动信息化；细胞分裂；实验

蓝墨教学平台辅助高职英语教学模式研究

孟春梅　刘　丹　王建邦　廊坊职业技术学院

摘　要：信息网络技术的快速发展为英语教学带来了机遇和挑战，网络辅助教学已经成为语言教学的一种趋势，也是目前大学英语教学改革的重点。它既改变了传统英语课堂教学的思路和模式，也改变了学生的学习环境和学习方法。本文通过对蓝墨云班课平台辅助高职英语教学的研究，分析了蓝墨云班课教学模式的构建方法，并针对蓝墨云班课平台的教学效果提出几点建议，以期使蓝墨云班课平台对语言学习的优势得到最大的发挥。

关键词：网络教学；教学模式；蓝墨云班课

基于云教学大数据的信息化教学模式研究与应用①

——以高职“机械制造技术”为例

靖 娟 范洪斌 谢 凡 江西制造职业技术学院

摘 要：信息化教学是基于“互联网+教育”思维的教学，是将教学资源信息化、教学活动信息化、教学评价信息化的教学。本文采用蓝墨云班课作为信息化教学平台，将高职“机械制造技术”的教学过程转变为“课前知识传递——课堂知识内化——课后知识拓展”三个环节，制定了具体各个环节的活动方案。实践表明，多样的活动形式和过程性评价体系大幅地提高了学生的学习兴趣、提升了学生的学习效果、提高了学生的应用实践能力。

关键词：信息化教学；蓝墨云班课；机械制造技术

基于蓝墨云班课的混合式教学设计在“医学生物化学”教学中的应用

熊 书 孙厚良 马 强 重庆三峡医药高等专科学校

摘 要：笔者利用蓝墨云班课平台对“医学生物化学”课程“糖酵解”内容进行混合式教学设计，尝试运用混合式教学设计理念，结合蓝墨云班课信息化教学平台，从学习内容分析、学习者特征、学习目标分析、课堂教学设计、教学设计反思等几方面提出了基于蓝墨云班课的混合式教学设计。实践证明，混合式教学设计发挥了教师—学生的主导—主体作用，取得了良好的效果。基于蓝墨云班课的混合式教学模式将有效推动教育信息化改革。

关键词：蓝墨云班课；生物化学；混合式教学设计；教育信息化

---

① 基金项目：江西省高等学校教学改革研究课题（JXJG-16-74-3）、江西制造职业技术学院教学改革研究课题（JXZZJG-16-1）。

移动互联
——高效的英语移动课堂的构建

朱杨琼　浙江工贸职业技术学院

摘　要：移动教育技术的应用，不仅改变着教学方式和教学过程，也改变着教师创新英语教学问题的思路。利用蓝墨云班课移动技术平台营造了浸入式地英语学习环境，通过线上线下的任务设置及多元的课堂学习评价，让教师、同学、网络有机组合，激发学生与课堂，让学习真实的发生。

关键词：蓝墨云班课；移动；有效课堂；信息技术

蓝墨云班课云平台在大学校园班级管理中的应用探索

李双红　昌吉职业技术学院教务处

摘　要：本文主要介绍了通过网络云班课实现日常班级事务的管理的必要性和便利性。以蓝墨云班课平台为例介绍了蓝墨云班课的功能，介绍了利用蓝墨云班课建设学生网上交流学习的阵地、实现班级事务的上传下达、进行学生德育和专业课教育、实现学生电子版资料的收取、实时动态收集学生的意见建议、校外实习班级在校外的管理等内容，并将蓝墨云班课平台与现有的QQ群、微信群进行了优缺点的对比。

关键词：云班课；班级管理；德育教育；校外实习管理

蓝墨云班课在“管理学原理”课程的应用研究

杨　锐　杨　静　烟台大学文经学院

摘　要：随着云计算、大数据、物联网、移动计算等新技术逐步广泛应用，信息技术对教育的革命性影响日趋明显。蓝墨云班课作为信息时代的产物，将其应用于教学过程中，可以激发教师的应用激情和学生的学习兴趣，保证教学的生动性、直观性和趣味性，达到寓教于乐的目的，实现教育事业的可持续发展。

关键词：蓝墨云班课；教学设计；管理学原理

大学生“思政”课课堂教学方法创新研究

刘占军　甄心恒　河北美术学院

摘　要：依据新时域大学生主体性增强的根本特征，立足大学生思想政治理论课教学实践，构建主体间性课堂教学新模式，改变传统的课堂教学方式和方法，实现“思政”课课堂教学的历史性转向。话语权：由“独白”向“对话”转变；授课形式：由“单向化”向“多面化”转变；教学手段：由“单一化”向“多样化”转变。促使“思政”课成为大学生“终身受益、真感兴趣、永生难忘”的优秀课程，充分调动大学生学习“思政”课的积极性和主动性。

关键词：思政；主体间性；课堂教学；对话